대폭발과 우주의 창조

대폭발과 우주의 창조

초판 1쇄 2016년 2월 15일

지은이 양승훈
펴낸이 이의현
펴낸곳 SFC출판부
등 록 제 114 - 90 - 97178
  (137 - 803) 서울특별시 서초구 고무래로 10 - 8, 2층 SFC출판부
  Tel (02)596 - 8493 Fax 0505 - 300 - 5437
홈페이지 www.sfcbooks.com **이메일** sfcbooks@sfcbooks.com

기획·편집 이의현
디자인편집 최건호
영업마케팅 장향규
인쇄처 독일인쇄

ISBN 978 - 89 - 93325 - 90 - 4 (03230)

값 19,000원

잘못 만들어진 책은 언제든지 교환해 드립니다.

창조론 대강좌 시리즈 5권

대폭발과 우주의 창조
: 도대체 우주는 언제, 그리고 어떻게 창조되었을까?

양승훈 지음

BIG BANG AND THE CREATION OF THE UNIVERSE
: When and How Was the Universe Created?

SFC

아버님이자 큰 스승이셨던
故 양명철 장로님(1915-1978)을
추모하며

With Loving Memory of
Elder Myung Chul YANG(1915-1978),
My Dad,
Best Mentor,
Creative Farmer,
Powerful Preacher,
Great Church Planter

차례

추천의 글 9
시리즈 서문 17
서문: 대폭발, 하나님의 창조방법? 23
감사의 글 29

제1강 우주론의 역사 33
제2강 우주의 신비 69
제3강 팽창하는 우주 91
제4강 대폭발 이론과 우주의 창조 125
제5강 대폭발 이론의 문제들 147
제6강 대폭발과 힉스입자 193

제7강 대폭발과 중력파 219

제8강 성경적 우주론? 253

제9강 우주의 창조연대 277

제10강 무지한 말로 이치를 가리는 자 317

주 328

내용 색인 360

인명 색인 372

후원 감사 376

저자 소개 377

추천의 글

양승훈 교수님께서 집필하신 『창조론 대강좌』 시리즈 제5권인 『대폭발과 우주의 창조』에 대하여 추천사를 쓰게 된 것을 영광으로 생각합니다. 양 교수님은 일찍이 물리학을 전공하시고, 하나님께서 창조하신 우주에 대하여 많은 관심을 가지고 한국창조과학회의 설립과 이어진 창조과학 운동에 적극 참여하셨습니다. 하지만 후에 신학과 과학사, 그리고 더 많은 창조론 공부를 하시면서 창조과학자들의 주장과 활동이 과학은 물론 성경을 심각하게 왜곡한다는 사실을 발견하고, 이를 비판하는 입장으로 선회하셨습니다. 저 역시 오랫동안 창조과학의 문제점에 관하여 양 교수님과 같은 생각을 해 왔습니다.

본서에 수록된 우주론의 내용은 천체물리학을 전공한 제가 살펴보더라도 우주론의 역사로부터 시작하여 현대 우주론의 주요한 내용을 거의 모두 담고 있다고 할 수 있습니다. 같은 과학의 결과를 두고도 자연주의적, 무신론적인 관점을 갖는 과학자들도 있지만, 저를 포함한 많은 과학자들은 유신론적인 관점에서 과학적 사실들을 대하고 있으며, 양 교수님도 본서에서 같은 입장을 제시하고 있습니다.

과학적 사실들에 대한 신학적 해석은 신학적 입장에 따라 따르고, 설령 같은 신학적 전통을 가진 신학자들이나 그리스도인들이라 하더라도 조금씩 다를 수 있습니다. 아마 양 교수님도 저와 신학적 입장에서는 조금 다른 부분이 있을 것입니다. 하지만 중요한 것은 입장의 다름이 아니라 다름을 어떻게 받아들이는가 하는 점입니다. 본서에서 양 교수님은 오늘날 우주를 가장 잘 설명해 주는 이론으로서 빅뱅 우주론을 제시하고 있다는 점에서, 그리고 하나님의 우주 창조를 지금은 대부분의 과학자들이 동의하고 있는 빅뱅 우주론적 관점에서 이해한다는 점에서 저와 맥을 같이 합니다.

사실 한국 교회에서 창조론 운동이 시작되던 1980년대만 해도 성경에 대해 문자적으로 해석하는 창조과학적 입장 외의 다른 입장을 갖고 있는 사람들은 믿음이 없는 자로 매도되었고, 교회나 여타 그리스도인들의 공동체에서 자신의 입장을 개진할 수 있는 기회가 거의 없었습니다. 하지만 다행스럽게도 근래에 와서는 이러한 현상이 조금씩 사라지고 있습니다. 사람들이 주장하는 바가 하나로 통일된 것은 아니지만, 서로를 이해하고 서로로부터 배우려는 마음을 가진 사람들이 점차 많아지고 있는 것입니다. 사실 양 교수님만 하더라도 창조론과 관련하여 저보다 좀 더 보수적인 입장을 갖고 계신 것으로 보입니다. 하지만 저는 보수든, 진보든 겸손하게 열린 연구와 대화를 한다면 얼마든지 서로로부터 배울 수 있다고 생각합니다. 그래서 저는 언젠가 신학자들과 과학자들이 힘을 합쳐서 바른 우주론을 정립해 나갈 날이 올 것을 기대합니다.

본서는 그리스도인들이 과학, 그 중에서도 특히 현대 우주론을 어떻게 대해야 하는가를 잘 제시하고 있습니다. 그래서 저는 본서가 현대 우주론에 대한 관심을 가진 신학자들, 목회자들, 신학생들에게 큰 도움이 되리라 생각합니다. 또한 본서는 신학적 관심을 가진 과학자들에게도 중요한 지침서가 되리라고 믿습니다. 진지한 그리스도인들은 말할 것도 없고, 특정한 신앙을 갖지 않은 사람들에게도 본서가 큰 도움이 될 것이라 생각합니다.

양 교수님은 본서에서 과학에 대한 복음주의적 입장과 더불어 복음주의자들이 현대 과학의 성과를 어떻게 해석하는지를 제시하고 있습니다. 하지만 저는 신학과 과학, 그리고 이들의 관계에 대해 관심 있는 분들이라면, 신학적 입장에 무관하게 누구라도 본서를 읽어 보는 것이 필요하다고 생각합니다. 저도 본서를 읽으면서 저하고는 조금이라도 다른 신학적 입장을 이해할 수 있었습니다.

과학과 신학에 이토록 열심이신 몇 안 되는 교수님 중에 한 분이 양 교수님이고, 이러한 분과 연구와 대화를 이어나갈 수 있는 동지가 될 거라는 희망을 가지면서 과학과 기독교의 관계에 진지한 관심을 가진 모든 분들에게 본서의 일독을 권합니다.

최승언(서울대학교 지구과학교육과 교수)

추천의 글

　신학자들은 흔히 이렇게 말합니다. "지금까지 성경의 해석은 신학자들의 몫이었다. 그러나 과학이 급속도로 발전하면서 과학이 신학에 영향을 끼치기 때문에 과학을 도외시하고는 현대신학을 논할 수 없게 되었다." 그러나 오늘날 과학의 권능은 '신학에 영향을 끼치는' 정도, 그보다 훨씬 이상입니다. 교회 울타리 밖에서 과학의 권위가 신학의 권위를 앞지르고, 과학자의 영향력이 신학자의 영향력을 넘어선지 오래입니다. 과학자는 현대의 '선지자요 제사장'이 되었습니다. 역사를 통해 수많은 과학 사건들이 기독신학을 뒤흔들어 왔으며, 그 결과 신학은 과학에게 그 권좌를 내어주게 되었습니다. 저는 오늘날 '세상에서 무신론이 득세한 원인'이 바로 여기(즉, 과학이 신학을 이긴 상황)에 있다고 진단합니다.
　오늘날 기독신앙이 (과학으로 중무장한) 무신론 세계관에 맞서기 위해 절대적으로 필요한 두 부류의 사람들이 있습니다. 바로 '과학을 아는 신학자들'과 '신학을 아는 과학자들'입니다. 이 시대는 과학과 신학을 잇대어주는 전달자(communicator)를 필요로 합니다. 이 추천사를 쓰기 위해 양승훈 교수님의 『대폭발과 우주의 창조』의 첫 번째 독자가 된 것은 그런 의미에서 큰 특권이었습니다. 저자는 본인의 원래 전공인 반도체 물리학 분야에서 '신학을 아는 과학자'였으며, 이 책의 주제인 천문우주분야에서 '과학을 아는 신학자'입니다. 본서를 읽어가면서, 이 책이 이 시대에 꼭 필요한 책이라는 생각이 들었습니다. 이 책의 첫 번째 독자로서 본서에 대한 저의 감상을 몇 자 적는 것으로 추천사에 갈음하고자 합니다.

첫째, 이 책에는 천문우주학 전공자를 능가하는 폭넓은 이해와 해박한 지식이 담겨 있습니다. 간혹 신학자들이 쓴 과학책 중에는 지난(至難)하고 엄정(嚴正)한 과학적 탐구의 과정을 이해하지 못한 채, 그 결과를 (마치 손바닥 뒤집듯 바뀔 수 있는 것인 양) 가벼이 대하는 경우가 종종 있습니다. 그러나 저자는 과학자 특유의 '감'을 가지고 이웃 학문에 대해서도 경의를 표하는 태도를 취합니다. 그러한 태도가 없었다면, 이러한 분량과 깊이의 천문우주학 전문서를 쓸 수 없었을 것입니다. 우주는 무엇이며, 언제, 어떻게 존재하게 되었는가에 대한 천문우주학의 연구 과정과 그 결과를 체계적으로 기술한 이 책은 천문우주학 개론서로서도 손색이 없어 보입니다.

둘째, 과학과 신학 사이의 균형 잡힌 관점이 돋보입니다. 저자는 (대폭발 이론으로 대표되는) 현대 우주론을 무비판적으로 수용하지도 맹목적으로 거부하지도 않습니다. 신학자이자 과학자로서 현대 천문우주학에 의해 알려진 우주의 기원과 역사에 관해 객관적 태도를 취하며, 성경의 진술이 천문우주학적 증거와 부합하는지를 진지하게 질문하는 논쟁적 입장을 견지합니다. 저는 특히 어떤 신학적 해석을 서두르지 않는 저자의 유보적 태도를 지지합니다. 역사적으로 많은 신학자들이 당대의 과학을 수용하여 기독교 신앙을 변증하는 도구로 삼았었습니다. 그러나 과학사를 보면, 한때 사실로 받아들여진 과학적 견해들이 새로운 증거에 의해 폐기되는 일이 부지기수였습니다. 유독 우리 세대만이 절대 오류가 없는, 궁극적인 과학을 소유하게 되었다고 믿는 것은 큰 오만입니다. 성경은 변하지 않으나, 과학은 변합니다. 그래서 '과학을 기준으로' 신학을 세우는 것은 언제나 위험합니다.

셋째, 무엇보다 이 책에는 우주의 이해를 통해 하나님의 창조세계를 높이 드러내려는 거룩한 열정이 녹아 있습니다. 저자는 과학적 증거들이 궁극적으로 하나님의 창조를 지지할 것이라는 믿음을 확고히 하고 있습니다. 따라서 과학적 탐구는 인지적 활동일 뿐 아니라 적극적인 예배 행위라는 입장을 취하고 있습니다. 저자가 현대 우주론에 심취한 것도 그것이 하나님의 창조를 설명하는 하나의 작업가설(Working Hypothesis)이기 때문일 뿐, 우주론의 학적 탐구 자체가 목적은 아닙니다. 모든 진리의 주인은 하나님이시라는 믿음 위에 기독신앙과 과학의 바른 관계를 꿈꾸는 이 책은 훌륭한 창조신앙 변증서이자 (더 일반적인 의미에서) 기독신앙 변증서입니다.

과학을 앞세운 무신론이 현대사상을 지배하고, 종교에 대한 회의가 그 어느 시대보다도 깊은 이 시대에 하나님께서 우주와 인간이 하나님의 창조물이라는 '거부할 수 없는 증거'가 지속적으로 발견되도록 기도해야 할 것입니다. 그래서 무신론이 득세한 이 세계가 주의 이름을 알고 주 앞에 떨게 되는 날을 사모해야 할 것입니다. 주께서 하늘을 가르고 강림하시는 특별한 역사를 꿈꾸었던 이사야의 간절한 기도가 필요한 때입니다. 이 책이 그런 기도의 출발점이 되기를 소망합니다.

"원하건대 주는 하늘을 가르고 강림하시고 주 앞에서 산들이 진동하기를 불이 섶을 사르며 불이 물을 끓임 같게 하사 주의 원수들이 주의 이름을 알게 하시며 이방 나라들로 주 앞에서 떨게 하옵소서." (사 64:1-2)

우리 하나님과 그분의 창조세계에 대한 깊은 혜안과 넓은 관점과 높은 열정으로 가득 찬 이 책의 두 번째 독자가 되어주시기를 권합니다.

윤석진(연세대학교 천문우주학과 교수)

시리즈 서문

한국에서 본격적으로 창조론 운동이 시작되던 1981년 1월, 필자가 처음으로 접한 창조론은 젊은지구론, 젊은우주론으로 특징되는 창조과학이었습니다. 물론 그 이전에도 당시 건국대 물리학과 교수였던 주영흠 박사님을 통해 좀 다른 창조론[현재의 용어로는 진행적 창조론(Progressive Creationism) 혹은 날-시대 이론(Day-Age Theory)]을 접하기는 했지만, 창조과학의 선명성과 전투성에 매료되어 창조과학이야말로 인생을 걸만한 일이라고 생각했습니다. 그래서 언젠가 창조론을 열심히 연구해서 좋은 책을 써보려는 꿈을 가졌습니다.

하지만 좋은 책을 쓴다는 것은 열정과 결심만으로 되는 것이 아니었습니다. 우선 창조론에 관해 필자가 아는 것이 별로 없었고, 또한 창조론과 직접 연관되지 않은 반도체물리학 연구에 전념해야 하는 현실 속에서 창조론 연구는 꿈으로만 남아있었을 뿐입니다. 하지만 뭔가 시작해야 한다는 생각을 갖고 틈나는 대로 한국창조과학회 활동에 참여하면서 (공저이지만)『진화는 과학적 사실인가?』(1981) 등 번역

수준의 책들을 만들기도 했습니다. 그 후에도 꾸준히 자료들을 모으고, 비록 강의록 수준의 글이었지만, 조금씩 글의 틀을 잡아가기 시작했습니다.

체계를 잡은 첫 강의록으로는 1988년 대구에서 열린 창조론 지도자 훈련과정 교재로 만든 것이었고, 이것이 기초가 되어 1990년 미국 메디슨한인장로교회에서 창조론 시리즈 강의를 위해 만든 『창조론 서설』이 나왔습니다. 후에 이 강의록을 기초로 신학교 강의를 위해 『창조론 대강좌』(CUP, 1995, 288면, 이하 대강좌)를 책으로 처음 출간했고, 이 책을 확장한 것이 오랫동안 많은 분들의 사랑을 받았던 『창조론 대강좌』 개정증보판(CUP, 1996)이었습니다.

10년이면 강산도 변한다고 하는데, 어느덧 『창조론 대강좌』 개정증보판을 낸 지도 19년이 지났습니다. 창조론 분야의 중간층 독자들을 위한 이 책은 전문가들에게는 쉬웠고 일반인들에게는 다소 어려운 책이었습니다. 하지만 많은 분들이 애독해 주셨고, 여러 대학에서 교재로 사용하기도 했습니다. 그러나 시간이 지나면서 여러분들의 요청이 있었고, 실제로 개정해야 할 내용들이 많이 누적되었지만 여러 가지 사정으로 인해 진작 개정판을 내지 못했습니다.

『창조론 대강좌』 개정증보판이 출간된 이후, 이제는 서론 격이기는 하지만 국내 저자들에 의한 창조론 책도 간간히 눈에 띄고 있으며, 외국 저자들의 책들도 소위 '팔릴만한' 책들은 어느 정도 번역이 되어있는 듯합니다. 하지만 여전히 창조론 분야에서는 대중적인 책들이 주종을 이루고 있으며, 그러다보니 좀 어려운 개념들이나 치밀한 논증을 소개할 수가 없었습니다. 이러한 요구를 충족하기 위해서라도 부득불 『대강좌』를 단권이 아닌 시리즈로 구상하게 되었습니다.

본 『창조론 대강좌』 시리즈는 다소 고급 독자들을 위한 책이라고 할 수 있습니다. 이전에 단권으로 출간된 『창조론 대강좌』에 비해 몇 권의 시리즈로 출간되는 본서에서는 중요한 창조론 이슈들을 좀 더 심층적으로 다루고 있습니다. 그 동안 창조론에 관한 필자의 입장도 변했기 때문에 시리즈 제목을 바꾸는 것이 적절한 것 같지만, 이미 『창조론 대강좌』를 기초로 국내 저자들이 쓴 책들이 여러 권 출간되었기 때문에 연속성을 고려하여 '창조론 대강좌'를 시리즈 이름으로 사용하게 되었습니다.

본 시리즈를 집필하면서 주 독자층들을 어떻게 잡을 것인가를 두고 많이 고심했습니다. 기존의 『창조론 대강좌』 개정증보판을 출간하던 때에 비해 국내에서 창조론에 대한 논의가 많이 진전된 것을 생각한다면, 좀 더 수준 있는 독자들을 대상으로 하는 책이어야 한다고 생각하면서도, 다른 한편으로는 여전히 처음 창조론을 접하는 분들을 위한 입문서 내지 대학 교양교재 수준의 책들이 필요하다는 생각도 했기 때문입니다. 그래서 이번에는 일반인용과 전문가용으로 분리하여 출간하는 쪽으로 결론을 내렸습니다.

2006년, 예영에서 출간했던 『창조와 격변』은 일반인들의 창조론 교양과 대학 교양강좌를 위해 사용할 수 있도록 집필하였습니다. 그리고 본 시리즈는 좀 어폐가 있기는 하지만, 일종의 전문가용, 즉 창조론을 제대로 공부하려는 독자들을 염두에 둔 책이라고 할 수 있습니다. 따라서 본 시리즈는 『창조와 격변』의 내용은 물론 그 책에 포함시키지 못했던 주제들과 내용들까지 포함시켰습니다. 본 시리즈는 일곱 권의 책으로 나누어지면서 분량은 많아졌지만, 대학이나 교회에서 창조론을 가르치는 분들이나 창조론 대중 강의를 준비하는 분들에게

도움이 될 것이라 생각됩니다.

　분권한 것 외에도 본 시리즈가 『대강좌』 개정증보판과 다른 점을 든다면, 1권에서 지구역사와 관련하여 다중격변설을 포함시킨 것과 지구와 우주 창조 연대를 길게 잡은 점입니다. 구체적으로 본 시리즈에서는 노아의 홍수만으로 지구의 모든 역사를 설명하던 기존의 단일격변설을 확장하여 '다중격변설'을 제시하고 있습니다. '다중격변설'은 노아의 홍수 이전, 특히 창조주간에 지구에 여러 차례 대격변들이 있었으며, 노아의 홍수는 그들 중 마지막 전 지구적인 격변이었다는 입장입니다. 인류의 시작(아담과 하와의 창조)은 6천 년 내지 20만 년 전이라는 유연한 입장을 취했으며, 지구와 우주의 창조 연대는 현대 지구과학이나 우주론에서 제시하는 연대를 받아들일 수 있다는 입장으로 바꾸었습니다.[1] 요약하자면, 지질학적으로는 다중격변창조론을, 창세기 해석에서는 날-시대 이론을, 생물창조와 관련해서는 진행적 창조론을, 창조연대와 관련해서는 오랜지구론을 수용하게 된 것입니다. 창조과학 운동의 흑백논리적이고 전투적 특성을 생각한다면, 당연히 이러한 전환은 쉽게 일어난 일이 아니었습니다. 필자의 이러한 전환을 둘러싼 논란에 대해서는 필자의 다른 책 『프라이드를 탄 돈키호테』(SFC)를 참고하기 바랍니다.

　이 외에도 본 시리즈 2권 『생명의 기원과 외계생명체』에서는 생명의 기원 문제를 다루면서 화학진화가설을 비판했습니다. 그리고 생명의 기원 논의와 직접 관련된 논의는 아닐지 모르지만, 많은 사람들이 궁금해 하기 때문에 UFO에 대한 내용도 포함시켰습니다. 3권 『창조와 진화』에서는 이전과 같이 생물진화에서 대진화를 비판했습니다. 2권과 3권의 내용은 창조연대에 대한 차이를 제외한다면, 기본적으로 창조과학자들의 기본 입장과 크게 다르지 않습니다. 하지만 본서와 6권 『창조연대논쟁』에서는 창조과학의 젊은지구론을 비판하고 오랜지구론을 소개하였으며, 현대 우주론의 표준모델인 대폭발 이론에 대해서는 하나님의 창조를 설명하는 하나의 작업가설로의 가치가 있다는 쪽으로 입장을 바꾸었습니다. 순서가 바뀌긴 했지만, 인류의 기원을 다룬 4권 역시(아직 출간되지 않음) 연대 문제를 제외한다면, 기존의 창조과학 입장이나 『창조론 대강좌』 개정증보판에서 제시했던 바와 크게 다르지 않습니다. 본 시리즈의 마지막인 7권에서는 『창조론 대강좌』 개정증보판에 포함되지 않았던 창조에 대한 신학적, 역사적 논의와 부록을 포함시켰습니다. 이 외에도 창조론 운동의 회고와 전망, 노아의 방주 탐사, 지적 설계에 대한 내용을 본 시리즈 마지막 책 속에 포함시킬 예정입니다.

아무쪼록 본 시리즈를 읽는 모든 분들에게 풍성한 창조신앙과 더불어 세상을 바라보는 궁창의 빛과 같이 빛나는 지혜가 생기고, 이를 통해 많은 사람을 옳은 데로 돌아오게 하여 별과 같이 영원토록 비취는(단 12:3) 역사가 일어나기를 기대합니다. 지난 35년 동안 창조론을 공부하면서 누렸던 풍성한 축복을 감사하면서….

저자

서문: 대폭발, 하나님의 창조방법?

인간은 자신과 자신을 둘러싸고 있는 세상이 어떻게 시작되었는지에 대해 본능적으로 궁금증을 갖고 있습니다. 이 궁금증에 대한 답을 얻기 위해 사람들은 엄청난 시간과 예산을 사용하고 있습니다. 자기 집 뒤뜰에서 작은 망원경으로 우주를 관측하는 아마추어 관측으로부터 외계생명체를 찾기 위해 우주선을 쏘아 올리는 일이나 거대한 망원경을 제작하는 일에 이르기까지 천문학의 많은 연구들이 이 궁금증에 대한 답을 얻기 위해 이루어지고 있습니다. 그렇다고 해서 이러한 연구가 직접적으로 기술개발, 나아가 산업발달에 영향을 미치는 것도 아닙니다. 오히려 언뜻 보기에 이런 궁금증에 대한 답을 추구하는 것은 인간의 매일의 삶에 별 영향을 미치지 않는 것처럼 보일 수 있습니다. 그럼에도 불구하고 전문 과학자들은 물론 일반인들도 자신과 자신이 살아가고 있는 세상의 기원에 대해 마르지 않는 호기심을 갖고 탐구에 열을 올리고 있습니다. 왜 그럴까요?

자신과 세상의 기원에 대한 인간의 집요한 관심은, 그것이 인간 자신의 존재 가치와 의미에 직결되어 있기 때문일 것입니다. 자신과 주변 세계가 언제, 어디서, 어떻게 존재하게 되었는가의 질문은, 우주는 무엇이며, 그 속에 살아가고 있는 나는 누구(또는 무엇)일까라는 존재론적 질문에 잇대어 있습니다. 어쩌면 이러한 질문과 이 질문에 대한 답을 추구하는 것이 인간과 다른 여타 동물들을 구분 짓는 기준이 될 수도 있을 것입니다. 어떤 동물도 인간과 같이 자신과 주변 세계에 대해 집요한, 거의 '병적인' 궁금증을 갖고 있지는 않습니다. 동물들은 순간순간 닥치는 본능적, 생리적 욕구를 만족시키기 위해 먹고, 교미하고, 새끼들을 키우지만, 인간은 이런 욕구를 넘어 눈에 보이는 현실을 초월하는 욕구도 갖고 있습니다. 필자는 이런 욕구가 동물에게는 없고 인간에게만 있는 하나님의 형상이라는 것이 아닐까 생각해 봅니다.

   본서에서는 우리가 살아가고 있는 큰 환경, 즉 우주의 기원에 대해 살펴볼 것입니다. 인류의 창조에 대해서는 본 『창조론 대강좌』 시리즈의 4권에서 살펴보기로 하고, 본서에서는 지난 한 세기동안 현대과학이 발견한 것들을 중심으로 우주란 무엇이며, 어떻게 존재하게 되었으며, 앞으로 어떻게 되어갈 것인지를 살펴볼 것입니다. 구체적으로 본서에서는 현대 우주론의 표준모델로 알려져 있는 대폭발 이론의 역사적 배경과 최근의 연구현황, 특히 표준모델에서 마지막으로 발견된 힉스 입자에 대한 얘기와 더불어 대폭발 이론의 급팽창 가설을 입증하기 위해 중력파의 존재를 확인하려는 최근 과학자들의 연구들을 살펴볼 것입니다.

   본서의 마지막 부분에서는 우주의 창조연대를 살펴볼 것입니다. 불과 100여 년 전 또는 몇 세대 전의 세상도 정확하게 알기가 어려운데, 수십억 년 전에 시작되었다고 하는 지구와 100억 년 이상 전에 시작되었다는 우주에 대해 도대체 우리가 무엇을 알 수 있을까요? 당연히 시간 내적 존재인 인간으로서는 과거로 거슬러 올라가면 갈수록 정확한 정보를 얻을 수가 없습니다. 그럼에도 불구하고 수많은 과학자들은 그 오래 전 과거를 보여주는 극히 희미한 흔적들, 극히 작은 정보의 파편들을 모아 우주가 시작되던 그 때부터 현재에 이르는 우주의 정확한 모습을 재구성하기 위해 노력하고 있습니다.

본서에서는 우주의 창조에 대한 과학적 증거들, 그리고 이들 증거들에 기초해서 과학자들이 제시하고 있는 우주형성모델, 그 중에서도 오늘날 가장 많은 과학자들이 받아들이고 있는 대폭발 이론을 살펴볼 것입니다. 물론 필자는 우주가 오늘날 과학자들이 제시하는 모델이 아닌, 초자연적인 방법으로 존재했을 가능성을 배제하지 않습니다. 하지만 만일 우주가 초자연적 방법, 즉 자연적 방법을 넘어선 방법으로 창조되었다면, 그것은 과학적 연구의 영역이 아니기 때문에 다른 연구의 방법으로 접근해야 할 것입니다. 그런 점에서 본서는 일차적으로 우주창조에 대해 과학적으로 설명할 수 있는 모델을 중심으로 살펴볼 것입니다.

오늘날 주류 과학자들은 대체로 대폭발 이론을 우주창조의 메커니즘으로 받아들이고 있습니다. 과학자들은 대폭발을 통해 우주가 존재하게 되었다는 큰 그림을 받아들이면서, 그 그림 속에서 국부적으로 설명이 어려운 문제들을 해결하기 위해 노력하고 있다고 할 수 있습니다. 물론 말할 필요도 없이 오늘날 과학자들이 우주창조의 표준 모델로 주장하는 대폭발 이론 역시 틀렸을 수 있습니다. 아무도 창조의 순간을 직접 보지 못했으며, 그 이후 진행된 우주의 역사도 지켜보지 못했기 때문입니다. 그런 의미에서 폭풍우 가운데서 하나님께서 욥에게 던진 질문은 오늘 우리들에게도 그대로 적용됩니다. "내가 땅

의 기초를 놓을 때에 네가 어디 있었느냐? 네가 깨달아 알았거든 말할지니라."(욥 38:4)

대폭발 이론이 실제로 하나님께서 우주를 창조하신 바로 그 방법이었는지 우리는 잘 모릅니다. 다만 이 이론은 현재의 우주창조를 설명하는 더 나은 과학적 이론이 출현할 때까지 잠정적으로 받아들일 수 있는 작업가설(working hypothesis)이라고 할 수 있습니다. 즉 현재로서는 하나님께서 우주를 현대과학으로 이해할 수 있는 방법으로 창조하셨다면, 대폭발의 과정을 통해 창조하셨을 가능성이 가장 높다고 할 수 있습니다.

물론 현재의 대폭발 이론도 많은 허점이 있습니다. 그러므로 누구라도 대폭발 이론이 틀렸다고 주장할 수 있습니다. 하지만 그렇게 주장하려면, 그에 합당한 과학적 증거나 논리를 제시할 수 있어야 합니다. 그동안 대폭발 이론이 틀렸음을 주장하기 위해 쓰레기 더미가 폭발해서 747 점보기가 만들어질 가능성 등을 운운하는 사람들이 있었지만(필자도 그 비유를 빌려서 소개한 적이 있었음), 그런 논리로 대폭발 이론을 비판해서는 안 됩니다. 하나님께서 대폭발을 우주창조의 방법으로 사용하셨다면, 그보다 더 작은 확률의 사건도 얼마든지 일어날 수 있기 때문입니다.

현대 우주론의 논리는 일반인들이 생각하는 것보다 훨씬 더 정교합니다. 물론 정교하다는 것이 곧 정확하다는 것을 의미하지는 않습니다. 정교하다는 말은 일반인들이 상식적인 차원에서는 이해하기가 어렵다는 의미이기도 하고, 그러한 논리를 반박하려면 더 정교한 논리, 더 치밀한 연구가 필요하다는 의미이기도 합니다. 비록 대폭발의 사건을 직접 관측할 수는 없다고 해도 물리학자들은 그와 유사한 상태를 이론적으로 계산할 뿐 아니라 거대한 입자가속기를 통해 구현하고 있습니다. 말할 필요도 없이 그러한 과정은 해당 분야의 과학자들이 아니면 이해하기가 어렵습니다. 젊은지구론자들 중에 지구 연대를 전공하는 학자가 없듯이, 오늘날 대폭발 이론을 '무신론이다,' '반기독교적이다'라고 비판하는 사람들 중에 우주론, 그 중에서도 초기우주론을 전공하는 학자들이 단 한 사람도 없는 이유도 이와 무관하지 않습니다.

본서는 이공계 배경을 갖지 않은 독자들이 읽기에 다소 부담이 되는 내용들이 꽤 있습니다. 물론 필자도 처음에는 가능하면 쉽게, 과학적 배경이 없는 독자들도 찬찬히 읽기만 하면 누구라도 이해할 수 있도록 기술하려고 많이 노력했습니다. 그래서 할 수만 있다면 비유도 사용하고 그림이나 도표를 동원하기도 했습니다. 하지만 원고를 써나가면서 어려운 개념을 쉽게 설명할 수 있다는 것 자체가 실력이자 능력임을 다시 한 번 절감하였습니다. 천학비재(淺學菲才)한 필자가 현대 천문학과 우주론, 물리학의 난해한 개념들을 모든 사람들이 이해할 수 있도록 설명해보겠다고 호기를 부린 것 자체가 무리이자 교만이었음을 알게 된 것입니다. 독자들도 본서를 읽으면서 혹 이해가 잘 되지 않는 부분이 있을 것입니다. 그렇더라도 쉽게 책을 덮지 말고 끝까지 인내하며 읽어주시기를 부탁드립니다. 본서는 과학적 지식의 전달보다 그 지식에 대한 이해를 바탕으로 기독교와 과학의 바른 관계를 정립하려는 것이 주목적이기 때문입니다.

아무쪼록 우주창조에 대한 본서의 논의가 기독교와 과학의 바른 관계를 정립하는데 작은 도움이라도 되기를 바랍니다. 과도하게 과학을 신뢰해서도 안 되지만, 무조건 현대과학을 의혹의 눈초리로 보면서 새로운 것이 발견되었다는 소식이 전해질 때마다 혹시나 성경이 부정되지는 않을까 노심초사하는 태도를 가져서도 안 될 것입니다. 과학이라는 이름으로 슬그머니 끼어들어오는 무신론, 자연주의, 과학주의 등 비과학적인 이데올로기들에 대해서는 극히 경계해야 하지만, 정상적인 과학자들의 연구 자체에 대해서는 하나님의 피조세계를 탐구하는 학문의 제사장으로 감사해야 할 것입니다. 기독교인 과학자가 발견한 진리든, 비기독교인 과학자가 발견한 진리든 '모든 진리는 하나님의 진리'라는 큰 전제를 가지고 과학자들의 연구를 바라보아야 할 것입니다. 과학계에서 들려오는 낭보를 비보로 여기는 어리석은 사람들이 되어서는 안 될 것입니다.

저자

감사의 글

어떤 책이라도 한 사람의 노력으로만 이루어질 수 없듯이 본서 역시 완성되기까지 많은 분들이 도움을 주셨습니다. 우선 지난 1998년 8월부터 3년간 본 시리즈를 준비할 수 있도록 재정 지원을 해 주신 창조회(당시 회장 유성감리교회 유광조 목사, 총무 윤승호 목사) 여러 회원 목사님들(책 마지막에 있는 명단 참조)께 진심으로 감사드립니다. 또한 2004년 가을, 원고 정리를 위해 위스콘신 주 매디슨에서 50여 일간 안식월을 보낼 수 있도록 물심양면으로 지원해주신 울산 소망정형외과 이선일 박사님, 전 매디슨 한인장로교회 장진광 목사님, 전 매디슨 사랑의 교회 황원선 목사님, 그리고 VIEW 원우회 여러분들께 감사드립니다.

분주한 중에서도 아마추어 천문학자의 부족한 책에 대해 과분한 추천사를 써 주신 서울대 사대 지구과학교육과 최승언 교수님과 연세대 천문우주학과 윤석진 교수님께 감사드립니다. 두 분 모두 탁월한 천문학자이시면서 동시에 과학과 신앙의 문제에 대해 진지한 관심을 갖고 계시는 분들입니다. 특히 최 교수님은 필자의 주장에 일부 동의하지 않는 부분이 있다고 밝히시면서도 본서에 대한 추천과 더불어 본서의 주요한 주장들을 꼼꼼하게 살펴주셨습니다. 그와 동시에 실제로 내용상의 여러 오류들을 날카롭게 지적해주셨습니다. 또한 윤 교수님은 우리은하의 나이 측정에 사용되는 유명 구상성단들의 외부기원설을 세계 최초로 밝히고, 외부은하 구상성단 시스템의 이중 색분포 현상의 물리적 기원을 세계에서 처음으로 규명하는 등 은하 형성 연구 분야의 세계적인 천문학자이신데도 기꺼이 본서를 추천해주셨습니다.

원고 교정과 더불어 귀중한 조언을 주신 여러분들께도 감사드립니다. 본서의 교정에 참여해준 VIEW(밴쿠버기독교세계관대학원) 제자 유승훈 박사님, 김준석, 박기모, 신윤희 목사님, 김성경 자매님께 감사드립니다. 특히 유 박사님은 VIEW의 스탭으로서 본서의 원고정리와 더불어 그림을 다듬는 일, 그림과 관련된 저작권 문제를 도와주었으며, 내용상의 여러 오류들과 더불어 열역학 법칙을 우주적 차원으로 확장, 적용하는 것과 관련해 귀중한 조언을 해주었습니다. 학위 논문 마무리에 분주한 가운데서도 본서 저술에 필요한 최신 연구논문 검색을 도와준 필자의 둘째 아들 창모에게 감사하다는 말을 전합니다. 또한 결혼 전부터 시작하여 지난 35년간 필자의 창조론 공부를 격려해 준 사랑하는 아내 박진경 자매에게 존경과 감사의 마음을 전합니다.

본서의 집필과 관련하여 위키피디아, 미항공우주국(NASA), 유럽우주국(ESA), 유럽남천문대(ESO) 등에도 감사합니다. 아직 학술적인 참고문헌으로 위키피디아를 직접 인용하는 것에 대해서는 부담이 있지만, Public Domain에 판권이 해제된 많은 그림이나 사진을 소개하고 있습니다. 또한 NASA, ESA, ESO 등은 좋은 천체 사진들을 누구나 사용할 수 있도록 허용하고 있습니다. 본서에서 특별히 출처를 밝히지 않은 많은 사진들이나 그림들은 위키피디아 Public Domain에서 인용한 것들임을 밝힙니다.

〈The Great Courses〉라는 탁월한 DVD 강의 시리즈를 제작하여 필자의 훈련이 부족했던 천문학 분야의 배경 지식과 최근 연구 성과들을 보충하고, 창조연대에 관한 필자의 생각을 다듬는데 도움을 준 미국 The Teaching Company에 감사합니다. 특히 필리펜코(Alex Filippenko) 교수의 천문학 강의와 휘틀(Mark Whittle) 교수의 우주론 강의는 천문학과 우주론의 기초로부터 최근 현황까지를 소개하는 탁월한 강의였습니다. 그 외에도 본서 저술과 관련하여 필자가 직, 간접적으로 도움을 받았던 The Teaching Company의 강의들은 다음과 같습니다.

- A. Filippenko (Prof. of Astronomy, U. of California, Berkeley) "Understanding the Universe"(96강의)
- Mark Whittle (Prof. Astronomy, U. Virginia) "Cosmology"(36강의)
- D. Christian (Prof. of History, San Diego State U.), "Big History"(48강의)
- R.M. Hazen (Prof. of Earth Science, George Mason U.) "The Origin and Evolution of Earth"(48강의)
- S. Sutherland (Prof. of Earth History/Paleontology, U. of British Columbia), "A New History of Life"(36강의)

많은 분들의 수고가 어우러진 책이지만, 본서의 부족한 점은 말할 필요도 없이 필자의 천학비재(淺學菲才)로 인함입니다. 독자들의 지적을 통해 현대 우주론과 기독교 신앙의 건강하고 바른 관계가 만들어져가기를 기대합니다. 끝으로 어려운 출판계 현실에도 불구하고 한정된 독자들을 위해 많은 사진과 그림이 들어가고, 분량도 많은 본서를 출판해준 SFC 출판부 이의현 대표와 편집부 여러 직원들께 진심으로 감사드립니다.

저자

제1강

우주론의 역사

"하늘을 펴고 땅의 기초를 정하고 너를 지은 자 여호와를 어찌하여 잊어버렸느냐?" - 이사야 51:13

우주는 언제, 어떻게 시작되었을까? 아니 우주의 시작이 있었을까? 아래에서는 현대 우주론의 등장을 살펴보기 전에 먼저 우주에 대한 인간의 관점이 어떻게 변해왔는지를 역사적으로 간략하게 살펴보고자 한다. 이를 위해 고대인들의 우주론으로부터 시작하여 중세 우주론을 거쳐 현대 우주론이 시작되기 전인 19세기 후반까지의 우주론의 변화를 살펴볼 것이다. 특히 아래에서는 과학과 신학의 통합을 시도했던 중세 우주론에 초점을 맞추어 살펴보고자 한다.

1. 고대의 우주론

인류 역사에 등장했던 모든 주요한 문명들은 나름대로 자신들의 우주관 혹은 우주론을 갖고 있었다. 우주에 대한 이해는 사람들이 매일 경험하는 세상을 이해하고 설명하는 것과 연관되어 있었다. 이들이 주로 관심을 가졌던 것은 이 세상이 어떻게 존재하게 되었고, 무엇으로 이루어져 있으며, 어떤 구조를 갖는가 하는 점이었다.

첫 사람 아담은 하나님이 어떻게 우주를 창조하셨는지를 잘 알았을 것이다. 하지만 성경은 천문학이나 우주론 교과서로 사용되기 위해 기록된 책이 아니므로, 아담의 우주 이해에 대해서는 자세히 언급하고 있지 않다. 고대 유대인들은 나름대로 자신들의 우주에 대한 관점을 갖고 있었지만, 이들의 우주론이 꼭 아담의 우주론과 가장 가까웠다고는 보증할 수 없다. 한 가지 생각할 수 있는 것은 고대 문명들이 가졌던 우주론은 정도의 차이는 있겠지만, 아담의 우주론을 반영하고 있을 거라는 막연한 추측이다.

예를 들면 기록으로 남아있는 가장 오래된 문명이라고 할 수 있는 주전 3,000년경의 이집트와 메소포타미아 문명의 창세 신화에 의하면, 태초의 세상은 물로 덮여 있다가 거대한 신들의 힘을 받아 물속에서부터 생겨났다고 한다. 이들의 기록은 말할 필요도 없이 창세기 1장 초반의 "땅이 혼돈하고 공허하며 흑암이 깊음 위에 있고 하나님의 영은 수면 위에 운행하시니라."(창 1:2)는 말씀과 통하는 점이 있다.

고대 세계에서 천체 관측과 관련하여 가장 주목할 만한 사람들은 바벨론인들이었다. 그들은 이미 주전 2,000년경에 하늘의 별들을 자세히 관찰하면서 황도대(Zodiac) 별자리들을 기록으로 남겼다.[2] 그들

그림 1-1 구약의 우주를 보여주는 19세기의 플레마리온 판화(Flammarion engraving).¹ 한 여행자가 평평한 지구의 끝까지 와서 별들이 총총 박혀있는 궁창 바깥으로 머리를 쑥 들이밀고 그 바깥에 있는 하늘을 보고 있다.(좌) 바벨론 사람들의 세계 지도(주전 600년 경). 거대한 바다에 세상이 잠겨있고, 땅은 평평하다고 보는 견해가 구약성경의 개념과 흡사하다.(Wikimedia Commons)

은 움직이지 않는 붙박이별, 즉 항성과 태양계 내에서 움직이는 행성을 구분할 수 있었고, 행성들의 운동을 기록했으며, 일식과 월식을 예측할 수 있었다. 나아가 계절의 변화와 달의 차고 기우는 것, 조수의 만조와 간조 등을 통해 천체 운동의 관측을 실제 삶에 활용하기도 했다. 하지만 이들은 이러한 천체들의 운행을 설명하기 위해 우주론적 이론이나 모델을 제안하지는 않았다. 즉 이들은 많은 지식을 갖기는 했지만, 그것들을 통합할 수 있는 이론적 원리나 모델을 고안하지는 않았다.

2. 그리스인들의 우주론

우주에 대한 최초의 과학적인 모델은 그리스 사람들의 업적이었다. 그리스 자연철학자들은 기존의 마술적이고 미신적인 자연관을 탈

피해서 처음으로 우주에 대한 자연주의적인 설명을 제시했다. 이들은 자세한 관측과 치밀한 논증을 통해 우주에 대한 수리적 모델을 제시했다.

이오니아 학파의 우주론

자연에 대한 철학적 사유의 기원은 오늘날 터키 서부에 해당하는 이오니아 지방 밀레투스 섬에 살던 탈레스(Thales, c. BC 621-543)였다. 그는 주전 585년, 일식을 예측해서 유명하게 되었다. 그는 우주를 구성하는 원물질은 물이며, 만물은 물로부터 자연적인 과정을 통해 나왔다고 주장했다. 하지만 그의 제자 아낙시만드로스(Anaximandros, c. BC 610-546)는 만물은 물, 공기, 불, 흙이라는 네 가지 원소로 이루어져 있고, 이들 네 가지 원소는 '무한한 것'을 의미하는 아페이론(apeiron)에서 출발했다고 했다. 이들 외에도 사람들마다 다른 주장을 했지만, 그리스인들은 공통적으로 우주는 합리적 지성으로 인한, 혹은 합리적 지성의 가이드 하에서 생겨난 산물로 보았다. 이들은 신적인 어떤 존재 내지 개념을 인정하면서도 자연의 합리

그림 1-2 탈레스(좌)와 아낙시만드로스

성을 강조하였다.

하지만 원자론자로 알려진 몇몇 사람들은 신성의 개념을 부정하였다. 대표적으로 루키푸스(Leucippus, c. fl. BC 440)와 그의 제자 데모크리토스(Democritus, c. BC 460-380)는 우주가 원자와 빈 공간으로 이루어져 있다고 믿었다. 그들은 무한한 숫자의 원자가 무한한 공간을 움직이면서 이합집산(離合集散)하여 다양한 물체들을 만들었다고 보았다. 그러므로 모든 물체는 계속 분해하다보면 결국에는 더 이상 나눌 수 없는 개별 원자들만 남는다고 보았다. 여기서 원자를 의미하는 그리스어 아토몬(atomon)은 '더 이상 나눌 수 없는' 혹은 불가분(不可分)이라는 의미이다. 원자론자들은 물질은 무한하고 영원한 것이었기 때문에 우주의 설계자나 창조자는 필요하지 않다고 보았다. 그들의 우주관은 현대 우주론의 무신론적 특성을 반영하는 듯하지만, 중세 유럽교회의 우주론에는 그들의 사상이 큰 영향을 미치지 않았다.

그림 1-3 루키푸스와 데모크리토스

플라톤과 아리스토텔레스의 우주론

중세 우주론에 직접적으로 영향을 미쳤던 것은 그리스 철학의 2

대 거인 플라톤(Platon, BC 427-347)과 그의 제자 아리스토텔레스(Aristoteles, BC 383-322)였다.

그림 1-4 플라톤(좌)과 아리스토텔레스

자신의 저서 『티마이오스』(*Timaeus*)를 통해 플라톤은 창조주가 합리적 계획을 따라 우주를 만들었다고 믿었다.⁵ 『티마이오스』는 물리적 세계의 본성, 우주의 목적, 우주의 특성, 세계 혼(World Soul)의 창조, 우주를 구성하는 원소들, 황금비(golden ratio) 등의 문제를 다루고 있다. 흥미롭게도 그때는 대부분의 사람들이 지구가 둥글다는 것을 받아들이고 있었다. 이 구형의 지구는 우주의 중심에 위치하고 있었는데, 그 주위에는 일곱 개의 행성들이 박혀있는 행성천구가 있었고, 가장 바깥에 있는 여덟 번째 천구는 항성들이 박혀있는 항성천구였다. 항성천구들은 하루에 한 바퀴 씩 돌고 다른 행성천구들은 천구마다 다른 속도로 돌았다. 그리고 각 천구들은 지적인 존재들에 의해 움직인다고 보았다.

플라톤은 지상의 만물들은 불완전하고 가변적이지만, 하늘에 있는 것들은 완전하고 불변하며 등속원운동만 한다고 보았다. 그는 만물에

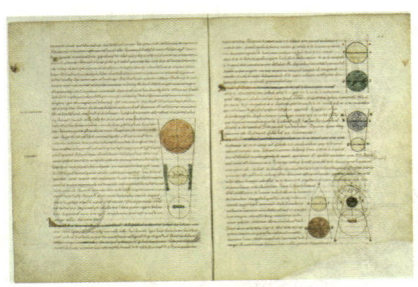

그림 1-5 〈티마이오스〉의 중세 라틴어역본[4]

는 위엄과 완전함의 위계질서가 있어서 그 질서를 따라 배열되었고, 온 우주는 창조주의 존재와 섭리를 보여준다고 보았다. 플라톤에 의하면, 이 세상은 창조주의 마음속에 선재하던 모델을 따라 창조되었으며, 그 창조주의 마음속에 있었던 모델조차 영원하지 않았다. 플라톤은 시간도 창조되었다고 보았다. 그리고 만물은 처음에는 혼돈상태였으나 완전한 계획을 따라 질서 있는 상태로 변했다고 보았다. 물론 이 때 플라톤이 생각한 창조주 데미우르게(Demiurge)는 성경에 나타난 창조주는 아니었다.

그림 1-6 지구중심의 우주

아리스토텔레스는 플라톤의 우주론을 한 단계 더 발전시켜 달 아래의 세계, 즉 월하구(月下球, subluner sphere) 혹은 지상계는 흙, 물, 공기, 불 등 네 가지 원소로 이루어져 있고, 월상구(月上球, superluner sphere) 혹은 천상계는 에테르(ether)라는 제5의 물질로 이루어져 있다고 보았다. 지상계에서의 자연스러운 운동은 올라가고 내려가는 운동이라고 보고, 네 가지 원소들이 무게에 따라 아래에서 위로, 즉 흙, 물, 공기, 불의 순서로 배열된다고 보았다. 반면에 에테르의 자연스런 운동은 지구를 중심으로 한 완전한 등속원운동이라고 보았다.

아리스토텔레스의 우주론에서 흥미로운 것은 자연에서 일어나는 모든 운동에는 원인이 있기 때문에, 각각의 천구를 돌리는 원인도 있을 것이라고 보았다는 것이다. 특히 제일 바깥쪽에 있는 항성구를 돌리는 존재는 항성구 바깥에 위치한 '부동의 주기동자'(unmoved prime mover)여야 했다. 주기동자가 가장 바깥에 있는 항성구를 돌리면, 그 운동이 그 안쪽에 있는 다른 구들에게 전이되어 전체 천구들이 계속 움직인다고 보았다. 아리스토텔레스 역시 플라톤처럼 우주의 질서는 창조주의 존재를 증거한다고 보았다.

또한 에테르로 되어 있는 월상구들의 완전한 운동은 시작도, 끝도 없는 지적 존재에 의해 통제된다고 보았다. 하지만 플라톤과는 달리 아리스토텔레스는 우주는 본질적으로 영원하며, 아무런 변화도 일어나지 않는다고 보았다. 하지만 흥미롭게도 아리스토텔레스는 항성구가 24시간이라는 유한한 시간에 한 바퀴씩 돌기 때문에 우주는 유한하다고 보았다.

플라톤과 아리스토텔레스의 우주론은 언뜻 보기에 우주의 운행을 설명하는데 큰 무리가 없는 듯했다. 하지만 천체들의 운동을 자세히 관찰하는 사람들이 등장하면서 문제가 생기기 시작했다. 제일 바깥쪽 항성구에 박혀있다고 생각한 항성들은 하루에 한 바퀴씩 정확하게 완전한 등속원운동을 하는 것으로 보였기 때문에 문제가 없었다. 문제는 항성구보다 안쪽 천구들에 박혀 있는, '방황하는 별들'(wandering stars)이라고 하는 행성들의 운동이었다. 행성들은 천상계에 속해 있으면서도 완전한 등속원운동을 하지 않았다. 이들은 속도가 빨라지기도 하고 늦어지기도 했으며, 때로는 멈춰 서기도 하고, 때로는 오던 궤도를 잠시 거꾸로 되돌아가는 역행운동을 하기도 하였다. 이것은 별들이 수정천구에 박혀있다는 개념을 가지고는 도무지 설명할 방법이 없었다.

사실 이러한 난점은 이미 플라톤도 알고 있었다. 그래서 그는 제자들에게 이 '겉보기 운동을 구할 수 있는'(save the appearances) 수학적 가설을 고안해 보라고까지 하였다. 행성들의 복잡한 운동을 등속원운동으로 설명할 수 있을까? 플라톤의 제자들 중에 이 문제를 두고 가장 많이 고민했던 사람이 바로 수제자 아리스토텔레스였다.

아리스토텔레스는 모든 물체는 외부로부터 주어진 어떤 영향이나 다른 물체들과의 상호작용에 의해서가 아니라 그 물체의 본성에 따라 움직인다고 보았다. 이것은 그의 우주론의 핵심적인 아이디어였다. 그는 물체의 운동은 그 물체의 본질(substance)에 대응된다고 보았다. 그는 등속원운동이야말로 완전한 운동이며, 월상구 위의 모든 천체는 완전하기 때문에 등속원운동을 한다고 보았다. 하지만 그의 이러한 가정은 플라톤이 직면한 행성들의 '완전하지 못한' 운동과 충돌하였다. 그래서 이 문제를 해결하기 위해 많은 노력을 하다가 결국 그는 55개의 중간구(intermediary spheres)를 가정했다.[5] 하지만 그렇게 해서도 관측현상을 완전하게 설명할 수는 없었다.

3. 프톨레마이오스의 우주론

이 문제는 결국 주후 150년 경, 로마의 천문학자 프톨레마이오스(Klaudios Ptolemaios, c. 100-c. 170)가 해결했다. 그는 '위대한 체계'(The Great System)라는 의미의 『알마게스트』(*Almagest*)라는 저서를 통해 자신의 우주론을 자세히 소개하였다.

프톨레마이오스는 행성들이 공전하는 큰 원 궤도를 대원(大圓, deferent)과 대원중심(center of deferent)이라 하고, 그 대원 위에서 도는 작은 주전원(周轉圓, epicycle), 주전원중심(center of epicycle)이라는 개념을 도입하였다. 또한 궤도를 도는 행성이 후퇴하는 듯이 보이는 퇴행운동(退行運動, retrograde motion), 행성의 속도가 일정하게 보이는 동시심(equant 혹은 equant point)이라는, 원의 중심에 있지 않는 가상의 회전중심 개념도 도입하였다. 동시심은 회전중심에 있지는 않았지만, 주전원의 중심이 일정한 각속도로 움직이는 것처럼 보이게 하는, '이상한' 회전중심이었다. 프톨레마이오스는 지구 역시 대원의 기하학적 중심에 있지는 않다고 보았다.

기하학적으로 복잡하고 어색했지만, 프톨레마이오스의 모델은 관측된 행성들의 운동을 근사적으로 설명할 수 있었고, 행성들의 운동을 미리 예측할 수도 있었다. 하지만 이 모델로 모든 행성들의 운동을 설명할 수는 없었다. 어떤 행성들의 관측된 운동을 설명하기 위해서는 추가적인 주전원을 가정해야 했고, 때로는 큰 주전원 위에 또 다른 작은 주전원이 돌고 있다고 가정해야만 했다. 프톨레마이오스의 모델

 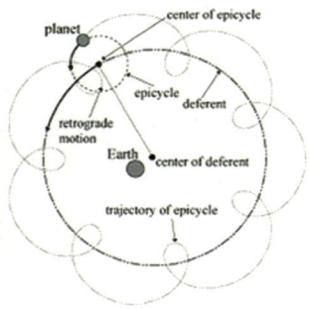

그림 1-7 프톨레마이오스와 그의 체계에서의 기본 개념들: 대원(deferent), 대원중심(center of deferent), 주전원(epicycle), 주전원중심(center of epicycle), 퇴행운동(retrograde motion)

로 관측된 행성들의 운동을 설명하기 위해서는 도합 40개의 주전원이 필요했다.

프톨레마이오스의 모델은 아리스토텔레스의 모델로 설명할 수 없는 현상을 설명하기 위해 제안된 것이었다. 실제로 프톨레마이오스의 모델로 여러 행성들의 운행을 설명할 수 있었다. 하지만 이 모델이 점차 정교하게 다듬어지면서 처음 출발점이 되었던 아리스토텔레스의 모델과 양립할 수 없는 점들이 속속 드러나기 시작했다. 아리스토텔레스의 모델은 지구를 중심으로해서 여러 겹의 단단한 수정천구들로 구성되어 있었다.

하지만 프톨레마이오스의 주전원, 동시심, 이심(eccentrics 혹은 eccentric point) 등의 개념은 아리스토텔레스의 동심 수정천구 개념과는 양립할 수 없었다. 단단하고 투명한 수정천구를 가정한다면, 이를 뚫고 운동하는 주전원 등의 개념은 받아들일 수가 없는 것이었다. 이 점을 누구보다 잘 알고 있었던 프톨레마이오스는 자신의 수학적 모델은 실제 행성 운동의 모델이라기보다는 행성운동을 설명하고 미래를 예측하기 위한 수학적 모델이요 천문학적 가설이라고 주장했다. 다시 말해 자신의 모델은 천체의 겉보기 운동을 설명하기 위한 '유용한 허구'라는 것이다. 그에게 있어서 좋은 이론이란 그것이 실재에 얼마나 잘 부합하느냐보다 '겉보기 운동을 설명할 수 있는' 것이어야 하며, 가능하면 단순한 것이어야 했다.

실재를 얼마나 잘 반영하는가보다 실재를 얼마나 잘 설명할 수 있는가를 중시했던 프톨레마이오스의 견해는 전형적인 반실재주의(anti-realism) 혹은 도구주의(instrumentalism) 입장이었다. 이러한 프톨레마이오스의 입장은 이론이란 단순히 관측결과를 설명만 해서는 안 되며, 사물의 실제 본성과 일치해야 한다고 보았던 아리스토텔레스의 실재론적(realistic) 견해와는 달랐다. 이로 인해 아리스토텔레스를 추종하는 사람들은 프톨레마이오스의 주장을 배격했다. 이때부터 시작해서 과학적 이론을 평가함에 있어서 실재론자들과 도구주의자들의 갈등은 지금까지도 이어지고 있다.

4. 초대 및 중세 교회와 우주론

이러한 고대의 우주론에 대해 교회는 어떻게 반응했을까? 초대교회 교부들은 그리스의 과학적 사상을 어떻게 성경과 조화시킬 수 있을까를 두고 많은 고심을 했다. 그리스 우주론에 대한 교회의 견해는 크게 동방교회를 대표하는 시리아 정교회와 서방 교회를 대표하는 알렉산드리아 교회가 취했던 태도로 나눌 수 있다. 시리아 정교회 지도자들은 진리는 오직 성경에서만 발견된다고 주장하면서 그리스 과학과 철학을 배격하였다. 하지만 알렉산드리아 지도자들은 그리스 학문의 탁월함에 감명을 받고, 이를 성경과 조화시키기 위해 많은 노력을 기울였다. 하지만 많은 사람들은 그리스 사상을 이용하되 성경과 배치되는 것은 배격하는 중도적 입장을 취했다. 그리고 이러한 태도가 중세 교회의 우주론적 기초가 되었다.

많은 초대교회 교부들은 플라톤의 우주론과 창세기 1장의 내용이 유사한 점이 많았음을 알고 있었다. 예를 들면 신이 합리적 계획을 따라 우주를 창조하셨다는 사상이나 지구중심의 사상 등이다. 그래서 많은 교회 지도자들은 플라톤이 모세의 영향을 받았다고 생각했으며, 이는 기독교 신학 속으로 플라톤의 우주론을 받아들이는 중요한 배경이 되었다.

기독교가 플라톤의 우주론을 받아들이는 데 중요한 역할을 한 것은 유사 디오니시우스(Pseudo-Dionysius)의 저작이었다.[6] 유사 디오니시우스는 500년경에 살았으며, 자신의 글은 사도행전 17장 34절에서 언급한 바와 같이 아테네 아레오바고에서 바울의 설교를 듣고 개종한 디오니시우스의 글이라고 주장하였다. 중세 교회는 유사 디오니시우스의 글을 성경 다음의 권위를 가진 것으로 받아들였다.[7]

유사 디오니시우스는 천구들을 회전시키는 플라톤의 영들의 계층구조를 천사들의 위계구조로 대체하였다. 그는 성경에서 언급하는 천사들을 9등급으로 구분하고, 각 등급의 천사들이 천구 하나씩을 맡아 회전시키고 있다고 했다. 교회 전통으로 내려오는 아홉 개의 천사 등급을 낮은 순서에서 높은 순서로 배열하면 천사(Angelus, 창 19:1), 천사장(Archangelus, 살전 4:16), 권품천사(Principatus, 골 1:15), 능품천사(Potestates, 골 1:15), 역품천사(Virtus, 엡 1:20), 주품천사(Dominationes, 엡 1:21), 좌품천사(Ophanim, 골 1:16), 그

룸(Cherubim, 창 3:24), 스랍(Seraphim, 사 6:2) 등이다.[8] 그리고 이 아홉 천사들의 위계 위, 즉 열 번째 구는 하나님의 처소인 최고천 (empyrean heaven)이었다.

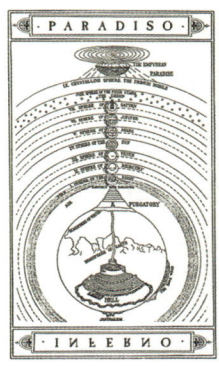 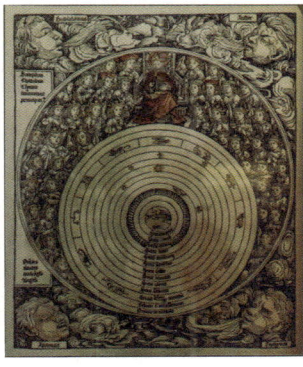

그림 1-8 우주에 대한 중세적 견해. 단테(Dante Alighieri, c. 1265-1321)의 『신곡』(*Divine Comedy*)(좌)과 쉐델(Hartmann Schedel, 1440-1514)의 『역대서』(*Liber Chronicarum*)(1493)에 나타난 우주

중세의 우주관에 의하면, 우주는 최고천이 있는 하나님으로부터 시작해서 지구 중심의 지옥에 있는 가장 낮은 거주자에 이르기까지 피조물들이 연속적으로 가득 차 있다. 흥미로운 것은 중세 초기의 몇몇 사람들은 지구가 평평하다고 생각했지만, 중세 후에는 대부분의 사람들이 지구가 둥글다고 생각했다는 점이다.[9]

중세 우주론에서는 우주가 완전한 질서를 가진 기계라고 생각했다. 마치 양파 껍질과 같이 한 껍질 속에 다른 껍질이 들어 있는 동심구 시스템이라고 생각했다. 중심에는 지구가 있었고, 지구는 아리스토텔레스가 제시한 흙, 물, 공기, 불 등 네 원소구(elementary spheres)로 이루어져 있다고 보았다. 그리고 그 위에는 달, 수성, 금

제1강 우주론의 역사 47

성, 태양, 화성, 목성, 토성을 포함하는 일곱 개의 구가 둘러싸고 있었다. 그 바깥에는 항성천구가 있었고, 제일 바깥에는 하나님의 처소인 최고천이, 중심에는 지옥이 있었다.

이러한 계층적인 우주관은 항성천구 바깥에는 아무것도 없다고 생각한 아리스토텔레스의 우주관에서 하나님의 처소인 최고천을 추가한 것을 제외하면 완전히 동일한 것이었다.[10] 지상의 것은 불완전하고 임시적이며 직선운동을 하는 반면에, 천상의 것은 완전하고 불멸하며 완전한 등속 원운동을 한다는 생각도 동일했다. 고대 그리스 우주론에 기초한 중세의 우주관은 하나님과 사람과 세상에 대한 조화로운 설명을 제공하였다.

5. 근대 우주론의 등장

하지만 이러한 아리스토텔레스의 우주관도 영원하지는 않았다. 근대과학의 시작이라고 할 수 있는 16-17세기 과학혁명(Scientific Revolution)이 그 분기점이 되었다. 과학혁명이란 케임브리지 대학의 역사학자 버터필드(Herbert Butterfield, 1900-1979)가 1949년, 자신의 저서 『근대 과학의 기원』에서 제시한 개념이다.[11] 그는 이 책에서 서구 세계가 근대로 이행하게 된 사건은 종교개혁이나 르네상스가 아니라 과학혁명이라고 보았다. 그는 과학혁명은 1543년에 코페르니쿠스가 『천구의 회전에 관하여』를 출간하여 우주의 중심이 태양임을 선언함으로써 시작되었고,[12] 1687년 뉴턴의 『자연철학의 수학적 원리』를 출간함으로써 종결되었다고 보았다.[13] 약 150여 년에 걸쳐 진행되었던 과학혁명은 천문학에서 시작되었지만, 지구의 운동을 새롭게 설명해주는 새로운 역학이 필요했고, 뉴턴은 그러한 작업을 완성하였다. 16-17세기, 유럽에서 일어난 이 커다란 변화를 천문학혁명, 고전역학혁명, 혹은 간단하게 과학혁명이라고 부른다.

르네상스를 지나 과학혁명기에 접어들면서 사람들은 점차 성경이나 고대 지식의 권위에 의존하기보다 관측과 관찰에 더 큰 권위를 부여하기 시작했다. 그러면서 아리스토텔레스의 우주관이나 프톨레마이오스의 우주관이 설명할 수 없는 현상들이 생겨나기 시작했다. 이 모든 변화는 폴란드 천문학자이자 교회행정가였던 코페르니쿠스(Nicolaus Copernicus, 1473-1543)로부터 시작되었다. 비록 그는 탁월한 관측자는 아니었지만, 기존의 아리스토텔레스나 프톨레마이오스의 지구중심설보다 태양중심설이 더 자연스럽게 우주의 운행을 수학적으로 설명할 수 있음을 증명하였다. 사실 태양중심적 우주론은 이미 오래 전 고대 그리스의 아리스타르쿠스(Aristarkos of Samos, BC c. 310-c. 230)가 제창하였지만, 코페르니쿠스가 수학적 엄밀성을 보완하여 발표할 때까지 별로 사람들에게 인기가 없었다.

코페르니쿠스의 임종이 가까운 시점에 출간된 그의 저서 『천구의

 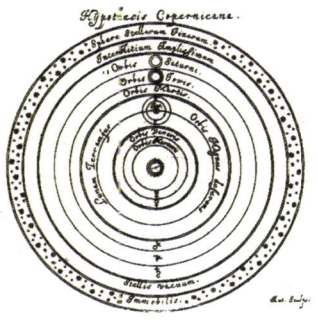

그림 1-9 코페르니쿠스와 그의 우주모델

회전에 관하여』는 프톨레마이오스의 복잡하고 어색한 체계를 단순화 시킬 수 있을 것이라고 기대했지만, 생각보다 그렇게 성공적이지는 못했다. 프톨레마이오스의 체계에서는 40개의 주전원을 사용하였지만, 코페르니쿠스의 체계에서는 48개의 주전원이 사용된 것이었다. 코페르니쿠스의 태양중심설은 여러 해 동안 많은 사람들의 주목을 받지 못했지만, 몇몇 주요한 학자들에게 영향을 미쳤으며, 결국에는 우주에 대한 패러다임 변화의 출발점을 제공하였다.

그런데 코페르니쿠스의 책과는 무관한, 또한 관측 천문학 쪽에서도 기존의 우주론으로는 도무지 설명할 수 없는 현상들이 쌓여가기 시작했다. 대표적인 예는 1572년, 덴마크 천문학자 티코(Tycho Brahe, 1546-1601)가 관측한 신성(新星, nova)의 출현이었다. 종래의 우주론에 의하면, 월상세계에서는 아무런 변화도 일어나지 않아야 하는데, 명백히 새로운 별의 출현은 월상세계에 속한 현상이었다. 뿐만 아니라 그로부터 5년 뒤인 1577년, 티코는 새로 등장한 혜성이 분명히 월하세계에 속한 천체가 아님을 증명했다. 이러한 관측은 그 때까지 월상세계는 완전하고 아무런 변화가 없는 곳이라는 중세적 확신을 산산이 부수었다.

이 뿐 아니었다. 티코는 이 모든 것을 육안관측으로 증명했지만, 이탈리아의 물리학자이자 천문학자인 갈릴레오(Galileo Galilei, 1564-1642)는 망원경을 통해 중세적 확신에 도전했다. 1610년, 갈릴레오는 망원경으로 달표면을 관측하고는 깜짝 놀랐다. 그 대단한 아리스토텔레스가 주장하던 것과는 전혀 다르게 달표면이 지구표면과 별 차이 없이 울퉁불퉁 하였던 것이다. 골짜기도 있고, 산도 있는 달표면의 모습은 월상세계의 완전함과는 거리가 멀었다.

그림 1-10 갈릴레오와 그의 망원경[14]

이러한 증거들이 쌓이면서 17세기에 이르러서는 월상세계와 월하세계를 하나의 물리법칙으로 설명하려는 대담한 시도들이 일어났다. 독일 천문학자 케플러(Johannes Kepler, 1571-1630)는 행성들의 운행을 설명하기 위해 대담하게 등속원운동을 포기하고 대신 타원궤도를 도입했다. 플라톤 이래 유럽인들은 월상세계에는 완전한 등속원운동만 존재한다고 철썩 같이 믿었는데, 케플러가 '불완전한' 타원궤도를 도입하여 행성들의 운동을 설명한 것이었다. 또한 영국 물리학자이자 수학자인 뉴턴(Isaac Newton, 1642-1727)은 천상계와 지상계 물체들이 동일한 물리법칙에 의해 설명된다는 주장과 더불어 만유인력법칙을 제안했다. 중력법칙이라고도 불리는 이 법칙은 그 자체가 이원론적 중세적 사고를 부정하는 것이었다.

아마 중세 우주론에 가장 심각한 타격을 준 사건을 든다면, 역시 아래에서 좀 더 자세히 살펴볼 두 차례의 갈릴레오 재판이라고 할 수 있을 것이다. 이 중 특히 1633년에 열린 2차 재판은 지금까지도 교회와 과학의 갈등관계를 예증하는 대표적인 사건으로 인용되고 있다. 여러 내외적인 어려움들 속에서도 갈릴레오는 코페르니쿠스의 지동설을 받아들여서 지구를 우주의 지리적 중심으로부터 제거하였다. 갈릴레오는 비록 코페르니쿠스의 모델이 깔끔하지는 않지만, 태양중심적 체계가 우주를 더 잘 설명할 수 있다는 확신을 가졌다.

코페르니쿠스의 모델은 17세기 초까지도 그렇게 널리 알려지지는 않았다. 이미 몇몇 간접적인 증거가 쌓였고, 심미적으로도 태양중심설이 더 설득력이 있다는 사실이 확산되고 있는 중에도 티코와 같은 사람은 중세적 관성으로부터 쉽게 벗어나질 못했다. 그는 모든 행성들이 태양 주위를 공전하고 있다는 점은 간파했지만, 차마 지구까지 그 행성들 속에 묶어 넣지를 못했다. 그는 아래 그림에서와 같이 모든 행성들이 태양을 중심으로 공전하고 있고, 그 태양이 다시 정지하고 있는 지구 주위를 돈다는, 지구중심설과 태양중심설의 중간쯤 되는, 요즘 상식으로 본다면, 괴상한 이론을 제시한 것이다.

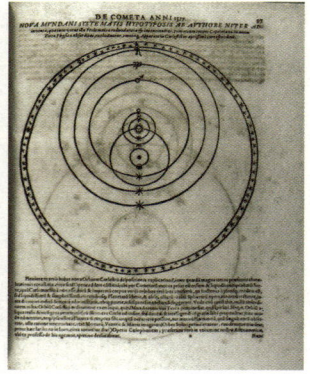

그림 1-11 티코(Wikimedia Commons)와 그의 '어정쩡한' 우주모델

6. 갈릴레오 재판

이런 우여곡절을 겪으면서 태양중심모델은 유럽의 식자들 사이에 천천히 퍼져나갔다. 하지만 역설적이게도 이 모델을 온 유럽에 퍼뜨리게 된 결정적인 계기는 이 모델을 지지하다가 가톨릭의 종교재판에 회부된 갈릴레오 사건이었다. 갈릴레오는 지구가 고정된 태양 주위를 공전한다는 코페르니쿠스의 이론을 널리 퍼뜨렸는데, 당시 로마 가톨릭 교회는 그 주장이 정지된 지구를 가르치는 성경의 가르침에 위배된다고 보았다. 실제로 그 당시에는 코페르니쿠스의 모델을 결정적으로 증명할 수 있는 직접적인 증거가 없었다.

갈릴레오 재판은 두 차례에 걸쳐 진행되었다. 1차 재판은 1616년, 당시 로마 교황청의 실력자이자 종교재판소(Holy Office) 소장이었던 벨라르민 추기경(Cardinal Robert Bellarmine, 1542-1621)의 책임 하에서 진행되었다. 이 재판의 핵심은 벨라르민이 갈릴레오에게 보낸 편지에 잘 나타나 있다.

> 만일 태양이 지구 주위를 돌지 않고 지구가 태양 주위를 돈다는 … 실제 증거들이 있었다면, 우리는 이와 반대를 가르치는 듯이 보이는 성경구절들을 해석함에 있어서 극히 조심해야 할 것이며, 도리어 우리가 그것들을[성경구절들] 이해하지 못하고 거짓된 의견을 참된 것인 것처럼 선언했다고 말해야만 한다. 하지만 나는 아직까지 그런 분명한 증거가 있었다고 생각하지 않는다. 태양이 중심에 있고, 하늘에 지구가 있다는 것을 가정함으로 겉보기 운동을 설명할 수 있음을 증명하는 것은 실제로 태양이 중심에 있음을

증명하는 것과 같지 않다. … 나는 첫 번째의 증명[겉보기 운동에 대한 설명]은 존재할 수 있을 것으로 믿지만, 두 번째 증명[실제로 태양이 우주의 중심에 있음을 증명]에 대해서는 심각한 의심을 갖고 있다. 그리고 의심이 생기는 문제에서는 거룩하신 아버지가 말씀하신 것처럼 성경을 포기하지 말아야 한다.[15]

그림 1-12 제1차 갈릴레오 재판을 맡았던 벨라르민 추기경

예수회에 속한 합리적인 벨라르민은 유용한 가설로서 코페르니쿠스의 지동설을 받아들이는 것은 어려운 일이 아니라고 보았다. 하지만 그는 지동설을 진리 혹은 사실로서 받아들이는 것에는 반대했다. 그렇게 하려면 좀 더 확실한 증거가 필요했지만, 아쉽게도 갈릴레오는 벨라르민에게 그런 증거를 제시하지 못했다. 갈릴레오가 제시한 증거는 주로 자신이 직접 만들었던 망원경으로 관측한 목성의 네 개의 위성, 금성의 차고 기우는 모습, 울퉁불퉁한 달표면과 곳곳에 흩어져 있는 운석공들, 새로 생겨난 별 등이었다.[16] 갈릴레오가 제시했던 이런 증거들은 코페르니쿠스의 지동설에 대한 간접적인 증거만 될 수

있었다. 뿐만 아니라 이런 증거들은 지구중심설로도 얼마든지 설명할 수 있는 현상들이었다.

지구가 자전한다는 직접적인 증거는 갈릴레오의 1, 2차 재판이 끝나고 200년 이상 지난 후 프랑스 물리학자 푸코(Jean Bernard L on Foucault, 1819-1868)가 제작한 푸코의 진자(Foucault's pendulum) 실험이었다. 푸코는 1851년, 파리 빵데옹(Pantheon) 돔 천장에 길이 67m의 쇠줄에 28kg의 납추를 단 진자를 만들었다. 그리고 이 진자가 한 시간에 11도씩, 32.7시간 동안 완전히 한 바퀴를 도는 것을 증명했다. 요즘 과학관이나 박물관, 대학 등에서 흔히 볼 수 있는 푸코의 진자는(보통 건물 입구나 전시관 높은 천정에 매달려 있음) 일반인들조차 쉽게 확인할 수 있는, 지구 자전의 부정할 수 없는 증거였다.

그림 1-13 푸코와 빠리 빵데옹 돔 천장에 대단 푸코 진자

하지만 갈릴레오 재판 당시에는 전혀 상황이 달랐다. 그래서 1616년 3월 5일, 교황청 금서목록위원회 전체회의(General Congregation of the Index)는 지동설 교리는 "거짓되고 전체가 성경에 반한다."(false and altogether opposed to Scripture)는 판결을 내렸다. 그

리고 이 판결은 1633년, 갈릴레오의 2차 재판에서도 그대로 유지되었다. 2차 재판 때는 갈릴레오에게 가택연금이라는 실형도 선고되었다. 갈릴레오에 대한 두 번의 판결은 1992년 10월 교황청에서 변개하기 전까지 350년 이상 교회와 성경의 갈등관계를 보여주는 대표적인 예로 사용되었다.[17]

7. 정적 우주에서 동적 우주로

갈릴레오의 고통은 계속되고 있었지만, 떠오르는 태양을 손바닥으로 가릴 수는 없었다. 태양이 떠오르면 더 이상 촛불로 세상을 밝히려 해서는 안 되는 것이었다. 비록 코페르니쿠스의 지동설은 여전히 천구(天球, heavenly spheres)라고 하는 중세적 '감옥'에 갇혀 있었지만, 이를 감옥에서 끄집어낼 또 다른 천재가 영국에서 시대를 기다리고 있었다. 그가 바로 영국의 물리학자이자 수학자인 뉴턴이었다.

뉴턴의 중력법칙, 운동법칙을 통해 사람들은 우주를 수학 공식에 의해 운행되는 거대한 기계로 인식하기 시작했다. 물론 뉴턴은 자신의 역학만으로 우주가 움직이는 것을 모두 설명할 수는 없음을 잘 알고 있었다. 그래서 그는 하나님께서 때때로 간섭하셔서 행성들이 제 궤도에서 움직일 수 있도록 하신다고 생각했다. 그는 자신의 역학체계로 다 설명할 수 없는 것은 곧 하나님의 존재의 증거라고 보았다.

하지만 이러한 뉴턴의 생각은 유럽 대륙으로 건너가면서 변색되기 시작했다. 뉴턴보다 한 세기 후에 살았던 프랑스의 물리학자이자 수학자였던 라플라스(Pierre-Simon Laplace, 1749-1827)는 뉴턴의 체계에서 아예 신이 개입할 여지를 없애버렸다. 그는 뉴턴 역학체계는 그 자체만으로 충분하기 때문에 태양계를 안정적으로 움직일 수 있으며, 어떤 초자연적인 간섭도 필요하지 않다고 주장하였다. 코페르니쿠스로부터 시작된 근대 우주론의 변화는 케플러, 갈릴레오, 뉴턴으로 진행되면서 유신론적 관점을 유지하긴 했지만, 라플라스를 거치면서 하나님은 점차 물리적 세계에 적극적으로 간섭하시는 분의 이미지를 잃어버리게 되었다. 사람들은 중세적 유신론이 아니라 이신론(理神論, Deism) 혹은 자연신론에 점점 더 익숙해지고 있었다.

본질적으로 뉴턴의 역학체계로 설명하는 우주는 무한하고 영원한 정적인 우주였다. 하지만 이러한 정적인 우주의 개념은 18세기를 지나면서 변하기 시작했다. 흥미롭게도 이러한 변화는 물리학이나 천문학에서가 아니라 기원에 대한 관심과 더불어 지질학과 생물학에서 먼저 나타나기 시작했다. 이어 별들이 임의적이고 균일하게 흩어져 있는 것이 아니라 어떤 형태의 그룹으로 모여 있음이 드러나면서 서서히 천문학에서 동적인 우주(dynamic universe)의 개념이 싹트기 시작했다. 이의 방아쇠를 당긴 사람은 흥미롭게도 독일 철학자 칸트(Immanuel Kant, 1724-1804)였다.

칸트가 제안한 성운설(星雲說, nebular hypothesis)은 이러한 시대적 변화를 보여주는 대표적인 예라고 할 수 있다. 그는 우주가 처음에는 무한하고 균일한 기체로 되어 있었는데, 중력으로 인해 기체들이 서로 뭉치기 시작하면서 물질이 만들어지기 시작했고, 나아가 은하계와 같은 우주가 만들어지게 되었다고 주장했다. 이 성운설은 후에 라플라스가 보완하여 칸트-라플라스 성운설(Kant-Laplace Nebular Hypothesis)이라고 불리게 되었는데, 이 가설은 우주의 자연주의적 기원을 설명하는 최초의 본격적인 가설이자 동적인 우주 개념의 효시

그림 1-14 칸트(좌)와 라플라스

(曉晨)가 되었다.

    동적이고 변화하는 우주의 개념은 19세기 후반에 와서 사람들에게 널리 퍼지게 되었는데, 그 배경에는 현대 지질학의 등장과 생물학에서 진화론의 등장, 물리학 분야에서 열역학의 성립이 있었다. 18세기 후반부터 영국을 중심으로 본격적으로 등장한 지질학과 고생물학은 지구와 지구 위 생물의 역사에 대해 새로운 관점을 제시하였다. 지층과 화석에 대한 연구는 지구가 동적인 역사를 거쳐 왔음을 웅변적으로 보여주었다. 이러한 연구들을 근거로 본격적인 생물진화론을 주장했던 다윈(Charles Robert Darwin, 1809-1882)은 1859년에 발표한 『종의 기원』(*On the Origin of Species*)과 1871년에 발표한 『인간의 유래』(*Descent of Man*)를 통해 사람을 포함한 모든 생물의 끊임없는 변화를 제창했다. 이러한 생물진화론은 그 후 20세기에 들어와 본격적으로 등장한 동적 우주관에 영향을 미쳤다.

    지질학과 생물학의 발전에 더하여 동적인 우주 개념의 등장에 영향을 미친 것은 물리학 분야에서 열역학의 등장이었다. 열과 일의 관계를 연구하는 열역학은 18세기 중엽 영국 산업혁명을 기점으로 발전

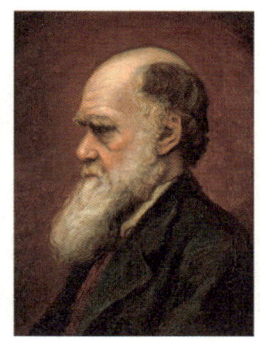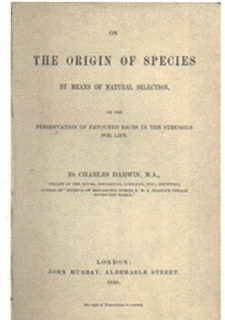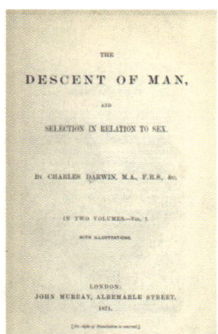

그림 1-15 다윈(Wikipedia Commons/Laura Russell)과 그의 저서들

하였다. 산업혁명은 자연의 힘(풍력, 수력, 축력, 지열 등)을 이용하던 것으로부터 증기기관과 같은 인간이 만든 열기관으로의 전환을 의미했다. 그러므로 산업혁명으로 인해 효율이 좋은 동력을 얻는 것이 중요하게 되면서 열역학이 발달한 것은 자연스런 현상이었다.

에너지 보존 법칙으로 알려진 열역학 제1법칙에 의하면, 에너지는 형태는 변화될 수 있지만 없어지거나 새로 생겨날 수 없으며, 에너지의 총량은 불변한다. 예를 들어 수력발전소에서 물의 위치에너지가 발전기를 돌리는 운동에너지로, 운동에너지는 전기에너지로, 그리고 이 전기에너지는 전열기에서 열에너지로 형태가 변한다. 이 같은 열역학 제1법칙은 영국의 줄(James Prescott Joule, 1818-1889)이 정량적인 실험을 통해 확인하였다. 이 법칙에 의하면, 우주에 있는 에너지는 저절로 소멸되거나 생성될 수 없으므로 누군가에 의해 창조되어야 한다는 결론에 이르게 된다.

엔트로피(entropy) 증가법칙으로 알려진 열역학 제2법칙은 우주관에 직접적인 함의를 갖는다. 독일의 클라우시우스(Rudolph Clausius, 1822-1888)와 영국의 켈빈(Lord Kelvin, 1824-1907) 등이

 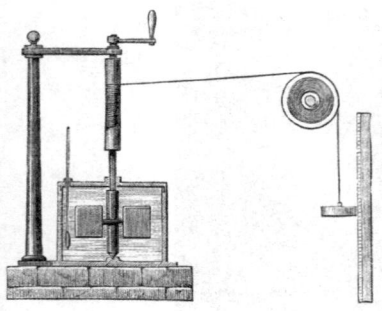

그림 1-16 줄과 에너지 보존 법칙 실험장치

정식화한 이 법칙은 진술방법에 따라 몇 가지 함의를 갖는다. 우선 이 법칙을 열역학적으로 표현하면, 에너지의 출입이 없는 폐쇄계에서는 항상 엔트로피(에너지의 무용도)가 증가하는 방향으로 모든 작용이 일어난다고 할 수 있다. 이 법칙에 의하면, 어떤 기계가 생산하는 에너지의 양은 그 에너지를 생산하기 위해 투입된 에너지에 미치지 못한다. 따라서 영구기관은 만들 수 없다는 결론에 이르게 된다.

또한 열역학 제2법칙을 통계역학적으로 표현하면, 폐쇄계에서 모든 작용은 무질서도가 증가하는 방향으로 일어난다. 이 법칙에 의하면, 모든 계는 시간이 지날수록 점점 더 무질서해지고 해체된다. 우주도 하나의 거대한 계로 본다면, 이 법칙은 우주의 과거와 미래에 대해 중요한 예측을 하도록 만든다.

클라우시우스는 이 법칙을 우주에 적용하여 우주의 총 에너지는 일정하며, 엔트로피가 최대가 되는 상태를 향해 가고 있다고 말했다. 1854년, 독일 물리학자 헬름홀츠(Hermann von Helmholtz, 1821-1894) 역시 우주가 계속 무질서도가 증가하는 방향으로 나아가고 있다면, 과거 언젠가 우주의 질서가 가장 높았던 엔트로피 제로의 상태

그림 1-17 좌로부터 클라우시우스, 켈빈, 헬름홀츠

가 있었을 것이며, 또한 오랜 시간이 지나게 되면 흔히 열적 죽음(heat death 혹은 thermal death)이라고 표현되는 완전한 무질서 상태에 이르게 될 것이라고 했다. 이를 다른 말로 표현하면, 우주는 정적이지 않고 동적이라는 것이다. 이렇듯 열역학 제2법칙에 따르면, 우주는 무시무종하지 않다는 결론에 이르게 된다. 즉 우주에는 시작된 태초가 있었으며, 언젠가 종말이 있을 것이라는 말이다.

8. 동적 우주론의 예언자

앞에서 우리는 동적 우주론의 배경으로 18세기의 지질학과 고생물학, 19세기의 생물진화론과 열역학의 등장을 언급하였다. 하지만 이러한 학문들은 동적 우주론 시대의 개막을 위한 개념적 배경이었을 뿐, 그 자체로 동적 우주론은 아니었다.

현대 우주론에서 대표적인 동적 우주론이라고 한다면, 대폭발 이론을 들 수 있을 것이다. 대폭발 이론은 20세기에 들어와서 본격적으로 발전하였는데, 그 개념을 처음 제안한 사람은 흥미롭게도 과학자가 아니라 미국의 시인이자 단편소설가인 에드가 알렌 포(Edgar Allan Poe, 1809-1849)였다. 다윈과 같은 해에 태어난 포는 세상을 떠나기 불과 1년 전인 1848년에 발표한 『유레카』(Eureka)라는 작은 책에서 우주는 무로부터 작은 원시 입자가 폭발함으로써 창조되었다고 주장하였다.

포의 주장을 요약하면 이렇다.[18] 폭발 직후에는 물질들이 모든 방향으로 흩어졌고, 우주가 팽창함에 따라 원자들이 점차 중력에 의해 응축되어 별과 행성들이 형성되었다. 오랜 시간이 지나게 되면 결국 중력으로 인해 팽창은 멈출 것이고, 수축이 시작될 것이다. 결국 우주는 다시 폭발 원점으로 돌아올 것이다. 포의 주장에 따르면, 우주는 무한하지 않고 유한하다.

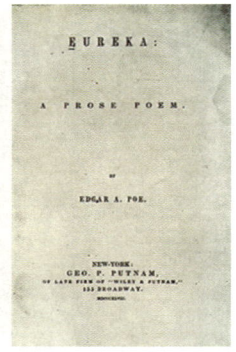

그림 1-18 에드가 알렌 포와 『유레카』

포는 우주가 무한하지 않다는 것에 대해 나름대로 증거를 제시했다. 그가 제시한 중요한 증거 중 하나는 그의 책보다 25년 전인 1823년에 독일 천문학자 올버스(Heinrich Wilhelm Matthias Olbers, 1758-1840)가 주장한 올버스의 역설(Olbers' Paradox)이었다. '어둔 밤 하늘 역설'(Dark Night Sky Paradox)이라고도 불리는 이 역설에 의하면, 우주가 무한하고 우주에 별이 무한히 많이 있다면, 그리고 별이 큰 스케일에서 균일하게 분포되어 있다면, 밤하늘은 어느 방향을 살펴보더라도 균일하게 별빛으로 가득 차야 한다. 하지만 오늘날 우리가 보는 것처럼 밤하늘은 별빛으로 가득 차 있지 않으며, 올버스는 이를 우주의 크기와 연대가 유한하다는 증거로 생각했고, 포도 그러한 올버스의 주장을 받아들였다.[19]

그림 1-19 올버스와 올버스 역설

포의 주장은 여기서 멈추지 않았다. 포는 우주가 유한하다고 주장하면서도 무한하고 영원한 우주에 대한 생각을 완전히 버리지는 않았다. 그는 무한히 많은 우주가 있고 각 우주에는 서로 다른 신이 있지만, 서로 너무 멀리 떨어져 있기 때문에 아무런 상호작용이 일어날 수 없다고 보았다. 포는 우리 우주는 폭발, 팽창하다가 팽창을 정지하고 이어 수축하다가 결국에는 한 점으로 붕괴할 것이라고 보았다. 그리고 그 후에는 하나님이 새로운 우주를 만드실 것이며, 이러한 과정은 영원히 반복될 것이라고 하였다.

제1강 우주론의 역사

이러한 포의 우주론은 당시 과학자들은 물론 일반인들의 주의도 끌지 못했지만, 현대 우주론과 관련하여 몇 가지 놀라운 점이 있다.

첫째, 포가 제시한 폭발을 통한 우주의 시작은 오늘날 대폭발 이론의 개념과 흡사하다는 점을 들 수 있다. 당시 대부분의 사람들이 무한하고 영원한 정적인 뉴턴적 우주를 받아들이고 있었던 점을 생각한다면, 포의 우주론은 놀라울 정도로 현대 우주론과 흡사하다. 어떻게 그가 이처럼 놀라운 생각에 이르게 되었는지 그 과정은 알 수가 없다. 하지만 그가 천체를 연구하는 전문 과학자가 아니라 문학가라는 사실은 보이는 세계를 초월하는 문학가들의 '상상의 승리'를 보여준다고 할 수 있다.[20]

둘째, 포가 제시한 우주의 폭발과 수축의 반복은 오랫동안 현대 우주론에서 논쟁거리였음을 들 수 있다. 비록 근래에 와서 과학자들은 우주는 영원히 팽창할 것이라는 결론으로 기울고 있기는 하지만, 우주의 물질의 밀도는 '영원한 팽창'과 '영원한 팽창-수축의 반복'이라는 경계선에 있음을 고려한다면, 양자역학도, 상대성이론도 몰랐던 19세기 중엽에 우주의 팽창-수축의 반복을 주장한 포의 혜안은 가히 천재적 영감이라고 할 수 있다. 『유레카』 이후 20세기에 동적 우주론이 등장하기까지 반세기 이상의 세월이 경과된 점을 생각한다면, 포는 현대 우주론의 예언자라고 할 만하다.

9. 결론

20세기 후반, 인공위성을 발사하고, 달이나 지구궤도에 사람들을 보내기 전까지 사람들은 에베레스트 산 정상보다 높은 곳을 올라가 보지 못했다. 지난 수천 년의 역사에서 사람은 지표면으로부터 불과 10km 이상 올라가 보지도, 내려가 보지도 못했다. 우주의 광대함은 말할 것도 없고, 지구의 크기만 생각해도 사람이 직접 탐사할 수 있는 영역은 극히 제한되어 있었다.

하지만 그럼에도 불구하고 사람의 상상력의 한계는 거의 무한하다. 우주의 광대함에 비하면 먼지보다 작은 사람이지만, 그 작은 사람이 마음과 생각 속에 우주를 품을 수 있다는 것은 놀라운 일이다. 사람이 갖고 있는 이러한 초월적 특성은 다른 어떤 동물들에게서도 찾아볼 수 없는, 하나님의 형상대로 지음 받은 사람만의 특성이라고 할 수 있다. 이러한 사람의 특성은 신화시대나 현대를 막론하고, 인류 역사이래 모든 문명에서 나타나고 있음을 볼 수 있다.

사람의 초월적 특성이 가장 잘 드러나는 분야, 그 중에서도 과학과 관련된 영역을 든다면 우주론이라고 할 수 있다. 도대체 우주는 언제, 어떻게 존재하게 되었을까? 우주는 어떻게 운행되고 있으며, 언제까지 존재할 것인가? 밤하늘에 반짝이는 별들은 무엇이며, 저 별들을 넘어서면 어떤 세상이 존재할까? 아무도 분명하게 대답할 수 없는, 그러면서 동시에 먹고 사는 문제와 아무런 상관도 없는 듯이 보이는 질문이지만, 사람들은 한 번도 이러한 질문을 던지지 않고 산 적이 없었다.

지금까지 우리는 이집트와 메소포타미아 문명으로부터 시작하여 19세기 유럽에 이르기까지 우주론의 변천을 간략하게 훑어봄으로써 현대 우주론이 등장한 역사적 배경을 살펴보았다. 한국이나 중국, 인도, 중남미 등의 문화에도 나름대로의 우주론이 있었지만, 본 강에서는 기독교와 현대 우주론의 관계에 초점을 맞추고 있기 때문에 유럽 문화권을 중심으로 살펴보았다.

기독교 신앙이나 신학에 직, 간접적으로 영향을 미친 큰 우주론을 든다면, 앞에서 살펴본 것과 같은 다섯 개 내외의 우주론을 들 수 있다. 이러한 우주론들은 때로는 교회와 평화로운 공존을 하기도 했고, 때로는 갈등을 빚기도 했다. 하지만 역사 속에서 우주론으로 인한 갈등은 제한적이었다. 대개 그것은 몇몇 교회 지도자들 사이의 문제였거나, 아니면 신학자들 사이의 논쟁거리였다.

하지만 이제부터 살펴볼 현대 우주론은 지금까지 살펴본 우주론들과는 몇 가지 점에서 상당히 다르다. 우선 다른 어떤 시대보다 현대의 우주론 논쟁에는 많은 사람들이 참여하고 있고, 과거보다 우주론 논쟁에 신화적 요소보다는 경험적, 과학적 요소가 부각되고 있으며, 교회사를 살펴볼 때 이전과는 달리 우주론 논쟁과 관련해서 같은 신앙을 가진 기독교인들 사이에서도 첨예한 대립이 나타나고 있다는 사실이다. 왜 그럴까? 이를 이해하기 위해서 먼저 현대인들이 이해하고 있는 우주의 신비를 개괄하는 것으로부터 시작해보자.

토의와 질문

1. 아리스토텔레스나 프톨레마이오스 우주론이 중세 교회에 큰 영향을 미쳤던 이유는 무엇인가?

2. 코페르니쿠스의 우주론 속에 남아 있는 중세적 흔적들은 무엇이며, 사람들이 처음으로 행성궤도에 타원 개념을 도입한 케플러를 그렇게 높이 평가하는 이유는 무엇인가?

3. 근대의 기계론적 세계관의 등장이 근대나 현대의 우주론에 미친 영향은 무엇인가? 우주론 논쟁에 관련된 이데올로기적 특성은 무엇인가?

제2강

우주의 신비

"우주에 관해 가장 이해할 수 없는 사실은 그것을 이해할 수 있다는 사실이다." - 아인슈타인[1]

밤하늘에 반짝이는 아름다운 별들을 쳐다본 적이 있는 사람이라면, 누구나 한 두 번쯤 이 우주는 얼마나 넓으며 어떻게 생겨났을까 하는 의문을 품은 적이 있을 것이다. 이러한 질문은 인류 역사가 시작된 이래 어느 시대, 어느 민족, 누구에게나 공통적인 것이었다. 하루의 거의 절반을 차지하는 어두운 밤에 하늘을 쳐다보며 느끼는 경외심은 모든 사람들에게 마찬가지였다. 그래서 인간이 가지고 있는 가장 오래된 기록은 천문 관측에 관한 것이며, 천문학(astronomy)의 전신이었던 점성술(astrology)은 자연 연구에 관한 한 고대인들의 관심을 사로잡았던 가장 중요한 분야였다.

그러면 인간이 연구할 수 있는 시간과 공간의 한계는 어디까지인가? 먼저 우리가 살고 있는 경험의 세계로부터 극미와 극대의 세계에 이르기까지, 극히 짧은 순간으로부터 영겁(永劫)의 세월에 이르기까지, 과학적 연구의 대상이 되는 시간과 공간의 범위를 살펴보자. 시간과 공간이라는 두 차원은 물체의 구조와 현상에 대한 모든 과학적 지식과 이해의 기초가 되기 때문에 아래에서는 먼저 과학적 연구의 범위를 살펴본 후, 이러한 우주를 연구하는 방법들에 관하여 간단히 소개하고, 다음 장에서는 현대 우주론, 혹은 우주생성론에서 제시하고 있는 우주의 창조에 관한 이론들을 살펴보고자 한다.

1. 과학 연구의 범위

〈그림 2-1〉은 인간이 상상할 수 있는 시간과 공간의 크기를 나타낸 것이다. 그림으로 표현하기 쉽도록 가로와 세로는 각각 시간과 공간의 로그값으로 나타내었다. 그림에서 세로줄 무늬 부분은 관측자가 맨눈으로도 쉽게 식별할 수 있는 영역이고, 가로줄 무늬 부분은 사료를 통해 역사적 연구가 가능한 영역이다. 그 둘레에 있는 십자 무늬 부분은 현재까지 개발된 현미경, 망원경, 초고속 사진 촬영, 분광기, 베타트론, 방사능연대측정법 등 특별한 기기와 관측 수단을 사용함으로써 연구가 가능한 영역이다. 그 외의 부분은 추론 또는 추측할 수 있을 뿐이다.

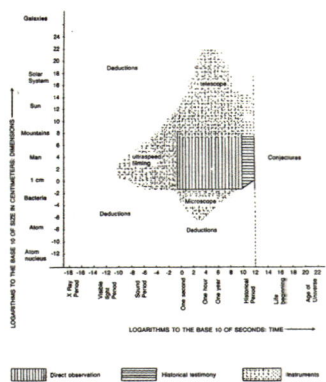

그림 2-1 과학적 연구의 범위. 미래에 과학이 발달할수록 계측장비도 발달할 것이며, 따라서 연구의 범위도 그만큼 넓어질 것이다. 그러나 우주의 크기에 비해서 인간의 연구범위는 극히 제한되어 있다.[2]

원자에서 태양계까지

현재 우리가 알고 있는 가장 작은 것은 원자핵으로서 그 직경이 약 10^{-15}m 정도이다. 또한 원자 직경, 즉 원자핵 주위를 돌고 있는 전자궤도의 반경은 이보다 10만 배 정도 큰 10^{-10}m 정도이다. 만일 원자핵을 직경 10cm인 사과 정도의 크기로 생각하면, 전자는 그로부터 10만 배, 즉 10^6cm=10^4m=10km 정도 떨어진 거리에서 원 궤도를 돌고 있는 좁쌀이라고 생각하면 된다. 좀 더 이해하기 쉽게 말하면, 서울역에 사과만한 원자핵을 두었다고 하면 좁쌀 크기의 전자는 동대문 근처에서 1초에 1,000억 번 이상 돈다고 할 수 있다. 원자핵과 전자 사이는 텅 빈 공간이므로 원자는 거의 대부분의 공간이 비어있는 셈이다. 원자의 대부분이 비어있다는 말은 우리 몸을 포함한 모든 물체들이 비어 있다는 말이다.

다음에는 원자보다 큰 세계로 나아가 보자. 원자에 비해 크기가 10^{-6}m인 세포는 무려 10,000배나 크다. 그러나 이런 세포에 비해 2m에 이르는 사람의 키는 100만 배나 크다. 다음으로 인간으로부터 우주로 확장하여 나가면, 앞에서 보다 더 굉장한 크기의 도약을 볼 수 있다. 지구의 크기만 해도 직경이 약 1.3×10^7m로 사람 키의 100만 배 가까이 된다. 이러한 크기는 지구 표면에 살고 있는 인간에게는 굉장한 것처럼 보이지만, 태양계 가장 바깥 궤도를 돌고 있는 명왕성의 궤도 직경인 10^{13}m 에 비하면, 인체 세포와 사람의 신장 사이를 비교하는 정도의 거대한 크기의 도약이 있음을 알 수 있다.

우주로 나가게 되면, 우리의 머리로는 그 크기를 상상하는 것이 쉽지 않기 때문에 비유를 통해 설명하는 것이 편리하다. 우선 태양계의 크기를 좀 더 알기 쉽도록 축구장에 비유해 보자. 만일 태양계를 축구장 크기로 줄여 놓아 명왕성이 골대 근처를 돌고 있다고 치면 태양은 운동장 중앙에 있는 조약돌 정도라고 할 수 있고 지구는 태양에서 1m

정도 떨어진 곳에서 돌고 있는 작은 모래알에 지나지 않는다.

태양은 은하계 내에 있는 수많은 항성들 중의 하나이고 태양과 그 중력권 내에 있는 행성을 통틀어 태양계라 한다. 태양계는 8개의 행성과 그 행성들을 돌고 있는 336개 이상의 위성, 그리고 화성(Mars)과 목성(Jupiter) 사이에 있는 1,600개 이상의 소행성과 수백 개에 이르는 혜성으로 구성되어 있다.[3] 태양은 평균 밀도가 지구의 1/4 정도이며, 전체가 고온의 기체 덩어리로서 핵융합 반응을 하면서 타고 있는 불덩어리이다. 중심부의 온도는 수천만 도에 이르나 표면은 6,000℃ 정도이고 직경은 140만km로서 지구의 약 109배, 크기는 130만 배, 질량은 지구의 332,900배이다. 이와 같이 태양은 지구의 크기에 비하면 엄청나게 크지만, 태양계가 속해 있는 은하계의 크기에 비하면 너무나 작다.

태양계 내에서라도 인간이 직접 탐사한 영역은 극히 일부분에 지나지 않는다. 1975년에 발사된 화성탐사선 바이킹 1, 2호, 1977년에 발사된 보이저 1, 2호, 1978년에 발사된 금성탐사선 파이어니어 등 여러 우주선들이 태양계를 탐사했으나, 그 영역은 극히 제한적이었다.

지난 2014년 11월 12일은 인류의 우주 탐사에 또 하나의 획을 그은 날이었다. 이날 유럽우주국(European Space Agency, ESA)은 인류 최초의 혜성 탐사선인 로제타(Rosetta)의 탐사로봇 필레(Philae)를 목표 혜성인 '67P/추류모프-게라시멘코'(67P/Churyumov-Gerasimenko) 표면에 착륙시켰다고 밝히고, "우리는 혜성 위에 있다."고 선언했다. 2004년에 발사된 로제타는 10년 넘게 65억km를 비행해 2010년 8월, 목성을 도는 이 혜성의 궤도에 도달했다. 그리고 필레는 모선 로제타로부터 분리된 후 7시간 동안 약 22.5km를 더 날아가서 혜성 표면에 착륙한 것이다.

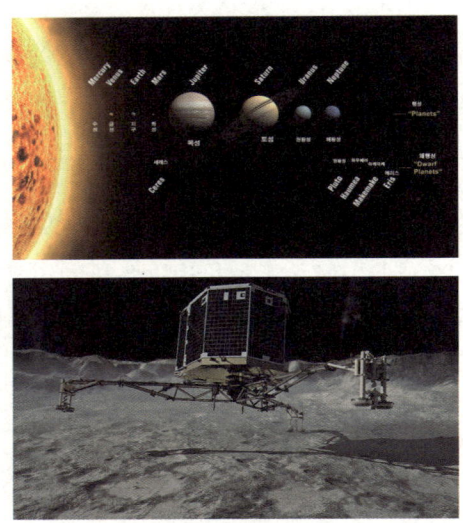

그림 2-2 태양계의 구성과 혜성 위에 착륙한 필레(Wikipedia Commons/ Deutsches Zentrum für Luft- und Raumfahrt)

필레는 1주일 이상 활동하면서 토양 분석과 혜성 표면 사진 등을 지구로 전송해서 태양계 탄생의 비밀을 풀어줄 것으로 기대했지만, 음지에 착륙한 탓에 현재 배터리가 방전되어 6개월 이상 교신이 끊겼다. 하지만 2015년 6월 13일, 필레는 영하 36도의 환경에서 24와트의 전력을 공급받으면서 정상적인 활동을 시작했다. 혜성까지의 거리는 우주의 크기에 비하면 너무나 작지만, 지구에 사는 사람의 기준으로는 태양과 지구 거리의 40배 이상 되는 거리를 10년 동안이나 날아가서 직접 혜성 표면에 탐사로봇을 착륙시켰다는 것은 너무나 놀라운 일이 아닐 수 없다.[4]

다른 천체에 탐사로봇을 보내는 것은 엄청난 돈과 시간이 소요되는 일이지만, 망원경 관찰과는 비교도 할 수 없는 생생한 자료들을 얻을 수 있다. 1957년 첫 우주선을 쏘아올린 이래 우주선 기술이 비약적으로 발달하면서 이전에는 상상도 할 수 없을 정도의 인류의 직접 탐사 영역이 넓어진 것이다. 그럼에도 불구하고 다른 항성들까지의 거리를 생각한다면, 인간이 직접 우주선을 보내서 탐사할 수 있는 영역은 참으로 작다.

태양계에서 먼 우주까지

항성으로서 태양계에 가장 가까운 별은 켄타우로스 프록시마성(Proxima Centauri)으로 알려져 있는데, 이 별은 지구로부터 4.2광년(3.97×10^{13}km)이나 떨어져 있다. 만일 앞에서 사용한 축구장 비유를 다시 사용하고 그 축구장을 동대문운동장이라 한다면, 켄타우로스 프록시마성은 제주시나 신의주에 있는 평범한 크기의 조약돌 정도에 불과하다고 할 수 있다.

여기서 더 나아가면 우리가 속해 있는 은하계는 직경이 12만 광년(약 10^{21}m)으로 1,000억 개 가량의 별들로 이루어져 있다. 태양은 이들 별 가운데 평균 정도 크기의 별에 불과하다. 명왕성 궤도를 기준으로 할 때, 반경 60억km(40AU)인 태양계는 엄청나게 큰 것처럼 보이지만, 은하계의 크기에 비하면 먼지에 불과하다.[5] 비교를 위해 태양계의 크기를 찻잔 정도라고 한다면, 은하계의 크기는 북아메리카 대륙만하다.

우리의 은하계가 이처럼 크지만, 우주에는 은하계와 같은 것들이 셀 수 없이 많다. 사실 1920년대 LA 교외에 있는 윌슨산천문대(Mount Wilson Observatory)에서 허블(Edwin Powell Hubble, 1889-1953)이

다른 은하를 발견할 때까지만 해도 사람들은 은하계가 우주 전체인 줄로 알았다. 1923년 허블은 윌슨산천문대에 새로 설치된 100인치 반사망원경(1917년에 완공)을 이용하여 안드로메다 은하(Andromeda Galaxy)의 나선형 팔에 있는 세페이드 변광성(Cepheid variable) 하나의 거리를 측정해본 결과, 놀랍게도 100만 광년 이상 떨어져 있음을 발견하였다. 이는 이 세페이드 변광성이 우리 은하계 훨씬 바깥에 위치함을 의미하며, 이 변광성이 속한 안드로메다 은하가 우리 은하 바깥에 위치함을 의미했다.

 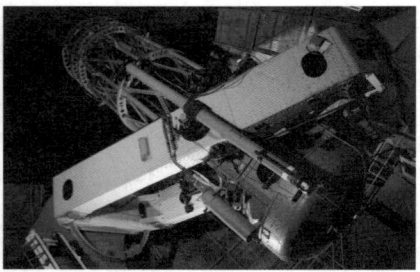

그림 2-3 윌슨산천문대 돔(앞에 있는 픽업 트럭의 크기와 비교해보라)과 허블이 처음으로 우리 은하계 바깥에 다른 우주들이 있음을 밝히는데 사용한 윌슨산천문대의 100인치 후커(Hooker) 반사망원경. 이 망원경은 당시로서는 세계 최대, 최고의 망원경이었다.(ⓒ양승훈)

이러한 허블의 발견은 엄청난 의미를 지니고 있었다. 그 때까지 사람들은 희미한 구름조각처럼 보이던 많은 성운이나 성단들이 모두 은하계 내에 속한 것으로 생각했지만, 허블은 당시 최고의 망원경으로 정밀 조사를 한 끝에 그 모든 성운이나 성단들은 우리 은하계에 속한 것이 아님을 밝힌 것이다. 그리고 우주에는 우리 은하 외에도 다양한 형태의 은하나 성운들로 가득 차 있으며, 우주는 우리가 상상하는 것보다 훨씬 더 크다고 결론내렸다.

은하들 중에는 우리 은하와 같은 나선형 은하(spiral galaxy)가 있는가 하면, 타원형 은하(elliptical galaxy)도 있고, 알려진 전체 은하의 2%는 크기가 작은 불규칙 은하(irregular galaxy)들로 알려져 있다. 불규칙 은하들은 대부분 거대한 나선형 은하나 타원형 은하의 위성 은하로 알려져 있다. 한 때 이러한 모든 은하들은 우주에 균일하게 흩어져 있는 것으로 생각했지만, 지금은 이들이 서로 중력에 의해 당겨서 은하단(cluster of galaxies)을 이루고 은하단이 모여 초은하단(supercluster of galaxies)이라는 것을 이룬다. 우리 은하계는 국부 은하군(Local Group)이라는 은하단에 속해 있으며, 많은 천문학자들은 국부 은하군 역시 더 큰 초은하단의 일원으로 생각한다. 이쯤 되면 우리의 스케일은 10^{28}m에 이른다.

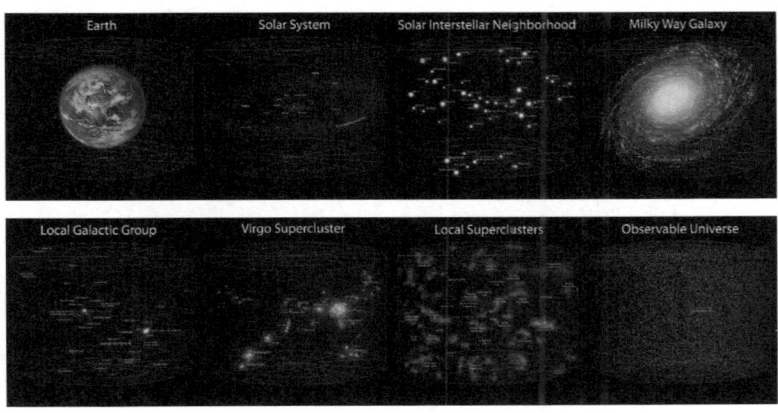

그림 2-4 지구태양계 → 은하계 → 국부 은하군 → 초은하단 → 관측 가능한 우주[6]

그러면 우주에는 얼마나 많은 초은하단이 있으며, 초은하단으로 이루어진 더 큰 천체는 없는가? 아인슈타인의 우주론에서는 우주를

20억 광년 정도의 직경을 갖고 있는 구(球)라고 했지만, 지금은 이보다 훨씬 더 큰 것으로 알려져 있다. 여기서 구란 축구공과 같이 물질로만 되어있는 것이 아니라, 우주를 구성하고 있는 시간, 공간, 물질의 연속체로 이루어진 구이다. 그러므로 이 구형 우주 바깥에는 시간도, 공간도, 물질도 없는 절대 무의 상태이다.

이러한 생각은 우주를 구형으로 보고 구형 우주 바깥은 물로 둘러싸여 있다고 생각한 고대인들의 우주관보다는 진일보한 것이라고 생각할 수 있다. 하지만 아직 아무도 우주가 어떻게 생겼는지 정확한 답변을 할 수는 없다. 현재의 망원경으로는 앞에서 언급한 천체보다 더 멀리, 더 희미한 것들을 볼 수 없으며, 따라서 우주의 가장자리를 본 사람도 없다. 아니 가장자리가 있는지조차 잘 모른다. 우리는 다만 관측 한계 혹은 우주의 지평선(cosmological horizon)이 있다고 말할 수 있을 뿐이다. 천문학자들은 인간이 대략 10^{26}m까지의 우주를 볼 수 있을 것으로 추정하나 우주가 유한한지, 무한한지 혹은 평평한지, 휘었는지, 휘었다면 어떻게 휘었는지 아무도 확실히 말할 수 없다.[7] 비록 근래 천문학자들은 관측에 근거하여 평평한 우주로 대체적인 합의를 보고 있지만 말이다.

2. 광속 우주여행

이러한 우주의 크기는 가상적인 광속 우주여행을 통해 좀 더 실감나게 상상해 볼 수 있다. 우주를 연구할 수 있는 단위는 광년(光年, light-year)이다. 이것은 1초에 30만km를 진행하는 빛이 1년 동안 진행한 거리로서 약 9조 4,607억km에 해당하는 엄청난 거리이다. 하지만 우주는 광년이란 단위를 사용한다고 해도 부족할 정도로 광대하다. 우주의 광대함을 생각하기 위해 정월 초하룻날 자정에 태양으로부터 광속으로 달리는 우주선을 타고 여행을 한다고 생각해 보자.

우선 수성이나 금성은 순식간에 지나가고 1억 5,000만km 떨어진 지구까지는 불과 8분 20초가 걸릴 뿐이다. 화성이나 목성도 한 시간 이내에 통과하게 된다. 그리고 지금은 행성의 지위를 잃어버린 명왕성까지는 불과 5시간 31분이 걸릴 뿐이다. 자정에 출발한 우주선에는 아직 '동이 트지도' 않은 셈이다.

이제 은하계 디스크의 직경을 따라 바깥을 향해 달리던 우주선의 방향을 바꾸어 은하계 디스크에 수직한 방향으로 여행을 계속하자. 태양계를 벗어나면 얼마 지나지 않아 다른 모든 행성들은 보이지 않게 되고 태양만이 하나의 별로서 보일 뿐이다. 그렇게 1년을 가고, 2년을 가도 다음 별은 나타나지 않는다. 그러다가 4년이 지나고 4월 19일에 드디어 태양계에서 가장 가까운 켄타우로스 알파성(Alpha Centauri)을 만나게 된다. 빛으로 4년 이상을 가야 태양계에 가장 가까운 이웃을 만날 수 있다니 얼마나 우주가 넓은가!

광속으로 달리는 우주선을 타고 은하계 디스크의 수직 방향으로 10여 년 정도 달리면, 은하계의 별들이 조금씩 한 곳으로 모이는 것을 볼 수 있다. 그러다가 100년 정도 달리면, 은하계의 소용돌이 팔에 있는 기체와 성운 물질들이 보이기 시작한다. 그러다가 광속으로 1,000년 정도 달리면, 은하의 소용돌이 팔이 좀 더 분명하게 나타난다. 그리고 광속으로 10만 년 정도 달리면, 전체 나선형 은하의 모습이 뚜렷하게 드러난다. 우리 은하계를 완전히 벗어나게 되면 우리 은하만 보이는 것이 아니라 곳곳에 흩어져 있는 다른 은하들도 보인다. 이때부터 보이는 점들은 별이 아니고 우리 은하와 같이 수십억 개 이상의 별들이 모인, 또 다른 은하들이다.

계속해서 광속으로 500만 년 정도를 달리면, 우리 은하계를 비롯하여 30여 개의 은하 모임인 국부 은하군이 보이기 시작한다. 그 후 5,000만 년 정도를 달리면, 국부 은하군보다 훨씬 더 큰 처녀성단(Virgo Cluster)이 보인다. 처녀 성단은 2,000여 개의 은하들이 모인 초은하단이다. 계속하여 광속으로 10억 년, 50억 년을 달리면, 우주의 좀 더 큰 구조들이 나타나며, 100억 년 정도 달리면, 우주의 거대한 이론적 스케일을 만들어 볼 수 있다. 수많은 은하들, 은하단들이 사슬이나 실과 같은, 큰 덩어리와 같은 구조를 이루고 있음을 볼 수 있다. 이들은 마치 색색의 실로 수놓은 장식용 벽걸이 비단 직물처럼 광활한 우주를 수놓고 있다.

수 광년(수십조 km)씩 떨어진 별들이 수십억 개 이상이 모여 하나의 은하를 이루고, 수백만 광년씩 떨어진 개별 은하들이 수십 개씩 모여 은하단을 형성하고, 그리고 이런 은하단들이 수십 개씩 모여 초은하단을 이루고 있는 것은 인간의 상상력을 뛰어넘는 창조주의 설계가 아니면 도무지 생각할 수 없다.

3. 과학 연구의 시간적 범위

과학적 연구는 공간적 한계에 더하여 시간에 의해서도 제약을 받는다. 따라서 여기서는 과학적 연구에 있어서 시간적 범위를 생각해 보자. 먼저 짧은 시간을 생각해 보면, 짧은 전자파의 주기를 생각해 볼 수 있다. 사람이 생각할 수 있는 가장 짧은 시간으로서는 빛이 원자핵을 지나는 시간을 생각해 볼 수 있다. 일초에 30만km를 가는 빛이 크기가 10^{-15}m 정도인 원자핵을 지나는 시간이란 10^{-23}초 정도이다. 다음으로는 파장이 10^{-10}m 이하인 상용 X-선의 주기는 약 10^{-18}초 정도이다. 이에 비해 파장이 5×10^{-7}m 정도인 가시광선의 주기는 약 10^{-15}초로서 X-선에 비해서는 일천 배 정도 길어지나 여전히 그 동안에 일어난 사건에 대해서 우리는 어떤 방법으로도 연구할 수가 없다.

현재 사람이 초고속 분광기(spectroscope)와 오실로스코프(oscilloscope) 따위를 사용하여 분석할 수 있는 가장 짧은 시간 간격은 10^{-15}초(femtosecond) 정도인데, 이는 흔히 펨토세컨드 분광학(femtosecond spectroscopy)이라는 분야에서 연구하는 시간적 길이다. 이 외에도 초고속 사진촬영 등도 짧은 시간 동안에 일어나는 일들을 분석하기 위해 사용되기도 한다. 그러나 인간의 육안으로 구별할 수 있는 시간간격이란 1초 내외로서 기기들로 분석할 수 있는 시간에 비해서는 엄청나게 제한된다.

인간의 오관(伍官)을 통해 분석 가능한 시간간격은 비단 짧은 시간간격에만 국한되는 것이 아니다. 앞의 〈그림 2-1〉에서 나타낸 것과 같이 100년을 채 못사는 인간이 직접 연구할 수 있는 시간간격이란 초로 나타낼 때 10^{10}초 정도에 지나지 않는다. 비록 직접적인 관찰보다는 정밀도가 떨어지기는 하지만, 역사적 문헌이나 유물들을 연구하는 것은 개인의 향년보다 긴 시간에 일어난 사건에 대한 정보를 제공해 줄 수 있다. 그러나 최고(最古)의 문헌이라고 해야 기껏 10,000년을 넘지 못하는 현실로서는 역사 연구를 통해서도 10^{12}초를 넘는 과거의 역사는 연구할 수 없다. 사실 역사적 기간을 넘어서는 과거에 대해서는 방사능연대측정법(radioactive dating technique) 등에 의해 대략

100억 년 정도까지 연구를 할 수는 있으나, 그것을 넘어서는 것은 대부분 추측에 의존하는 수밖에 없다.

그러면 우리가 관심이 있는 인간을 포함한 생물이나 우주의 창조에 관한 연구는 어느 정도의 과거에 해당하는 것일까? 우리가 주목해야 할 중요한 사실은 우주와 생명의 창조에 관한 문제는 역사적 연구의 시간이라고 할 수 있는 $0-10^{12}$초를 훨씬 넘으며, 과학적 기자재를 사용할 수밖에 없는 영역에 있다는 사실이다. 생명과 우주의 창조에 관해 연구하려고 할 때는 우주의 크기에 비해 인간의 관측범위는 물론, 현대 우주론에서 추론하는 우주의 나이 138억 년(약 10^{18}초)에 비해 인간이 연구할 수 있는 시간의 범위가 너무나 제한되어 있음을 알 수 있다. 이상의 논의에서 알 수 있는 바는 생명과 우주의 창조에 관한 연구에서는 불가피하게 추론에 많이 의존할 수밖에 없다는 사실이다.

그러면 우주의 창조에 대하여 우리는 과학적으로 아무것도 연구할 수 없는가? 여기에 대해서는 우리는 그렇지 않다고 대답해야 할 것이다. 과학은 일차적으로 관측 가능하고 재현 가능한 현상들을 대상으로 연구하지만, 원리적으로 관측과 재현이 불가능한 현상이나 사건을 연구할 때는 간접적인 증거들로부터 유추하여 결론을 내릴 수 있기 때문이다. 그렇다면 우주의 창조를 연구하는 데 있어서 사용할 수 있는 간접적인 증거들은 어떤 것들이 있으며, 이들로부터 내릴 수 있는 결론은 무엇인가? 이를 위해 먼저 역사상 가장 탁월한 천체 관측 장비로 인정받는 허블우주망원경을 살펴보자.

4. 허블우주망원경과 우주의 신비

1990년에 발사된 허블우주망원경(Hubble Space Telescope, HST)은 20세기 최고의 천문학자로 인정받는 허블의 이름을 따라 명명한 것이다.[8] 대형 버스 크기 정도의 허블 망원경은 인류 역사상 최고의 천체 관측 기구로 인정받고 있다. 하지만 발사 초기에는 발사 과정에서 망원경의 초점 정렬이 흐트러져서 제 기능을 발휘하지 못했다. 그러나 1993년, 우주왕복선 엔데버호(Endeavour) 승무원들에 의해 수리된 이후 허블 망원경은 지금까지 인류가 볼 수 없었던 먼 우주의 사진을 놀라운 해상도로 보내오고 있다.

그림 2-5 1990년에 발사된 허블우주망원경. 지상 망원경으로는 상상할 수 없는 천체 사진을 전송하고 있다.(NASA/ESA)

몇 가지 예를 들어보자. M51번인 소용돌이 은하(Whirlpool Galaxy)를 생각해 보자. 지구에서 6,500만 광년 떨어진 이 은하는 중심부에 거대한 블랙홀을 가지고 있는 것으로 추정되고 있다.[9] M100번 나선은하(spiral galaxy)는 별까지의 거리를 정확하게 측정해서 은하의 실제 크기를 정확하게 측정하는 실마리를 제공했다. 또한 에타 카리네(Eta Carinae)에서는 엄청난 폭발이 일어나고 있음이 관측되고 있다. 지금까지 관측된 별 중에서 가장 가까이 있는 '거대 질량'(massive)의 별인 에타 카리네는 시속 300만km(초속 900km) 이상의 속도로 각종 물질들을 우주 공간에 퍼뜨리고 있다. 허블우주망원경은 이러한 천체의 사진들을 과거 어떤 망원경으로 찍은 것보다 더 생생하게 지구로 전송하고 있다.

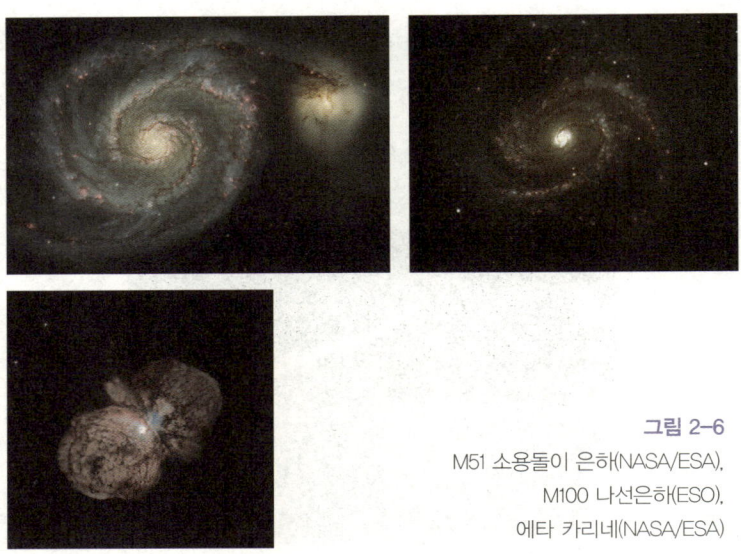

그림 2-6
M51 소용돌이 은하(NASA/ESA),
M100 나선은하(ESO),
에타 카리네(NASA/ESA)

허블우주망원경과 같은 광학망원경으로 관측할 수 없는 것들은 다른 파장의 전자기파를 수신할 수 있는 전파망원경(radio telescope)으로 관측한다. 광학망원경으로는 관측 한계 근처에 있지만, 전파망원경으로는 쉽게 관측되는 천체로는 준항성이라 불리는 퀘이사(quasi-stellar radio source, quasar)가 한 예이다. 퀘이사는 너무나 멀리 떨어져 있기 때문에 광학망원경으로는 보이지 않지만, 믿을 수 없을 정도로 많은 에너지를 방출하고 있다. 퀘이사는 우리 은하계보다 1,000배 이상 밝게 빛나고 있으며, 이 퀘이사가 1초 동안 방출하는 에너지는 태양이 1,000만 년 동안 방출하는 에너지와 동일하다. 아직까지 이 엄청난 에너지가 어떻게 방출되는지 알려져 있지 않지만, 천문학자들은 거대한 블랙홀이 은하 핵 주변에 있는 것으로 추정하고 있다.

허블우주망원경이 촬영한 놀라운 사진으로는 허블 울트라 딥 필드(Hubble Ultra Deep Field) 사진을 들 수 있다. 이 사진은 화로자리(Fornax)와 에리다누스자리(Eridanus) 사이에 있는 조그만 영역을 2003년 9월 3일부터 2004년 1월 16일까지 찍은 사진들을 조합한 것이다. 이 사진을 찍기 위해 허블 우주 망원경은 지구를 400회 공전하면서 800번 영상을 잡았으며, 총 노출시간은 한 카메라(ACS)로는 11.3일, 다른 카메라(NICMOS)로는 4.5일이었다.

 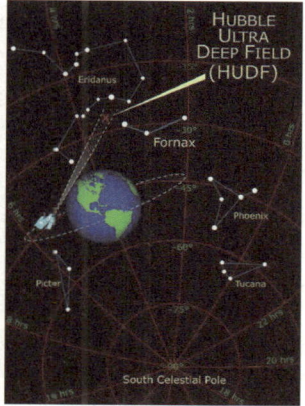

그림 2-7 1만여 개의 은하가 포함된 허블 울트라 딥 필드 사진과 천구 상에서 촬영위치. 사진 내 붉고 작은 100여 개의 은하들은 광학 망원경으로 촬영된 은하들 중 가장 멀리 떨어진 존재들로, 대폭발로부터 불과 8억 년 후의 은하들이다.(NASA/ESA)

대략 보름달 면적의 10분의 1에 불과한 이 사진 영역에는 놀랍게도 약 1만 개에 이르는 은하들이 찍혔다. 여기에는 대략 130억 년 전의 천체들, 즉 우주가 대폭발로 탄생한 후 불과 8억 년 후의 천체들까지 담고 있었다. 대폭발 이론에 의하면, 우주의 나이는 무한하지 않으며, 먼 곳을 관찰할수록 지금과는 다른 생성 초기의 우주를 볼 수 있는데 이 사진은 대폭발 이론의 예측과 잘 일치한다. 초기 우주를 보여주는 이 사진에는 현재 우주와는 달리 은하가 활발히 생성되거나 은하끼리 합치는 모습이 보이고 있다.

5. 상식을 깨뜨리는 천체들

울트라 딥 필드 사진과 더불어 천문학에서는 관측기구와 기술의 발달로 인해 이전에는 상상도 할 수 없었던 현상들이 속속 밝혀지고 있다. 과거에는 이론적으로만 존재 가능성이 예측되던 천체들이 실재하는 것이 확인되고 있다. 그 대표적인 예가 바로 블랙홀이다.

블랙홀(black hole)은 이미 18세기에 제시된 개념이었다. 1783년, 영국의 과학자 존 미첼(John Michell, 1724-1793)은 뉴턴 역학을 기반으로, 충분히 질량이 큰 별의 경우 탈출 속도가 광속보다 더 커서 빛마저도 탈출할 수 없을 것이라고 추측하였다.[10] 그로부터 13년 뒤인 1796년, 프랑스 물리학자이자 수학자인 플라스(Pierre-Simon Laplace, 1744-1825)도 비슷한 제안을 하였다.[11] 하지만 체계적인 블랙홀 개념은 20세기에 들어와서 비로소 제시되었다.

곧 1915년, 독일 태생의 유대인 물리학자 아인슈타인(Albert Einstein, 1879-1955)은 순수하게 이론적인 계산에 근거하여 빛조차도 탈출할 수 없는 강력한 중력을 가진 천체의 존재에 대한 이론적 기초를 놓은 것이다.[12] 그리고 1971년에 백조자리 X-1(Cygnus X-1)의 발견 이래로, 수많은 블랙홀들이 간접적인 관측을 통해 확인되었다. 그러나 그 후 몇 십 년 동안 과학자들은 빛조차도 탈출할 수 없는 천체라면, 직접 관측할 방법이 없을 것이라고 생각하여 흥미를 잃어버렸다. 그러나 1994년 허블우주망원경이 거대한 질량의 블랙홀이 실존한다는 놀라운 증거를 제시하였다.

그림 2-8 찬드라 X-레이 천문대(Chandra X-Ray Observatory)에서 촬영한 백조자리(Cygnus X-1). 가장 강력한 첫 번째 블랙홀이다.(NASA/CXC)

허블우주망원경은 어떤 천체가 멀리 떨어진 은하들의 핵 주위를 빠른 속도로 회전하고 있음을 발견하였는데, 이것은 매우 좁은 영역에 엄청난 질량이 존재한다는 것을 시사하였고, 과학자들은 그 정도의 질량이라면 블랙홀 외에는 다른 가능성이 없다고 결론내렸다. 이처럼 허블우주망원경이 최초로 블랙홀을 발견한 이후, 지상에 있는 다른 거대 망원경들도 블랙홀을 찾는 데 동원되었고, 그 결과 직경 수백km로부터 수억km에 이르는 수많은 블랙홀들을 찾아냈다. 그러면 보이지도 않는 블랙홀의 크기를 어떻게 알 수 있을까?

과학자들이 블랙홀의 크기를 말할 때는 흔히 사건 지평선(event horizon)이라는 용어를 사용한다. 사건 지평선이란 그것을 넘어서는 것은 어떤 것도, 심지어 빛조차도 탈출할 수 없는 중력장의 범위를 말한다. 따라서 사건 지평선의 직경이 블랙홀의 직경이 되는 것이다.[13]

은하계 중심부에 위치하고 있다고 생각되는, 태양 질량의 400만 배에 이르는 초거대 블랙홀(Supermassive black hole)의 경우 직경은 1,800-2,400만km에 이르고,[14] 태양 질량의 1,000-10,000배에 이르는 중형 블랙홀(Intermediate-mass black hole)의 경우 직경은 6,000-60,000km에 이를 것으로 본다. 가장 작은 항성 블랙홀(Stellar black hole)을 형성할 수 있는 별의 직경은 2.784×10^7km(태양 직경의 20배) 정도라고 본다. 이런 별이 붕괴하면, 직경 약 60km 정도의 블랙홀을 형성할 것으로 본다. 태양은 붕괴되어 블랙홀이 되기에는 너무 작다고 생각되지만, 만일 태양이 붕괴되어 블랙홀이 된다면, 그 직경은 6km 정도가 될 것으로 생각된다. 만일 지구가 붕괴되어 블랙홀이 된다면, 직경 1.8cm의 사건 지평선을 갖게 될 것이다.[15] 그런데 과연 이런 천체들을 관측할 수 있을까?

흥미롭게도 근래 UCLA 천문학자 게즈(Andrea Mia Ghez. 1965-)는 하와이 켁 천문대(W.M. Keck Observatory)의 망원경을 사용하여 우주에 있는 수천 억 개의 은하들 중심에는 대부분 거대한 블랙홀이 존재한다는 놀라운 사실을 발견했다. 은하의 중심을 자세히 관찰해 온 게즈는 20여 개의 별들이 블랙홀이 아니면 도무지 설명할 수 없는 미지의 천체 주위를 매우 빠른 속도로 회전하고 있다는 사실을 발견했다. 그리고 게즈는 그 블랙홀의 질량과 특성이 주변에 있는 은하의 조성 및 크기와 밀접한 관련이 있다는 사실을 밝혀냈다. 은하의 중심에 있는 블랙홀은 보통 별이 폭발하면서 만들어지는 것들에 비해 질량이 수십만 배 이상 되는 거대한 블랙홀들이었다. 이러한 거대 블랙홀은 주변에 있는 별들이나 기체들을 삼키기도 하지만, 또한 초고에너지 입자들을 대량으로 방출하여 새로운 별을 탄생시키기도 한다.[16]

이 외에도 우주에는 지구에 사는 우리들로서는 상상하기 어려운 수많은 천체들이 존재하고 있다. 인류는 다양한 관측기구들을 사용하여 이들의 신비를 조금씩 발견해 가고 있다. 그러면서 도대체 이런 우주는 어떻게 존재하게 되었으며, 어디로 가고 있는지 탐구하고 있다. 그러면 이제 우주의 창조에 관한 몇 가지 중요한 이론들을 살펴보기 위해 지난 20세기에 일어난 가장 중요한 우주에 대한 발견, 즉 우주의 팽창에 대해 먼저 생각해 보자.

토의와 질문

1. 인류는 과거에는 상상도 할 수 없었던 미시 혹은 거시의 세계를 관찰, 발견해 가고 있다. 그렇다면 인간의 관측과 발견의 한계는 어디까지일까? 미시적, 거시적 관측 한계가 있을까?

2. 블랙홀은 어떤 방법으로도 직접적인 관측이 불가능하지만, 오늘날 천문학자들은 이의 존재를 의심하지 않는다. 블랙홀을 중심으로 오래된 실재론과 관념론 논쟁을 살펴보자. 또한 블랙홀 연구와 관련하여 귀납법적 과학관을 비판해보자.

제3강

팽창하는 우주

"그가 하늘을 차일 같이 펴셨으며 거주할 천막 같이 치셨고"
- 이사야 40:22

우주에 관한 인류의 관심은 유사 이래 계속되어 왔으나, 과학적인 연구는 근대 과학의 출현과 더불어 시작되었다고 할 수 있다. 우주의 창조와 관련된 연구 또한 18세기 칸트-라플라스 성운설(Kant-Laplace Nebular Hypothesis)이 출현하기 전까지는 소위 자연적(흔히 사람들은 '과학적'이라고 부르는) 추론에 근거한 우주 창조 모델이 없었다고 할 수 있다. 물론 칸트-라플라스의 이론도 거의 대부분 추측과 유추에 근거한 것이었을 뿐, 어떤 구체적인 관측결과에 근거한 것은 아니었다.

칸트(Immanuel Kant, 1724-1804)와 라플라스는 이 이론을 통해 처음으로 초자연적인 존재를 가정하지 않고 우주가 존재할 수 있다는 모델을 제시하였다. 그들의 이론은 초자연적인 존재를 가정하지 않으면서 태양계의 형성을 설명하는 최초의 우주론인 셈이다. 이 이론에서는, 태양계 성운(solar nebula)이 통계적 요동에 의해 모이면서 중력장이 만들어지고, 인근 성운을 끌어들이면서 뜨거운 회전판 모양으로 수축한 뒤, 그 후 식으면서 먼지 크기의 작은 입자들이 만들어지고, 이들이 서로 충돌하면서 궁극적으로 행성을 형성한다고 가정하였다.

비록 200여 년 이상 전의 일이기는 하지만, 철학자 칸트가 현대 우주론의 중요한 모델을 제시했다는 것에는 중요한 의미가 있다. 우주론 연구는 특성상 다른 연구 분야들에 비해 과학적 연구와 더불어 많은 철학적 혹은 종교적 신념이 내포될 수밖에 없다. 물론 우주론 연구에서도 많은 과학적 도구들이 사용되지만, 다른 과학의 분야들에 비해 형이상학적 요소 또한 많이 포함될 수밖에 없다. 이런 점을 염두에 두고 우주생성론에 대한 논의를 시작하는 것이 바람직하다.

그림 3-1 칸트(좌)와 라플라스

1. 정적인 우주에서 동적인 우주로

　고대 그리스인들은 우주는 시작도, 끝도 없이 영원하다고 생각했다. 이러한 그리스인들의 우주관은 그들의 신관과 연결되어 있었다. 그리스의 신들은 초월적이지도 않고, 새로운 것을 창조할 수도 없었다. 그들은 시간 속에서 태어났고, 그리고 언젠가 시간 속에서 죽어간다고 생각했는데, 이러한 생각이 끈질기게 서구인들의 사고 속에 남아있었다. 초대 교회의 마지막 교부인 아우구스투스나 중세 최대의 가톨릭 신학자라고 할 수 있는 아퀴나스의 신학에는 물론, 뉴턴의 물리학에도 이런 사고가 남아 있었다. 심지어 이러한 정적 우주관은 20세기까지, 좀 더 구체적으로 1960년대 중반까지 지속되었다.

　우주에 대한 막연한 관심이 구체적인 증거에 근거한 이론으로 나타나기 시작한 것은 정적인 우주관에서 동적인 우주관으로 변화한 20세기부터였다. 그러나 20세기 초반까지만 해도 철학자들은 물론 천문학자들까지도 우주는 절대적으로 정적이며, 별, 행성, 그 밖의 모든 천체들은 각각 자기의 궤도를 돌고 있다고 생각했다. 1915년에 아인슈타인(Albert Einstein)이 발표한 일반상대성이론도 정적인 우주론에 바탕을 두고 있었다. 아인슈타인은 정적 우주론을 선호했기 때문에 자신의 이론에 정적인 우주를 위한 우주상수를 추가하였다. 이를 두고 아인슈타인은 후에 '자신의 가장 큰 실수'라고 했다!

　그런데 이러한 정적인 우주론이 1920년대에 이르러서 변화의 조짐을 보이기 시작했다. 러시아의 프리드만(Alexander A. Friedmann, 1888-1925)과 벨기에의 르매트르(Georges Lemaître, 1894-1966)가 이론적으로 팽창우주론을 전개한 것이다. 프리드만은 아인슈타인에

그림 3-2 상대성이론을 제창한 아인슈타인

게 정적인 우주를 위해 만들었던 일반상대성이론의 우주상수를 없애야 한다는 편지를 보내기까지 했다. 하지만 이런 노력들은 큰 주목을 받지 못했다. 그러던 중 미국 천문학자 슬라이퍼(Vesto M. Slipher, 1875-1969)와 허블(Edwin Powell Hubble)이 별까지의 거리에 비례해서 나타나는 적색편이(赤色偏移, redshift)를 발견하고, 이를 통해 우주가 팽창하고 있다는 허블법칙(Hubble's law)을 발표했다. 이로 인해 1930년을 기점으로 정적인 우주론에서 동적인 우주론으로의 변화가 본격적으로 일어나기 시작하였다.[1]

정적 우주론에서 동적 우주론으로의 변화는 성경적인 관점에서 중요한 의미가 있다. 정적 우주론이란 우주가 시작도, 끝도 없는 영원한 존재임을 의미하는데 반해, 동적 우주론이란 우주에는 분명한 시작과 끝이 있음을 시사하기 때문이다. 기독교 세계관적 관점에서 창조주 하나님 한 분 외에 우주에 또 다른 영원한 존재가 있다는 것은 받아들이기가 어렵다. 만일 우주에 무시무종한 어떤 존재가 있다면, 그것은 더 이상 피조물이 아니라 창조주일 수밖에 없기 때문이다.

2. 별빛의 적색편이

그러면 정적 우주론에서 동적 우주론으로의 전환점을 만들었던 적색편이란 무엇인가? 적색편이란 관측자가 볼 때, 광원(光源)이 관측자로부터 멀어져 갈 때에는 광원의 빛의 진동수가 감소하고, 따라서 관측되는 빛은 원래의 파장보다 긴 파장(붉은 색) 쪽으로 치우쳐 나타나는 현상을 말한다. 진동수와 파장을 곱하면 광속이라는 상수가 되기 때문에 진동수가 감소하면 파장이 길어져야 한다. 반대로 광원이 관측자에게 접근할 때는 관측되는 진동수가 증가하고 빛은 원래 파장보다 짧은 파장(푸른색) 쪽으로 치우쳐 나타나는데, 이것을 흔히 청색편이(靑色偏移, blueshift)라고 한다.

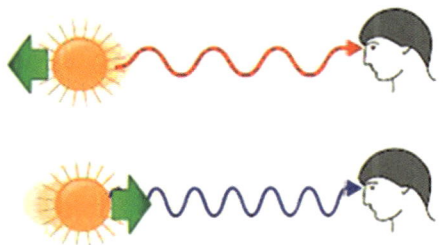

그림 3-3 적색편이의 원리. 광원이 멀어지면 적색으로, 가까워지면 청색으로 스펙트럼이 이동한다. (Wikipedia/Ales Tosovski)

적색편이나 청색편이는 음파의 전달에서는 이미 오래 전부터 도플러효과(Doppler Effect)란 이름으로 알려져 있던 현상이었다. 1842년, 오스트리아 물리학자 도플러(Christian A. Doppler, 1803-1853)가 음원(音源)에서 방출되는 파동의 파장은 관측자로부터 멀어지면 길어지고 가까워지면 짧아짐을 발견하였다. 이 때 음원이 가까워지거나

멀어지는 속도가 빠르면 빠를수록 관측자가 관측하는 파장의 변화도 커지게 된다.[2]

도플러효과는 매질에 대하여 파원이 운동하는 경우와 관측자가 운동하는 경우 그 발생 방식이 달라진다. 즉, 매질에 대하여 정지하고 있는 관측자에게 파원이 가까워지는(멀어지는) 경우에는 파동이 진행방향으로 압축(확대)되기 때문에 이 효과가 생기며, 정지하고 있는 파원에 관측자 쪽이 운동할 경우에는 단위시간 내에 관측자가 받는 파동수가 변하기 때문에 이 효과가 나타난다.

도플러효과는 음파 이외의 다른 모든 파동에서도 볼 수 있다. 이 효과에 의해 관측자가 관측하는 파원(波源)의 진동수(혹은 주파수) 변화는 파동의 전파속도와 파원과 관측자의 상대속도에만 의존한다. 이 효과를 천체로부터 오는 빛에 적용해 보면, 어떤 천체가 지구에 대하여 움직이고 있을 때, 지구의 관측자는 이 효과로 인하여 빛의 원래 스펙트럼이 변화(혹은 이동)하는 것을 볼 수 있다.

이러한 적색편이는 간단한 수식으로 표현할 수 있다. 진공 중에서의 빛의 속도를 c, 광원에 대한 관측자의 상대 속도를 v, 광원이 관측자에 대해 정지해 있을 때(즉 $v=0$일 때) 빛의 파장을 λ_e, 상대속도로 인해 편이(偏移)된(변화된) 파장을 λ_o라고 하면 편이(偏移)된 파장 λ_o은

$$\lambda_o = \lambda_e \times [(c+v)/(c-v)]^{1/2}$$

로 나타낼 수 있다. 광원에 대해 관측자가 멀어질 때는 위의 식 그대로 적용되지만, 광원에 대해 관측자가 가까워질 때는 광원에 대한 관측자의 상대 속도를 $-v$로 두어야 한다. 그러면 광원이 관측자에게 접

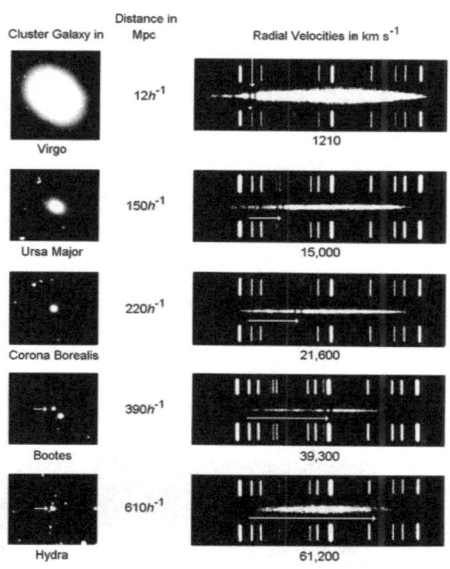

그림 3-4 은하들의 적색편이. 처녀자리(Virgo) 은하로부터 큰곰자리(Ursa Major), 왕관자리(Corona Borealis), 목동자리(Bootes), 바다뱀자리(Hydra)로 내려가면서 은하들의 적색편이는 점점 증가한다. 멀리 있는 별일수록 적색편이가 큰 것은 지구로부터 빨리 멀어지는 것을 의미한다.[3]

근할 때는 파장이 짧아져서 스펙트럼선이 푸른색 쪽으로 이동하는 청색편이가, 광원이 관측자로부터 멀어지면 파장이 길어져서 스펙트럼선이 붉은색 쪽으로 이동하는 적색편이가 일어난다.

만일 앞에서 말한 적색편이가 도플러 효과에 의해 생기는 것이라면, 적색편이가 큰 별일수록 지구로부터 빠른 속도로 멀어져 간다고할 수 있다. 위 식에 의하면 지구에서 관측되는 별빛의 파장이 얼마나 더 긴 파장 쪽으로 편이되어 있는가를 보면, 그 별이 지구로부터 얼마나 빨리 멀어져 가는지 알 수 있다. 이 식을 이용하여 슬라이퍼는 1912년, 처음으로 우주가 정적이지 않음을 발견하였다.

제3강 팽창하는 우주

3. 슬라이퍼와 솜브레로

슬라이퍼가 처음으로 적색편이를 관측한 은하는 솜브레로 은하(Sombrero Galaxy, M104)였다. 그는 솜브레로가 발하는 빛을 분광 분석해 보면 그 빛이 바깥으로 방출되면서 다른 기체 원자들에 의해 일부가 흡수되는 것이 관측되는데, 이 때 기체 원자들에 의해 방출되거나 흡수되는 스펙트럼선이 날카롭기 때문에, 적색편이가 일어난다면 쉽게 측정할 수 있다는 점에 착안하였다.

그림 3-5 슬라이퍼와 솜브레로 은하(M104)(NASA/ESA)

슬라이퍼는 이를 위해 애리조나주 플래그스탭(Flagstaff)에 있는 로웰천문대(Lowell Observatory)에서 무려 40시간이라는 망원경 사용 시간(telescope time)을 투입하였다. 그리고 처녀자리에 있는 나선은하 솜브레로의 스펙트럼을 자세히 관측하였다. 그는 다른 많은 은하들에서 관측되는 것처럼 솜브레로 은하에서도 나트륨에 의한 589nm 흡수선이 나타날 것을 기대하였다. 그런데 놀랍게도 솜브레로의 스펙트럼을 다른 별들의 스펙트럼과 비교할 때 589nm보다 약간 긴 591nm에서 나트륨 흡수선이 관찰되는 것을 발견하였다. 적색편이

가 일어난 것이었다.[45]

적색편이가 얼마나 일어났는지를 나타내기 위해서는 앞에서 언급한 변화된(관측된) 파장을 사용할 수도 있지만, 흔히 z로 표시하는 적색편이값(redshift value)을 사용하면 더 편리하다. 적색편이값 z는

$$z = [관측된\ 천체에서의\ 흡수선\ 파장(\lambda_o)] / [정지된\ 상태에서의\ 흡수선\ 파장(\lambda_e)] - 1$$

로 주어진다. 이를 솜브레로 은하에 적용하면

$$z = [(591nm/589nm) - 1] = 0.0034$$

이다. z가 0보다 크면 지구로부터 멀어져가는 천체에 의한 적색편이이고, 0보다 작으면 지구를 향해 다가오는 청색편이에 의한 것이라고 할 수 있다. 그런데 슬라이퍼는 지구로부터 멀리 떨어진 은하일수록 적색편이가 크며, 따라서 그 은하는 지구로부터 더 빠른 속도로 멀어져가고 있음을 발견하였다. 이 결과에 의하면 현재 솜브레로 은하는 지구로부터 초속 1,024km의 속도로 멀어지고 있다.

이처럼 성실한 한 천문학자의 끈질긴 노력으로 이미 100여 년 전에 발견된 적색편이 현상이지만, 젊은지구론자들 중에는 우주의 연대가 1만 년 내외로 젊다는 것을 주장하기 위해 이를 관측자와 천체의 상대속도로 해석하는 것을 받아들이지 않는 사람들이 있다. 이들은 관측자와 천체가 서로 멀어지고 있기 때문에 적색편이가 생긴 것이 아니라 먼 천체로부터 빛이 오는 도중에 광피로(tired light 혹은 light fatigue) 현상이 일어나 적색편이가 생긴다는, 터무니없는 해석을 해서 사람들을 혼란하게 했다.

1929년, 스위스 태생의 미국 천문학자 즈위키(Fritz Zwicky, 1898-1974)가 제안한 광피로 현상에 의하면, 먼 은하로부터 오는 빛일수록 광로에 있는 우주진 등 다른 입자들과의 충돌로 인해 에너지를 많이 잃어버리기 때문에 빛의 에너지가 줄어드는, 다시 말해 빛이 더 긴 파장 쪽으로 이동하는 현상이다.[6] 하지만 광피로 현상에 의한 적색편이는 관측자와 천체의 상대속도에 의해 생기는 적색편이보다 훨씬 적다는 것이 잘 알려져 있다. 이는 젊은지구론자들이 이런 주장을 하기 오래 전부터 이미 잘 밝혀져 있었던 것이다. 젊은지구론자들이 적색편이를 광피로 현상이라고 주장한 것은 잘못된 선입견에 빠져 천문학자들의 연구결과를 읽지 않았거나 오해했기 때문이다.[7]

흥미로운 것은 지금까지도 적색편이에 기초한 천체까지의 거리측정을 엉터리라고 주장하는 젊은지구론자들이 있다는 사실이다. 수십억 광년 떨어진 곳에서 오는 별빛의 존재를 인정한다면, 우주의 연대가 1만 년 이내라는 자신들의 주장이 문제가 생긴다고 보기 때문이다. 심지어 어떤 젊은지구론자는 수십억 광년 떨어진 곳에서 오는 빛을 설명하기 위해 과거에는 광속이 엄청나게 빨랐으나 지금은 느려졌다는 희한한 주장을 하기도 한다. 물론 그렇게 주장하는 사람들은 하나같이 천문학과는 무관한 영역에 있는 사람들이다.

4. 에드윈 허블

슬라이퍼는 적색편이 현상이 천체가 지구로부터 멀어지기 때문에 관측되는 현상임을 발견하였지만, 이로부터 우주가 팽창한다는 생각에는 미처 이르지 못했다.[8] 슬라이퍼의 결과를 이어받아 그 다음 단계로 나아가는 데는 다른 학자가 필요했다.

우주가 팽창한다는 결론을 처음 내린 사람은 미국 천문학자 허블(Edwin Powell Hubble)이었다. 미국 몬태나주 마시필드(Marshfield)에서 태어난 허블은 시카고대학 법대를 졸업하고(1910), 옥스퍼드대학에서 공부했으며(1910-1913), 졸업 후 처음에는 변호사로 일했다. 그러나 그는 얼마 지나지 않아 변호사 업무보다는 천문학에 흥미를 느껴 1914년부터 시카고 북쪽 약 100km 지점에 있는 위스콘신주 윌리엄스 베이(Williams Bay)에 있는 여키스천문대(Yerkes Observatory)에서 천체관측에 몰두하였다.[9]

그는 제1차 세계대전 때는 프랑스에 주둔하는 미군탐사대(American Expeditionary Force) 병사로 근무하다가 서른 살에 제대하였다. 제대 후인 1919년에 캘리포니아 주 파사데나(Pasadena)에서 가까운 윌슨산천문대(Mount Wilson Observatory) 연구원이 되었으며, 여기서 그는 지름 254cm(100인치) 반사망원경으로 성운을 관찰하는 일에 전념하였다. 윌슨산천문대에는 당시로서는 세계 최대 구경의 천체망원경이 있었다. 그 후 1948년에는 인근 캘리포니아 주 샌디에이고 북동쪽 65km 지점에 있는 팔로마천문대(Palomar Observatory)에 지름 508cm(200인치) 반사망원경이 설치되자 그곳에서 우주탐사에 열중하였다.[10]

허블은 뒤늦게 관측을 시작했지만 타고난 재능과 무서운 집념으로 인해 빠른 속도로 세계 최고의 천문학자로 자라갔다. 그는 1924년에 이미 소용돌이 성운 속에서 세페이드 변광성(Cepheid variable)을

그림 3-6
허블과 팔로마 천문대의 해일(Hale) 망원경 돔. 직경 508cm인 해일 망원경이 얼마나 큰지 이 망원경이 설치된 돔과 사람의 크기를 비교해 보라.
ⓒ양승훈(돔 사진).

발견하였고, 이를 근거로 나선 은하들까지의 거리를 측정하는 데 성공했다. 그는 주기-광도(週期-光度) 관계를 기초로 하여 천체 거리를 측정한 결과, 모두 은하계 밖에 있는 것임을 확인하였고, 소용돌이 성운이 외부은하임을 입증하였다. 허블은 1925년 은하계 밖의 은하에 대한 총괄적인 연구를 시작하여 모양에 따른 분류를 시도하였다.

그 때까지만 해도 사람들은 우리 은하계가 우주 전체라고 생각하고 있었다. 우리 은하계만도 상상할 수 없을 정도로 방대했기 때문이다. 따라서 우리 은하계 바깥에 다른 은하들이 있고, 우리 은하계는 우주의 수많은 은하들 중의 하나라는 사실은 마치 유럽인들이 미국 대륙을 처음 발견했을 때와 같은 충격을 주었다.

5. 허블법칙

하지만 허블의 업적은 여기서 머물지 않았다. 그는 본격적으로 팽창 우주론 연구에 집중하였다. 그가 팽창하는 우주의 모델을 만든 것은 1929년이었다. 허블은 그의 동료 휴머슨(Milton L. Humason, 1891-1972)과 더불어 1922년부터 1929년까지 윌슨산천문대에서 관측한 결과로부터 멀리 있는 은하일수록 적색편이가 더 크다는 놀라운 사실을 발견했다. 이로부터 그는 은하들의 스펙트럼선에 나타나는 적색편이를 시선속도(視線速度)라고 해석하고, 후퇴속도(後退速度)가 은하의 거리에 비례함을 발견하여 우주팽창설에 대한 기초를 세웠다.

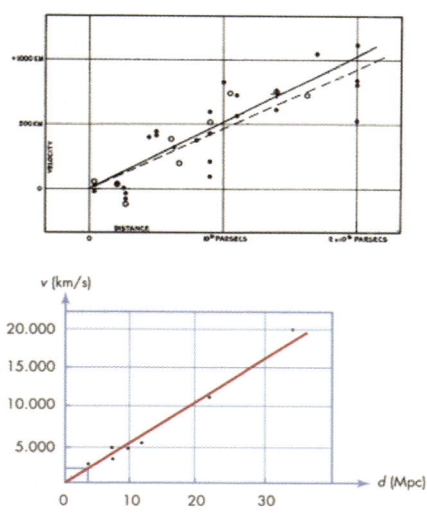

그림 3-7 허블이 1929년에 발표한 거리(x—축)와 팽창속드(y—축)의 관계. 25개 은하의 거리와 팽창속도의 관계를 그린 이 그림으로부터 허블은 허블법칙을 유도했다 (상). 불과 2년 뒤인 1931년에 훨씬 더 먼 영역에까지 확장한 데이터는 분명하게 은하의 후퇴속도와 거리 사이에 선형적인 관계가 있음을 보여주고 있다.

구체적으로 허블은 25개 은하의 거리와 적색편이 값을 비교함으로써 관측하는 은하까지의 거리와 그 은하의 속도를 알아낼 수 있는 간단한 관계식을 발견하였다. 그림에서 볼 수 있는 것처럼 거리가 멀

어질수록 팽창하는 속도가 점점 더 빨라지고 있음을 볼 수 있다. 이 관계는 허블법칙으로 알려져 있는데

$$v = Hr$$

로 표시된다. 여기서 v는 은하가 물러가는 속도, H는 허블상수(Hubble Constant), r은 관측자로부터 은하까지의 거리이다.[11] 물론 허블상수가 곧바로 정확하게 측정된 것은 아니었다. 허블이 발표한 그림에서 데이터 점들이 많이 흩어져 있는 것으로부터 허블상수에 해당하는 직선의 기울기를 정확하게 측정하는 것은 불가능하였다. 특히 멀리 있는 은하들의 정확한 거리를 아는 것은 매우 어려운 작업이었다. 그래서 허블은 자신의 데이터로부터는 다만 먼 곳에 있는 은하일수록 더 빠른 속도로 멀어진다는 것을 유추할 수 있을 뿐이었다.

하지만 그 후 여러 사람들이 허블상수를 정밀하게 측정하기 위해 노력했고, 그 결과 현재는 허블상수가 71km/sec/Mpc 내외임이 알려져 있다. 이 허블상수가 보여주는 바는 우리 은하로부터 1Mpc(Mega parsec, 100만parsec) 만큼 먼 은하일수록 그 은하의 후퇴속도가 71km/sec만큼 더 빨라진다는 의미이다. 1Mpc는 3.26Mly(Mega light years, 100만 광년)에 해당하므로, 허블상수를 광년으로 표시한다면 71km/sec/Mpc를 3.26으로 나눈, 21.8km/sec/Mly이 된다.

1광년이 거의 9.6조km에 달하는 거리임을 감안한다면, 1Mpc, 즉 100만pc(326만 광년)를 단위로 사용하는 허블법칙이 얼마나 먼 거리를 다루는 법칙인지 짐작할 수 있다. 아울러 허블상수를 정확하게 측정하는 것이 왜 그렇게 어려운지도 짐작할 수 있다. 멀리 떨어진 천체

일수록 정확하게 거리를 측정하는 것이 점점 더 어려워지기 때문이다. 그런데 1Mpc, 즉 100만pc(1,000,000×30.8조km)라는 엄청난 거리만큼 멀어질수록 불과 71km/sec씩 은하의 멀어지는 속도가 빨라진다는 것을 정확하게 측정하는 것은 반세기 전만해도 상상할 수 없는 일이었다. 필자가 대학생 시절이었던 1970년대 초반까지만 해도 허블상수는 대충 50-500km/sec/Mpc 정도라고 알려져 있었을 뿐이다. 따라서 그 동안 엄청나게 정밀한 측정이 이루어진 것이다!

먼 은하일수록 빠른 속도로 멀어진다는 허블법칙은 어쩌면 매우 자연스런 결과를 표시한다고도 볼 수 있다. 만일 은하들이 서로 멀어지고 있지 않다면 중력으로 인해 서로 끌어당기기 때문에 은하들은 서로 달라붙게 되고, 따라서 우주는 유지될 수 없을 것이다.

그러면 허블법칙을 처녀자리에 위치한 솜브레로 은하(Sombrero Galaxy)에 적용해 보자. 앞에서 언급한 것처럼 솜브레로 은하의 적색편이값 z = 0.0034이므로 허블법칙을 기초로 생각해 본다면, 솜브레로 은하가 지구로부터 멀어져가는 속도 v는

$$v = 적색편이값(z) \times 광속(c)$$
$$= 0.0034 \times 300,000 km/sec$$
$$= 1,020 km/sec$$

이다. 또한 허블법칙에 의하면

$$v = Hr$$
$$1,020 km/sec = 71 km/sec/Mpc \times r$$

이 된다. 여기서 1parsec는 3.26광년이며, 1Mpc(Megaparsec) = 3.26 ×10^6광년이므로 거리 r은

r = (1,020km/sec)/(71km/sec/Mpc) × (3.26 × 10^6광년/Mpc)
  = 4,683만 광년

임을 구할 수 있다.

하지만 허블법칙은 대폭발 직후에는 그대로 적용되지 않는다.[12] 예를 들어 우주배경복사(Cosmic Microwave Background Radiation, CMBR)의 경우에는 적색편이값 z = 1,089로 알려져 있는데,[13] 이를 위 식에 대입해서 계산해 보면 현재 알려진 우주의 나이 138억 광년과 맞지 않는다.

또한 강한 에너지를 방출하고, 적색편이가 극히 큰 퀘이사(quasar) 등에도 허블법칙은 잘 맞지 않는다. 한 예로 슬로안 프로젝트(Sloan Digital Sky Survey, SDSS)가 관측한 바에 의하면 어떤 퀘이사는 적색편이가 z = 5.8이지만,[14] 거리는 120억 광년으로 알려져 있다.[15] 근래에는 z가 최대 6.43인 퀘이사도 보고되고 있는데,[16] 이런 천체들은 허블법칙에 맞지 않는다. 하지만 z가 크다는 말은 빠른 속도로 멀어지고 있다는 의미이기 때문에 이런 경우라도 적색편이에 대한 상대론적 공식

$$v/c = [(1+z)^2-1]/[(1+z)^2+1]$$

을 사용하면 대부분 설명이 된다. 현재 허블법칙이 잘 맞지 않는 천체

들은 천문학에서 비교적 잘 알려져 있으며, 잘 맞지 않는 이유도 대체로 알려져 있다. 예외적인 경우를 제외하면 허블법칙은 현대 천문학에서 먼 은하를 연구하는데 있어서 가장 기초적이면서도 중요한 법칙으로 자리 잡고 있다. 그러므로 젊은지구론자들이 젊은 우주를 주장하기 위해 허블법칙 그 자체를 부정하는 것은 바르지 않다. 그나마 다행스러운 것은 한 세대 전만해도 허블법칙을 터무니없는 것이라고 주장하는 젊은지구론자들이 많았는데, 이제는 그 숫자가 점점 줄어들고 있다는 사실이다.

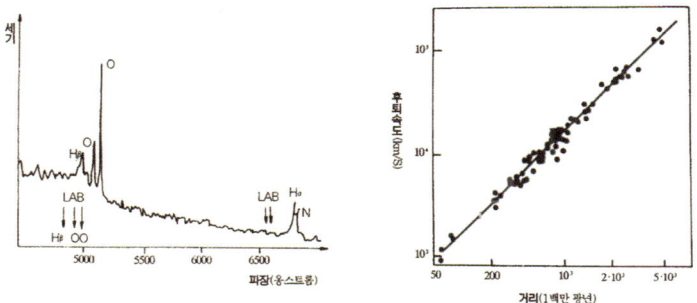

그림 3-8 (좌) 멀리 떨어진 은하 Markarian 609의 스펙트럼과 실험실 스펙트럼의 비교. 5,000Å(1Å은 10^{-10}m) 근처에 세 개의 스펙트럼선(H_β, O, O)과 6,500Å 근처에 두개의 스펙트럼선($H\alpha$, N)을 실험실에서 측정한(LAB이라고 표시) 값과 비교해보라. (우) 지구로부터의 거리에 따른 은하의 후퇴속도. 최근의 관측결과들은 비교적 정확하게 허블법칙을 증명하고 있다.[17]

6. 팽창하는 우주

그럼에도 불구하고 우주가 팽창한다는 것은 20세기 천문학의 최대의 발견이라고 할 수 있다. 우주가 팽창하는 것은 1917년에 아인슈타인의 일반상대성 방정식의 일반해를 얻는 과정에서 이미 예측된 것이며, 1927년, 벨기에 사제이자 우주론자였던 르매트르가 발표했다.[18] 하지만 아쉽게도 르매트르의 논문은 프랑스어로 되어 있었고, 게다가 별로 알려지지 않은 「브뤼셀과학협회연보」(*Annals of the Brussels Scientific Society*)에 게재되어서 많은 사람들이 허블이 우주의 팽창을 처음 발견한 것으로 생각하게 되었다. 허블은 그 후 1928년에 관측을 통해 우주의 팽창을 발견하였다.

우주의 팽창과 관련하여 우리가 주목해야 할 사실은 팽창하는 우주의 단위는 개별 천체가 아니라 은하단이라는 사실이다. 은하단보다 작은 규모의 우주들은 그 구성원들 간의 중력이 팽창하는 힘보다 강한 경우가 많기 때문에 팽창하는 것이 뚜렷하지 않는 경우가 많다. 한 예로 우리 은하계에 가장 가까운 안드로메다 은하는 우리 은하와의 강한 중력적 상호작용 때문에 멀어져 가는 것이 아니라 오히려 접근하고 있다.

팽창하는 우주의 모양은 고무풍선 위에 점을 여러 개 그려놓고 공기를 불 때 풍선 위의 점 사이의 거리가 점점 멀어지는 현상으로부터 유추할 수 있다. 풍선 표면에 여러 점들을 그려놓고 풍선을 불면 모든 점들은 서로로부터 멀어지고 있으며, 가까이 있는 점들보다 멀리 떨어진 점들일수록 더욱 더 빨리 서로에게서 멀어진다.

이것을 우주의 팽창에 적용하면 멀리 있는 은하일수록 서로로부터 더 빨리 멀어져 간다. 이것은 우주 전체가 팽창하고 있음을 의미하며 지구에서 멀리 떨어진 별일수록 지구로부터 더욱 더 빠른 속도로 멀어지고 있음을 의미한다. 이러한 사실은 과거 언젠가는 이 별들이 어느 한 곳에 매우 작고 고밀도의 물질로 존재하다가 대폭발을 통해 방사형으로 흩어져가기 시작했음을 암시한다.

우주가 팽창하고 있다는 것은 우리의 일상생활에서 경험하는 팽창과는 종류가 다르다. 우리가 흔히 경험하는 것과 같이 공간 내의 어떤 점으로부터 우주가 팽창한다면, 팽창하는 우주 바깥에 이미 다른 공간이 존재한다는 사실을 가정해야 한다. 그러나 우주의 바깥 공간은 존재하지 않으며, 우주는 존재하는 모든 공간을 포함한다. 풍선이 팽창할 때 풍선 표면에는 팽창 중심이나 가장 자리가 없는 것과 같이 팽창하는 우주는 어떤 가장 자리나 바깥도 존재하지 않는다. 우주는 존재하는 그 자체이다![19]

그림 3-9 풍선의 팽창에 비유한 우주의 팽창. 팽창하는 풍선의 표면에 있는 모든 점들은 서로로부터 멀어져 가는 것처럼 모든 은하단들 사이의 거리도 멀어져가며, 따라서 전체 우주는 팽창한다.[20]

7. 허블법칙에 대한 비판

우주의 팽창과 관련하여 가장 중요한 법칙은 말할 필요도 없이 허블법칙이다. 그러면 허블법칙은 모든 천체들을 잘 설명하는가? 앞에서 언급한 것과 같이 천문학자들은 허블법칙으로 초기 우주에서 방출된 우주배경복사나 적색편이가 아주 큰 퀘이서들을 설명하는 것은 어렵다는 것을 잘 알고 있었다. 하지만 창조과학자들은 이에 더하여 아예 허블법칙을 부정하기 위하여 몇 가지 문제점들을 지적한다.

첫째, 허블법칙을 비판하는 사람들은 과연 적색편이가 우주의 팽창에 의한 것이냐고 지적한다. 앞에서 잠시 언급한 것처럼, 한 때 이들은 먼 곳으로부터 오는 빛일수록 우주진에 의한 산란이나 중력 등의 영향에 의해 에너지를 더 많이 잃어버리기 때문에(광피로 현상) 적색편이가 일어난다고 주장하였다. 이러한 비판은 1970년대, 80년대를 지나면서 주로 천문학이나 물리학 영역 이외에 있는 사람들에 의해 제기되었다.

하지만 지금은 광피로 현상 등 다른 원인에 의해 일어나는 적색편이의 크기는 팽창으로 인한 적색편이의 크기보다 훨씬 작다는 것이 알려졌다. 그래서 이제는 포크너(Danney Faulkner)나 라일(Jason Lisle)과 같은, 소수지만 천문학을 전공한 창조과학자들조차 우주가 팽창하는 것을 부정하지 않는다.[21]

둘째, 허블법칙을 비판하는 사람들은 허블상수의 값이 계속 변한다고 지적한다. 실제로 앞에서 보여준 바와 같이 허블이 처음 발표한 데이터를 보면, 데이터 포인트가 많이 흩어져 있어서 정확한 허블상수를 구하기가 어려웠다. 1931년에 발표된 허블상수는 560km/sec/Mpc였다가 후에는 50-110km/sec/Mpc 등으로 계속 변화하였다. 그래서 창조과학자들은 H가 보편상수라는 증거가 없다고 비판하였다.

하지만 1970년대와 80년대를 지나면서 많은 천문학자들은 허블상수를 정확하게 측정하기 위해 노력했다. 망원경과 같은 측정장비들도 엄청나게 발달하였다. 허블상수를 측정한 대표적인 학자들 중 한 사람인 미국 천문학자 샌디지(Allan Rex Sandage, 1926-2010)는 허블상수를 측정하기 위하여 여러 방법들을 사용하면서 신뢰할만한 값을 얻는데 성공했다. 샌디지가 제시한 허블상수의 값은 50km/sec/Mpc였으며, 허블상수의 역수가 우주의 팽창연대이므로 우주의 나이는 200억 년이라고 결론내렸다. 샌디지의 값은 당시에 알려진 구상성단(球狀星團, globular cluster)의 나이인 140-170억 년과 충돌하지 않았다. 허블상수와 우주의 팽창연대의 관계에 대해서는 제9강에서 자세히 논의하겠다.

허블상수를 측정한 또 다른 사람은 파리 태생의 미국 천문학자 드 보쿨레(Gérard de Vaucouleurs, 1918-1995)였다.[22] 그는 허블상수의 값을 100km/sec/Mpc라고 발표하였다. 이 값의 역수를 취하면 우주의 팽창연대는 100억 년이 되는데, 이는 당시에 알려진 구상성단의 나이 140-170억 년과 맞지 않았다. 지금은 구상성단의 나이가 120-130억 년으로서 종전에 생각했던 나이보다 젊다는 것이 알려졌지만, 여전히 드보쿨레의 연대보다는 더 많다. 하지만 앞에서 언급한 것과 같이 지금은 허블상수가 71km/sec/Mpc 내외로 비교적 정밀하게 결정되어 있으며, 이에 근거한 우주 팽창연대는 138억 년으로서 구상성단의 연대를 설명하는데 문제가 없다.

셋째, 허블법칙을 비판하는 사람들은 천체까지의 거리 측정 문제를 제기한다. 이것은 앞에서 말한 허블상수를 정확하게 측정하는 것과도 직접 연결되어 있다. 허블법칙이 정확하게 맞는지를 확인하려면 천체까지의 거리를 정확히 알아야 하는데, 이것은 지금도 천문학에서 쉬운 문제가 아니다. 특히 먼 천체들까지의 거리를 정확하게 측정하는 것은 지금도 여전히 어려운 문제들 중의 하나이다. 그리고 천체까지의 거리를 정확하게 측정하지 못하면, 허블상수를 정확하게 측정하는 것도 어렵게 된다.

하지만 근래에는 일반인들이 생각하는 것 이상으로 천체들까지의 거리를 측정하는 방법들이 발달해 있다. 천체들까지의 거리를 정확하게 측정하는 것은 허블법칙의 타당성을 확인할 수 있는 가장 중요한 일이고, 허블법칙은 현대의 팽창 우주론, 나아가 대폭발 이론을 이해하는데 가장 중요한 출발점이 된다. 그러므로 아래에서는 먼저 지구에 비교적 가까이 있는 천체들까지의 거리를 측정하는 데 많이 사용되는 삼각측량(triangulation)을 이용한 거리측정법부터 생각해 보자.

8. 삼각측량법과 거리 단위측정

삼각측량에 의한 거리 측정은 비교적 가까이에 있는 천체들을 서로 다른 위치에서 관측할 때 이들이 멀리 있는 배경 천체들에 대하여 약간 다른 위치에 있는 듯이 보이는 현상을 응용한 것이다. 이를 위해서는 먼저 거리를 측정하려는 천체의 사진을 찍은 후 6개월을 기다렸다가 지구가 공전궤도의 반대편에 왔을 때, 즉 지구가 공전궤도의 직경에 해당하는 거리만큼 움직인 후에 다시 동일한 천체의 사진을 찍는다. 그리고는 훨씬 더 멀리 있어서 정지해 있는 듯이 보이는 배경 천체들에 대하여 측정하려는 천체의 시각(視差)의 변화를 측정한다. 그러면 우리는 삼각형의 밑변 길이(지구의 공전궤도 직경)와 꼭지각(2p)을 알기 때문에 천체까지의 거리를 계산할 수 있다.[23]

지구에서 6개월 간격으로 측정한 각변위(角變移, 2p)의 절반인 p를 시차 혹은 연주시차(年周視差, parallax)라고 한다. 다시 말해 연주시차란 지구에서 어떤 천체를 바라보았을 때, 지구의 공전에 따라 생기는 시차(視差)를 말한다. 여기서 잠시 천문학에서 사용하는 몇몇 거리 단위에 대해 살펴보자.

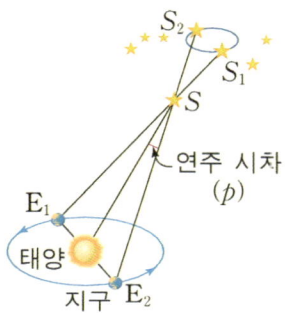

그림 3-10 삼각측량법에 의한 천체까지의 거리 측정. 멀리 떨어진 별 S_1, S_2를 배경으로 가까운 별 S를 보았을 때 지구 공전 때문에 생긴 각의 절반인 p가 연주시차가 되며, 이 p는 별의 거리에 반비례한다.(ZUM)

천문학에서 사용하는 거리나 크기 단위는 지상에서 사용하는 단위와는 크기가 전혀 다르다. 그래서 우리는 아주 크거나 양이 많은 것을 표현할 때, '천문학적'이라는 말을 사용하는 것이다. 천문학적 예산, 천문학적 규모 등등. 그러므로 천문학에서 사용하는 단위에 익숙해지는 것이 천문학을 이해하는 데 도움이 된다.

우선 태양계 내 행성들을 연구할 때는 천문단위(astronomical unit, AU)를 사용한다. 1AU는 태양과 지구의 거리인 1.5억km를 말하며, 지구의 공전궤도는 2AU에 해당한다. 사실 1AU, 즉 1.5억km라는 거리는 한 사람이 잠도 자지 않고 자동차로 하루 24시간 운전해서, 100년 간 시속 100km로 달려도 갈 수 없는 거리이지만 항성천문학에서 사용하기에는 너무 작은 거리 단위이다.

천문학의 거리 단위 중에서 가장 널리 사용되는 것은 파세크(parsec, pc)이다. 1파세크는 연주시차가 1″(초, 秒)인 거리를 말하며,

약 3.26광년(光年, light-year, ly)에 해당한다. 좀 복잡하기는 하지만, 천문학에서 파세크라는 단위는 매우 유용한 거리 단위이다. 별까지의 거리 d는 파세크로 표시한 시차 p의 역수이기 때문이다. 즉 d = 1(1/p)초×3.26광년/초이다. 예를 들어 시차가 0.1초인 별은 10파세크, 즉 32.6광년, 0.01초인 별은 100파세크, 즉 326광년 떨어져 있다. 1파세크를 지구-태양 간의 거리인 천문단위(AU)로 표시하면 206,265AU에 해당한다. 지금까지 천문학에서 흔히 사용하는 거리 단위를 요약하자면, 1파세크 = 3.26광년 = 206,260AU = 30.8조km이다.

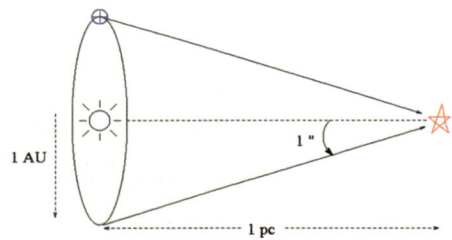

그림 3-11 지구-태양의 거리(1AU)를 밑변으로 하는 좁고 긴 삼각형의 꼭지각이 1″(초, 秒)가 되는 거리를 1pc(파세크)라고 하며, 이는 3.26광년에 해당한다.

여기서 시간 단위로서 초가 아닌, 각도 단위로서 초에 익숙해지는 것이 중요하다. 원은 360도(度)이고, 원의 1/360 혹은 직각의 1/90은 1도, 1도의 1/3,600이 1초 혹은 1arcsec이므로 1초는 엄청나게 작은 각도이다. 1초는 1원짜리 동전을 3.7km 떨어진 곳에서 보는 각도를 말한다. 이처럼 1초라는 각도는 매우 작은 값이지만 태양을 제외한 지구에서 가장 가까운 항성들의 시차도 1초보다 작다. 즉 지구에서 가장 가까운 켄타우로스 알파성(Alpha Centauri)조차 시차가 0.77초에 해당하며, 이의 역수값을 취하면 1.3파세크 혹은 4.2광년 떨어져 있다는 결론이 나온다. 우리들이 눈으로 흔히 볼 수 있는 별들은 대부분 시차가 0.1-0.01초 범위에 있으며, 이는 이들이 30-300광년 정도 떨어져 있음을 의미한다.

당연히 별의 거리가 멀어질수록 시차는 작아지며, 따라서 점점 정확하게 시차를 측정하는 것이 어려워진다. 더구나 시차가 작아질수록 대기의 작용 등으로 흐릿하게 되기 때문에 정확한 시차를 측정하는 것이 점점 더 어려워진다. 현재 지상에 있는 시차를 이용하여 측정할 수 있는 가장 먼 거리는 약 100파세크, 즉 약 300광년 정도이며, 이것도 거리가 멀어질수록 정확도는 떨어진다.

100파세크보다 먼 거리에 있는 별들을 측정하기 위해서는 인공위성을 사용한다. 이를 위해 1989년에 유럽우주국(European Space Agency, ESA)에서는 고대 그리스 천문학자의 이름을 딴 히파르코스(Hipparcos)라는 인공위성을 발사했다. 히파르코스는 대기권 바깥에서 지구를 돌면서 삼각측량법으로 별들까지의 거리를 측정했다. 대기권 바깥에서는 먼 곳에서 오는 별빛이 대기로 인해 흐릿해지지 않기 때문에 훨씬 더 작은 시차까지 정밀하게 측정할 수 있다.

히파르코스를 이용하여 천문학자들은 100파세크 보다 멀리 있는 별 120,000여 개의 거리를 결정하여 히파르코스 카탈로그(Hipparcos Catalogue)를 작성했다. 히파르코스는 7.3등성 천체까지 0.001-0.003초라는 믿을 수 없는 작은 시차까지 측정할 수 있었고, 1,000-3,000광년까지의 거리를 측정할 수 있었다. 히파르코스가 측정한 데이터를 근거로 1,058,332개 천체 데이터가 수록된 티코 카탈로그(Tycho Catalogue)와 2,539,913개 천체 데이터가 수록된 티코-2 카탈로그(Tycho-2 Catalogue)가 작성되었다![24]

9. 은하 거리와 허블법칙

하지만 이런 개별 천체에 대한 거리 측정은 허블법칙과 무관하다. 앞에서 언급한 것처럼 허블법칙은 개별 천체가 아니라 천체들이 모인 은하까지의 거리와 은하가 멀어지는 팽창속도를 나타낸다.

허블법칙 $v = Hr$에서 비례상수인 허블상수 H를 정확하게 측정하기 위해서는 우선 은하 스펙트럼의 적색편이를 정확하게 측정하여 물러가는 속도 v와 은하까지의 거리 r을 정확하게 측정해야 한다. 여기서 적색편이를 측정하는 것은 비교적 쉽지만 거리를 정확하게 측정하는 것은 쉽지 않다. 앞에서 언급한 연주시차를 이용한 거리측정은 은하가 아니라 별에 대해서, 그것도 가까운 별들에 대해서만 사용할 수 있는 방법이다. 하지만 우주의 팽창 단위는 하나하나의 별이 아니라 은하이며, 모든 은하들은 연주시차로 측정할 수 있는 거리보다 훨씬 더 먼 백만 광년 단위의 거리에 있다.

천문학자들은 은하까지의 거리를 측정하기 위한 여러 가지 방법들을 고안했다. 가장 많이 사용되는 방법은 은하의 밝기를 이용하는 것이다. 은하까지의 거리는 은하의 절대밝기를 의미하는 광도(光度, luminosity)를 알고, 은하의 겉보기 밝기인 휘도(輝度, apparent brightness)를 측정한다면 정확하게 알 수 있다. 은하까지의 거리를 d, 은하의 광도를 L, 휘도를 b라고 한다면, 빛의 세기가 광원으로부터 거리의 역제곱에 비례하기 때문에

$$L = (4\pi d^2) \times b$$

로 표시할 수 있다. 여기서 우리가 광도 L을 알고, 휘도 b를 측정한다면, 광원까지의 거리 d를 알 수 있다. 그렇다면 어떻게 광도를 알 수 있을까? 이 때 흔히 사용하는 방법이 바로 표준촉광(standard candle) 개념이다. 표준촉광이란 이미 광도가 알려져 있는 천체를 말한다. 이미 광도가 알려져 있기 때문에 겉보기 밝기인 휘도를 측정하면 위 식에 의해 거리를 측정할 수 있는 것이다. 그렇다면 광도가 미리 알려져 있는 천체로서는 어떤 것이 있을까? 표준촉광으로 가장 많이 사용되는 세페우스 자리(Cepheus)의 세페이드 변광성(Cepheid variable)을 예로 들어 생각해 보자. 모든 세페이드형 변광성들이 동일한 광도를 갖지는 않지만 세페이드 변광성의 변광주기와 광도(변광성이기 때문에 평균 광도) 사이에는 일정한 비례 관계가 있음이 잘 알려져 있다. 즉 변광주기가 길수록 광도는 더 커진다. 그러므로 변광주기를 측정하면 곧바로 세페이드 변광성의 광도를 측정할 수 있다. 그러면 휘도는 지상에서 직접 측정할 수 있기 때문에 위의 역제곱 법칙을 사용하여 변광성까지의 거리를 알 수 있다.

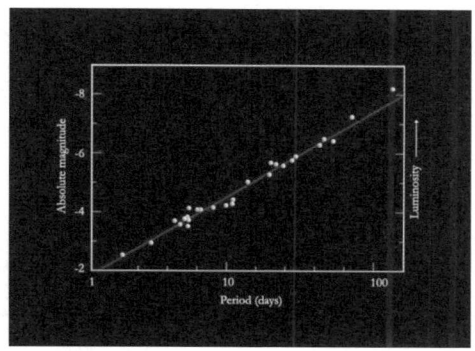

그림 3-12 세페이드 변광성의 주기와 광도의 관계. 광도가 밝을수록 변광주기가 길어진다.

이 외에도 표준촉광으로 사용될 수 있는 별들은 많다. 한 예로 모든 적색거성(赤色巨星, red giant)은 대체로 비슷한 광도를 갖는 것으로 알려져 있다. 적색거성이란 태양과 비슷한 정도의 질량을 갖는 별이 중심핵 부분의 수소의 연소가 끝난 후 수십 배로 커지면서 밀도가 작고 표면 온도가 낮아 광도가 큰 붉은 별로 변한 것을 말한다.

큰 구상성단(球狀星團, globular cluster) 역시 모두 같은 크기와 같은 광도를 갖는 것으로 알려져 있다. 구상성단은 항성들이 구형으로 모인 성단으로, 중심으로 들어갈수록 별의 개수밀도가 높아지며, 은하 중심의 주위를 마치 위성처럼 돈다. 가장 밝은 신성이나 초신성들도 모두 같은 광도를 갖는다. 그러므로 이들은 모두 표준촉광으로 사용될 수 있다.

한 예로 오리온자리 알파성인 베텔기우스(Betelgeuse)를 생각해 보자. 오리온자리 사변형의 왼쪽 위 꼭지점에 있는 적색거성 베텔기우스는 각기 다른 방법으로 거리(약 310광년), 반지름(태양의 800배 정도), 질량(태양의 20배 정도), 스펙트럼 등을 알 수 있다. 만일 어떤 별이 스펙트럼이나 거리를 제외한 다른 특성에서 베텔기우스와 비슷한데 다만 광도만 희미하다면, 베텔기우스를 표준촉광으로 사용하여 위 역제곱 법칙으로 그 별(그 별이 속한 은하)까지의 거리를 측정할 수 있다.

하지만 허블법칙의 타당성을 확정하기 위해서는 세페이드 변광성이나 베텔기우스 등의 천체보다 훨씬 더 멀리 있는 천체들의 거리를 측정하는 것이 필요하다. 멀리 위치한 은하에 속한 세페이드형 변광성들은 너무 희미해서 망원경으로 관측하는 것이 불가능하기 때문이다. 이때 표준촉광으로 사용되는 것이 바로 Ia형 초신성(Type

그림 3-13 M80 구상성단(NASA), 적색거성 미라(Mira)(NASA), 오리온자리 베텔기우스(ESO/P. Kervella)

Ia supernova, 超新星)이다. Ia형 초신성은 백색왜성(白色矮星, white dwarf)이 수명을 다하는 마지막 순간에 대폭발을 일으키는 것이다. 이런 초신성이 폭발하면서 발산하는 에너지는 태양 에너지의 10억 배 정도로서 믿을 수 없을 정도로 크기 때문에 아주 멀리 떨어진 경우에도 관측할 수 있다.

이를 위해서는 먼저 비교적 가까이 있는, 그래서 세페이드 변광성을 표준촉광으로 사용할 수 있는 정도의 가까운 은하들 중에서 초신성을 포함하고 있는 은하를 관측한다. 그러면 세페이드 변광성을 기준으로 초신성의 거리와 밝기를 측정한다. Ia형 초신성은 밝기나 스펙트럼이 대체로 비슷하기 때문에 일단 하나의 초신성의 밝기와 스펙트럼, 거리를 정확하게 측정할 수만 있다면, 이것을 표준촉광으로 삼아서 훨씬 더 멀리 있는 다른 초신성까지의 거리도 측정할 수 있으며, 따라서 그 초신성을 포함하고 있는 멀리 떨어진 은하들까지의 거리도 측정할 수 있게 된다.

물론 이렇게 거리를 측정하더라도 여전히 먼 천체들까지의 거리를 정확하게 측정하는 것은 천문학자들의 큰 과제이다. 그래서 한 가지 방법만이 아니라 여러 가지 방법으로 거리를 측정하고 교차점검을 한다. 천체까지의 거리를 정확하게 측정하려고 노력하면서 허블상수도 과거와는 비교할 수 없을 정도로 정확하게 측정되고 있다. 이렇게 해서 측정된 허블상수는 대략 71km/sec/Mpc 내외로 알려져 있다. 물론 학자들마다 값이 조금씩 다르긴 하다.[25, 26]

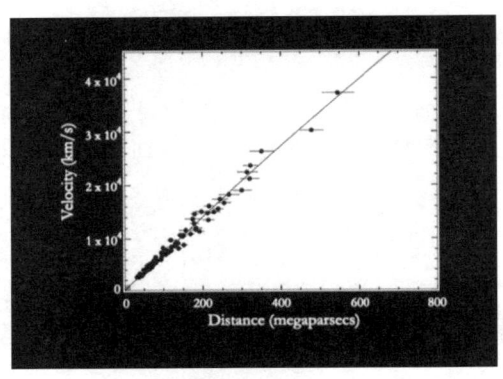

그림 3-14 거리에 따라 Ia형 초신성이 멀어지는 속도. 이의 기울기가 허블상수이다. 거리를 나타내는 가로축에서 1파섹은 3.26광년을 뜻하므로 1Mpc는 326만광년을 나타낸다.[27]

하지만 허블상수가 학자들마다 조금씩 다르다고 해서 허블법칙 자체를 의심할 수 있을까? 드보쿨레(Gérard de Vaucouleurs) 같은 천문학자는 처녀자리 은하단(Virgo Cluster) 정도의 거리까지는 허블법칙보다 오히려

$$v = Hr^2$$

이 더 잘 맞는다고 주장하기도 하였다. 하지만 6,000만 광년 정도

떨어진 처녀자리 은하단과 우리 은하계가 속한 국부 은하군(Local Group)은 가까이 있기 때문에 중력이 작용하여 허블법칙에서 예상하는 속도로 멀어지지 않고 있음이 잘 알려져 있다.[28] 한 예로 지역은하군에 속한 우리 은하나 안드로메다 은하도 강한 중력에 의해 서로 가까워지고 있기 때문에 허블법칙이 맞지 않는다. 또한 강한 중력을 가진 퀘이사 같은 천체에는 국부적으로 허블법칙이 맞지 않는 경우가 보고되고 있다.

이처럼 가까이 있는 이런 은하들이나 은하단들, 퀘이사 등 강한 중력을 가진 천체들에 대해서는 허블법칙이 정확하게 적용되지 않는다는 것이 잘 알려져 있다. 그리고 그 이유는 천체들 간의 중력적 상호작용으로 설명이 된다. 그런데 우주의 팽창, 나아가 허블법칙을 비판하는 일부 젊은지구론자들은 허블상수가 정확하지 않다는 것에 근거해서 거리-팽창속도에 대한 다른 공식을 예로 들기도 하지만, 몇몇 예외적인 경우를 제외한다면 허블법칙이 보편적으로 적용될 수 있다는 것에 대해 학자들 간에 이견은 별로 없다.

대부분의 천문학 교과서에 실려 있는 내용을 여기서 다시 소개하는 것은 그만큼 개별 천체까지나 은하들까지 거리를 측정하는 것이 주먹구구가 아님을 강조하기 위해서이다. 이것은 천체까지의 거리를 근거로 하고 있는 현대 우주론의 다양한 연구 결과들을 천문학에서 전문적인 훈련을 받지 않은 사람들이 편향된 성경해석을 근거로 무작정 비난해서는 안 된다는 것을 의미한다.

10. 결론

결론적으로 일부 젊은지구론자들의 반대에도 불구하고 허블법칙은 오늘날 가장 중요한 천문학의 법칙으로 자리를 굳히고 있다. 이는 과거에 비해 근래에는 천체까지의 거리 측정이 매우 정확히 이루어지고 있을 뿐 아니라 허블상수의 크기도 비교적 정밀하게 측정되어 있기 때문이다. 본 강에서 살펴본 것처럼 허블상수는 측정하는 학자들마다 조금씩 다르기는 하지만, 그렇게 크게 다르지는 않다. 또한 퀘이사와 같이 은하의 후퇴속도가 거리에 선형적으로 비례하지 않는 천체에 대해서도 비교적 자세히 분석되어 있으므로 이것도 허블법칙을 무효화시킬 정도는 아니다. 허블법칙은 일반상대성이론의 예측과도 대체로 일치한다.

우주가 팽창한다는 것이 분명하고 천체들까지의 정확한 거리를 측정할 수 있게 되었다는 것은 본격적으로 우주의 창조, 즉 우주의 과거에 대한 연구와 미래에 대한 예측이 어느 정도 가능하게 되었음을 의미한다. 물론 지금도 천문학자들은 더 정확하게 천체까지의 거리를 측정하고 더 정밀한 허블상수의 값을 측정하기 위해 부단한 노력을 기울이고 있지만, 이제는 정상적인 사고를 하는 사람이라면 천문학에서 통용되고 있는 거리 측정이나 적색편이에 대한 '사실'을 의심하는 사람들은 없다고 할 수 있다. 그렇다면 이제 우리는 본격적으로 우주의 창조 문제를 논의할 준비가 된 것이다.

토의와 질문

1. 표준촉광(standard candle)이란 무엇이며, 표준촉광 개념을 가능하게 한 기본적인 전제는 무엇인가?

2. 천체들의 거리를 측정할 때 흔히 사용하는 삼각측량(연주시차), 표준촉광, 허블법칙 등에 대해 설명하고, 이들의 용도와 적용범위를 말해보자.

3. 천문학 연구 상황을 잘 모르는 사람들 중에는 우주의 나이나 거리를 말할 때, 몇 십억 년 혹은 몇 억 광년 등이라고 말하는 것을 단순한 추측으로 생각하는 사람들이 많다. 천문학 분야에서 전문가들과 일반인들의 상식이 맞지 않는 예들을 찾아보자.

제4강

대폭발 이론과 우주의 창조

"산이 생기기 전, 땅과 세계도 주께서 조성하시기 전 곧 영원부터 영원까지 주는 하나님이시니이다." - 시편 90:2

지난 강에서 우리는 우주가 팽창하고 있으며, 팽창하는 우주는 허블법칙에 의해 잘 설명되고 있다는 점을 살펴보았다. 그러면 이러한 우주가 팽창한다는 사실은 우주의 창조를 설명하는 것과 어떤 관련이 있을까?

우주가 어떻게 존재하게 되었는가에 대해서는 동서고금을 막론하고 수많은 사람들이 수많은 이론을 제시하였다. 하지만 인류 역사의 대부분의 기간 동안 우주의 창조를 설명하는 것은 신화적, 신앙적 수준을 벗어나지 못했다. 수천 년의 인류 역사에서 구체적인 과학적 증거를 가지고 우주의 시작을, 아니 우주의 역사를 연구하게 된 것은 16-7세기 과학혁명을 지나면서부터였다고 할 수 있다. 그 중에서도 구체적인 우주 창조의 모델이 제시된 것은 불과 지난 세기 초부터였다.

1. 르매트르와 원시원자 이론

아인슈타인(Albert Einstein)의 일반상대성이론과 나선은하들의 적색편이를 사용하여 처음으로 우주 생성론을 제시한 사람은 뛰어난 물리학자나 천문학자가 아니라 잘 알려져 있지 않은 벨기에의 사제이며 수학자인 르매트르(Georges Lemaître)였다. 그의 아버지는 루뱅(Louvain)의 유리세공업자였으며, 어머니는 양조업자의 딸이었다. 그는 어릴 때부터 "종교와 과학 사이에는 아무런 갈등도 없다."고 생각하면서 성직자와 과학자가 되기로 하였다[1]

그림 4-1 벨기에 사제이자 수학자였던 르매트르

이러한 그의 결심은 헛되지 않았다. 1927년, 그는 미국을 여행하던 도중에 슬라이퍼(Vesto M. Slipher)의 적색편이에 대한 얘기를 들었다. 그래서 그는 브뤼셀에 돌아오자 곧 일반상대성이론에서 말하는 우주팽창과 적색편이를 결합시키는 예언적인 수학논문을 발표했다. 그러나 르매트르는 유명한 학자도 아니었을 뿐 아니라 그의 논문도 이름 없는 학술지에 게재되었기 때문에 처음에는 아무도 그의 주장을 눈여겨보지 않았다.

그러나 하나님은 그의 논문을 그냥 두지 않았다. 1927년 10월, 브뤼셀에서는 그 유명한 "솔베이 물리학회"(Solvay Conferences on Physics)가 열렸으며, 이 학회에 참석한 아인슈타인이 바로 르매트르의 논문을 읽은 것이다.[2] 논문을 읽은 아인슈타인은 르매트르에게 "당신의 계산은 정확하지만 물리는 엉망이오."라고 말했다.[3] 어쨌든 이렇게 알려지기 시작한 르매트르의 우주 창조론은 약간의 우여곡절을 겪은 끝에 학계에 알려지게 되었다.

르매트르는 우주는 태초, 즉 "어제가 없는 바로 그날"(a day without yesterday)에 무한히 작은 점, 수학의 용어를 빌면 특이점(singularity)으로부터 시작되었을 것이라고 제안했다. 그는 태초의 특이점에는 공간도 무한히 휘어져 있었으며, 모든 물질과 모든 에너지는 단일 에너지 점에 모여 있었을 것이라고 했다. 그는 태초의 이 상태를 '원시원자'(primeval atom)라고 불렀으며, 이것이 갑자기 폭발하는 것을 '대소동'(big noise)이라고 불렀다.

르매트르의 원시원자 이론(hypothesis of the primeval atom)은 1933년, 윌슨산천문대 도서관에서 행한 강의에 잘 요약되었다. 이 강의에서 그는 "만물의 태초에 우주에는 말할 수 없이 아름다운 불꽃놀이가 있었다. 그 때 연기로 하늘을 가득 채우는 대폭발이 일어났다. 우리는 이 피조세계가 탄생하는 장관을 가시적으로 표현하는 것 이상 어떤 것도 할 수 없다."라고 말했다.[4] 강의가 끝날 때쯤 듣고 있던 아인슈타인은 르매트르의 이론을 "내가 이제까지 들었던 해석들 중에 가장 아름답고 만족스러운 것"이라고 칭찬했다.[5]

원시원자 이론 (르매트르, 1927)	지구궤도 크기의 원시원자 존재
	원시원자의 폭발적인 방사상 폭발 　-급격한 팽창 　-중력에 의한 감속 　-재팽창(적색편이)이 그 증거
	급격한 팽창과 중력에 의한 감속단계에서 입자들이 행성을 형성
	우주선(宇宙線)은 급격한 팽창의 흔적
	원시원자는 무에서 갑자기 존재

표 4-1 원시원자 이론의 요약[6]

그러나 르매트르의 이론은 모든 물리학자들에게 칭찬만 받은 것은 아니었다. 영국의 천체물리학자 에딩턴(Arthur S. Eddington, 1882-1944)이나 정상상태 우주론을 제창했던 호일(Fred Hoyle, 1915-2002)은 원시원자 이론에 반대하였다. 호일은 르매트르가 '대소동'이라고 부른 것을 조롱하는 뜻으로 '대폭발'(big bang)이라고 고쳐 불렀다. 아이러니컬하게도 그로부터 오늘날의 대폭발 이론(大爆發理論, Big Bang Theory)이라는 이름이 나왔다.[7]

아인슈타인의 지적대로 르매트르의 원시원자 이론은 아름다웠을지는 몰라도 물리학적으로 정리된 이론은 아니었다. 오히려 이 이론은 일종의 작업가설(working hypothesis)이었다. 이것이 좀 더 다듬어진 이론으로 정착되기 위해서는 물리학자들의 도움이 필요했다. 초기 르매트르의 이론을 정교하게 다듬어서 오늘날 우리가 알고 있는 대폭발 이론으로 다듬는 데 기여한 물리학자들로는 이탈리아 태생의 미국 물리학자 페르미(Enrico Fermi, 1901-1954), 독일의 바이츠 첵커(Carl Friedrich von Weizsäcker, 1912-2007), 텔러(Edward Teller, 1908-2003), 폴린(James W. Follin), 러시아 태생의 미국 물리학자 가모브(George Gamow, 1904-1968) 등을 들 수 있다.

그림 4-2 대폭발 이론을 만드는데 기여한 사람들. (위 좌로부터 시계방향) 가모브, 앨퍼, 허먼, 페르미, 바이츠체커, 텔러

2. 가모브와 대폭발 이론

특히 팽창우주론에서 출발하여 대폭발 이론을 다듬는 데 결정적인 기여를 한 사람은 가모브와 그의 두 제자 앨퍼(Ralph A. Alpher, 1921-2007)와 허먼(Robert C. Herman, 1914-1997)이었다. 우크라이나 오데사(Odessa)에서 태어난 가모브는 레닌그라드대학을 졸업하고 괴팅겐대학을 거쳐, 코펜하겐대학에서는 원자의 양자모형을 만든 보어(Niels Bohr, 1885-1962)에게, 케임브리지대학에서는 원자핵을 발견한 러더퍼드(Ernest Rutherford, 1871-1937)에게 배웠다. 이어 그

는 레닌그라드 과학아카데미 연구부장으로 있다가, 파리대학과 런던대학 강사를 거쳐, 1934년 미국으로 건너가 조지워싱턴대학, 캘리포니아대학(Berkeley 분교), 콜로라도대학(Boulder 분교) 교수가 되었고, 1940년에 미국 시민권을 취득하였다.

가모브는 특유의 재치와 유머로 대폭발 이론이나 상대성이론 등 현대 물리학의 여러 난해한 개념들에 관해 명쾌한 설명서를 많이 저술하여 일반인의 과학 계몽에 공헌하였다. 필자가 대학생이던 1970년대에 우리나라에도 전파과학사 등을 통해 가도브의 저서들이 여러 권 번역, 출간되었고, 많은 청소년들이 그의 책을 읽으면서 과학자로서의 꿈을 키워갔다. 필자가 읽었던 가모브의 책들 중 가장 인상에 남는 책은 그의 Mr. 톰킨스 시리즈 중 『이상한 나라로의 여행』(Mr. Tompkins in Wonderland)이라는 문고판 책이었다. 오랜 세월이 지났지만 지금까지도 필자는 일반인들에게 그 책보다 상대성 이론을 더 잘 설명한 책이 있을까 하는 생각이 든다.[8]

가모브는 우주의 팽창에 근거하여 뜨거운 대폭발 이론을 처음으로 제시하였다. 그는 균일한 밀도와 일정한 공간적 구배를 가진 우주를 묘사하기 위해 아인슈타인이 제시한 중력방정식에 대해 프리드만(Alexander Friedmann, 1888-1925)과 르매트르가 제시한 비정적 해(non-static solutions)를 처음으로 사용하였다. 이로 인해 단순한 개념에 머물던 르매트르의 원시원자 이론이 구체적인 물리학의 형태로 다듬어지기 시작했다.

초기 우주는 물질보다 에너지에 의해 지배되었다는 가모브의 획기적인 아이디어는 현대 우주론의 기초가 되었다. 이는 말할 필요도 없이 막스 플랑크(Max Planck, 1858-1947)의 광양자 이론에서 출발하여 아인슈타인의 에너지-물질 등가 원리, 드 브로이(Louis de Broglie, 1892-1987)의 물질파 개념, 광양자의 입자-파동 이중성, 콤프턴(Arthur Holly Compton, 1892-1962)이 발견한 콤프턴 산란 등 현대 물리학의 핵심적인 개념들과 핵분열이나 핵융합 과정에서 결손된 질량이 실제적인 에너지로 전환된다는 원자핵 물리학의 연구 성과에 기초한 열매라고 할 수 있다.[9]

가모브는 자신의 모델을 사용하여 어떻게 오늘날 우리가 보는 원소들이 만들어졌는지, 그리고 그러한 원소들이 모여서 은하를 형성하게 되었는지를 설명하였다. 그는 은하의 질량과 반경을 광속, 중력상수, 좀머펠트(Arnold Johannes Wilhelm Sommerfeld, 1868-1951)의 미세구조상수(fine-structure constant), 플랑크 상수(Planck Constant) 등 물리학의 기본상수를 가지고 계산할 수 있었다.

우주론에 대한 가모브의 관심은 별에서의 에너지 발생과 원소 생성, 그리고 변환 등에 대한 관심에서 출발하였다. 처음에 그는 모든 원소는 대폭발 직후 초기 우주의 매우 높은 온도와 밀도에서 열핵반응을 통해 만들어질 수 있다고 믿었다. 하지만 후에는 리튬보다 무거운 원소들은 대부분 초기 우주가 아니라 별이나 초신성에서의 열핵반응을 통해 생성된다는 호일 등의 주장으로 인해 자신의 이론을 수정하였다.

가모브는 자신이 제안한 원소 생성의 과정을 연계된 몇 개의 미분방정식으로 정리한 후, 당시 자신의 박사과정 학생이었던 앨퍼에게 박사논문 주제로 풀어보라고 주었다. 그리고 그 결과를 베테(Hans Bethe, 1906-2005)와 공저로 1948년에 발표하였는데, 이것이 그 유명한 "$\alpha\beta\gamma$ 논문"(Alpher, Bethe, Gamow 이름의 그리스어 첫 자를 따서)

이었다.[10] 이 외에도 가모브는 20여 편에 이르는 우주론 논문에서 핵반응론의 지식을 기초로 항성(恒星)의 진화를 조사하여, 천체의 구조와 원소의 창조를 풀이한 항성진화론(stellar evolution)을 발전시켰다.

3. 우주배경복사

1948년부터 1953년까지 가모브와 그의 제자들은 대폭발 이론을 더욱 정교하게 다듬었다. 그들은 우주의 초기 상태가 초고온, 초고밀도 물질이 폭발하여 시작되었다면, 우주가 탄생한 지 몇 초 지났을 때에는 핵반응이 일어날 수 있을 만큼 충분히 온도가 높았을 것이고 이러한 핵반응에 의해 방출된 복사는 오늘날에도 우주 어딘가에 남아있을 것이라고 예측했다.

그들은 구체적으로 지금부터 100-200억 년 전에 10^{16}K 이상의 초고온과 10^{14}g/cm^3 이상의 초고밀도를 가진 원초물질 아일렘(Ylem)이 폭발하여 오늘날과 같은 우주가 형성되었다고 가정하였다. 그리고 가모브는 이 이론의 증거로서 앞에서 언급한 적색편이를 들었다. 그리고 앨퍼와 허먼은 아일렘이 대폭발을 일으켜 100-200억 년 정도 경과하면 5K(-268℃) 내외의 온도로 식게 될 것이므로 우주에는 그러한 물체로부터 방출되는 복사파장이 가득할 것이라고 예언했다. 흥미롭게도 가모브와 그의 제자들이 발표한 논문들 중에 대폭발의 복사파 형태의 흔적을 예언한 논문이 후에 다시 대폭발 이론을 구해냈다.

사실 1953년 이후에는 대폭발 이론에 대한 논의는 학계에서 사라지는 듯 했다. 당시의 핵물리학 지식으로는 중성자 포획에 의한 가벼운 원자들의 형성 비율을 설명할 수 없었고, 또한 대폭발 이론의 실험적 증거로 예언되었던 우주배경복사가 발견되지 않았기 때문이었다. 특히 1946년, 처음으로 우주배경복사에 대한 예측이 나온 이래 1964년까지 적어도 일곱 차례에 걸쳐 수정, 제안이 반복되었지만, 실제 증거는 발견되지 않았다. 아직 기술이 그만큼 발전하지 못했던 것이다. 그래서 앨퍼와 허먼의 예측은 오랫동안 물리학자들의 주의를 끌지 못했고, 이를 찾으려는 노력도 사실상 중단되었다. 그럼에도 불구하고 우주배경복사가 발견되기 전에 몇몇 중요한 예측들이 있었고, 이를 요약하면 다음과 같다.[11]

① 1946년 - 프린스턴 대학의 디케(Robert H. Dicke, 1916-1997)가 절대온도 20K(-253℃)에서 '우주물질로부터의 복사'(radiation from cosmic matter)를 예측했다가 후에 45K(-228℃)로 수정하였다.[12] 하지만 그는 배경복사(background radiation)란 말은 사용하지 않았다.[13]

② 1948년 - 가모브는 우주가 30억 년 정도 되었다고 보고 절대온도 50K(-223℃) 근처의 흑체복사파를 예측했다. 그는 이 온도가 "성간 공간의 실제 온도와 적절하게 일치한다."고 했지만, 그도 배경복사란 말은 사용하지 않았다.[14]

③ 1948년 - 알퍼와 허만이 가모브의 예측을 5K(-268℃)로 수정하였다. 비록 구체적으로 마이크로파배경복사(microwave background radiation)라는 말은 하지 않았지만, 그들이 언급한 '우주의 온도'(the temperature in the Universe)라는 말로부터 이를 유추할 수 있다.[15]

④ 1950년 - 알퍼와 허만은 가모브의 예측을 28K(-245℃)로 다

시 수정하였다.

⑤ 1953, 1956년 - 가모브는 자신의 예측을 7K(-266℃)로 수정하였다가(1953), 후에 다시 6K(-267℃)로 수정하였다(1956).[16]

⑥ 1960년대 - 디케가 마이크로파배경복사 온도를 40K(-233℃)로 재수정하였다.

⑦ 1964년 - 소련의 천체물리학자 도로쉬케비치(A.G. Doroshkevich)와 노비코프(Igor Novikov)가 마이크로파배경복사는 측정가능하다고 발표하였다.[17]

긴 시간의 동면 후에 우주배경복사는 의외르 우주론과 직접적인 관련이 없는 듯이 보이는 전파천문학 분야에서 발견되었다. 1964년, 이들이 예언했던 우주복사장(cosmic radiation field), 즉 3K(-270℃)에 해당하는 흑체복사(黑體輻射, black body thermal radiation) 파장이 뉴저지주 벨 연구소(Bell Laboratory)의 펜지아스(Arno Allan Penzias)와 윌슨(Robert Woodrow Wilson)에 의해 발견된 것이었다.[18] 그들은 에코 위성(Echo balloon satellites)에서 반사되는 희미한 약한 라디오파를 검출하기 위해 아주 예민한 6m 크기의 뿔형(horn shape) 안테나를 제작하였다. 그리고 인근 방송국 전파나 레이다 전파의 영향을 완전히 차단하고, 수신 안테나 자체의 열르부터 오는 간섭을 제거하기 위해 수신기를 액체 헬륨으로 4K(-269℃)로 냉각하였다.

그런데 펜지아스와 윌슨은 반사위성을 추적하기 위해 개발된 민감한 마이크로파 안테나의 구경(口徑)을 조정하면서 안테나의 정밀성을 시험하는 도중에 근원을 알 수 없는 전파 잡음을 발견하였다. 이 전파 잡음은 우주의 모든 방향에서 밤낮과 계절에 관계없이 탐지되었고(등방적), 파장이 0.2-21cm의 약하고 연속적인 파장을 가지고 있었다. 우주배경복사의 세기는 모든 방향으로부터 1/1,000 내의 오차로 동일하였으며, 전형적인 흑체복사 스펙트럼(blackbody radiation spectrum)을 보여주고 있었다.[19]

그림 4-3 뉴저지주 크로포드힐(Crawford Hill)에 있는 벨 연구소의 뿔형 안테나(Bell Labs' Horn Antenna)(Wikimedia/Fabioj). 펜지아스와 윌슨은 이 안테나로 우주배경복사를 발견했다.

비슷한 시기에 벨 연구소에서 불과 수마일 떨어진 프린스턴대학 물리학과의 디케 교수 그룹도 앨퍼와 허먼 논문에서 예언된 대폭발의 복사 잔해를 찾기 위해 검출기를 개발하고 있었다. 그들은 벨 연구소에서 근원을 알 수 없는 전파 잡음을 발견했다는 소식을 듣고 즉각 그것이 바로 자기들이 찾고 있던 복사 잔해임을 알았다. 그리고 그 복사의 온도를 계산한 결과, 그것이 열적 복사(thermal radiation)라면 2.73K(-270.42℃)에 해당하는 복사임을 밝혔다. 이 공로로 펜지아스와 윌슨은 1978년, 저온물리학자 카피차(Pyotr Leonidovich Kapitsa, 1894-1984)와 더불어 노벨물리학상을 수상하였다.

펜지아스와 윌슨이 발견한 2.73K라는 온도는 17년 전 앨퍼와 허먼이 예언한 값에 근접했고, 대폭발 이후 380,000년 후에 방출된, 심하게 적색편이 된 복사였다. 그 후 이 복사는 '우주배경복사'(cosmic microwave background radiation, CMBR)라고 불리게 되었다. 이것은 우주가 대폭발의 결과로 존재하게 되었다고 가정했을 때 존재한다고 예언된 것이었기 때문에, 그것이 실제로 관측되었을 때 대폭발 이론은 새로운 국면으로 접어들게 되었다.

4. 위성과 '하늘의 거대한 코사인'

우주배경복사에 대한 정밀 측정은 그 이후에도 꾸준히 계속되었다. 하지만 지표면에서는 대기 분자들의 산란 때문에 우주배경복사의 전체적인 스펙트럼을 얻을 수가 없었고, 따라서 이것이 열복사에 의한 것인지를 확인하기도 어려웠다. 그래서 1989년 미항공우주국(NASA)에서는 우주배경복사를 전문으로 측정하기 위한 코비(Cosmic Background Explorer, COBE) 위성을 발사하여 우주배경복사의 전체적인 스펙트럼을 측정하는 데 성공하였다. 이 연구를 이끈 미국 항공우주국(NASA) 고다드 우주비행센터의 매더(John C. Mather, 1946-)와 미국 버클리 캘리포니아대 물리학과 스무트(George F. Smoot III, 1945-)는 이 업적으로 2006년 노벨물리학상을 수상했다.

매더와 스무트는 코비로 관측한 결과를 바탕으로 우주배경복사가 플랑크의 흑체복사 스펙트럼을 정확히 따른다는 사실을 알아냈고, 우주의 정밀한 온도 분포 지도를 만들어 우주배경복사의 미세한 온도 변화를 발견함으로써 대폭발 우주론을 지지하는 결정적인 증거들을 제시했다. 코비 위성이 정밀하게 측정한 결과를 보면, 우주배경복사

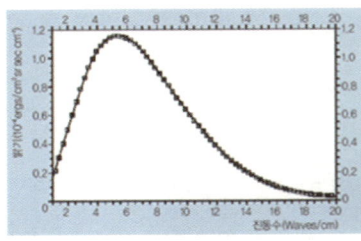  

그림 4-4 코비 위성이 대기권 바깥에서 측정한 우주배경복사의 진동수에 따른 세기 분포. 매더(John C. Mather)(좌)와 스무트(George F. Smoot III)는 COBE의 관측치는 실선으로 표시한 2.73K에 해당하는 순수 열복사 곡선과 일치한다는 것을 증명하였다.(인물사진은 Wikimedia Commons)[20]

는 2.736±0.017K를 피크로 한 스펙트럼이었는데, 이는 자연에서 관찰할 수 있는 완벽한 열복사 스펙트럼이었다. 매더는 코비가 관측을 시작한 처음 9분 동안의 자료를 바탕으로 얻은 이 스펙트럼을 1990년 1월 미국 천문학회에서 발표했고, 청중들로부터 기립박수를 받았다.

또한 우주배경복사가 태양계 가까운 곳에서 최근에 형성된 것이 아님을 증명하기 위한 실험이 U-2기의 고공관측에 의해 수행되었다. 기체가 작고 날개가 길어 안정된 수평상태에서 관측할 수 있는 U-2기의 실험은 태초에 우주배경복사가 모든 방향으로 퍼져나갔다고 가정했을 때 예측했던 바대로 작지만 우주공간 전체에 체계적인 변화가 있음을 발견하였다. 즉 복사를 정면으로 받는 방향의 우주배경복사 세기를 최대치로 하고 그로부터 180도 반대방향을 우주배경복사의 최소치로 잡았을 때 그 사이의 값은 코사인 함수적으로 변하는 것이 확인된 것이다. 즉 측정장치가 움직이는 방향과 같았을 때는 배경복사의 온도가 0.3mK(0.0003K)만큼 높았고, 반대로 측정장치가 움직이는 방향과 반대였을 때는 배경복사의 온도가 0.3mK(0.0003K)만큼 낮았다. 그리고 그 사이에서 배경복사의 온도가 변하는 패턴이 코사인 함수였다.

소위 '하늘의 거대 코사인 곡선'(The Great Cosine Curve in the Sky)이라고 불리는 이 현상은 다른 실험들을 통해서도 확인되었다. 우주에서 관측자가 어떻게 움직이는가를 알려주는 이 현상은 이론적으로는 러시아 천체물리학자 선예프(R.A. Sunyaev)와 젤돌비치(Ya. B. Zel'dovich)가 이미 오래 전에 증명하였다.[21] 오늘날 우리가 관측하는 우주배경복사는 '하늘의 거대 코사인 곡선' 현상을 보정하고, 우리 은하로부터 기원한 복사를 제거하고 남은 '순수' 우주배경복사라고 할 수 있다.

이러한 실험결과들은 우주배경복사가 태양계 인근에서 나타나는 국지적인 현상이거나 지구나 측정기를 실은 비행기의 운동 때문에 생긴 것이 아니라 우주 공간 전체에 골고루 퍼져있음을 확인시켜 준 것이었다. 만일 지구에 가까운 곳에서 발생된 복사라면, 복사 세기가 방향에 따라 코사인 함수적으로 변할 수 없다.

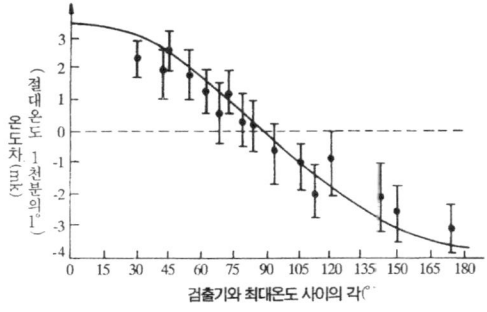

그림 4-5 코사인 함수적으로 변하는 우주배경복사의 기세한 변화. 최대 복사 세기에서 최소 복사 세기까지 ±0.0003K의 온도 변화는 실선으로 표시한 코사인 함수와 오차의 한계 내에서 일치한다. 이것은 우주배경복사가 국지적 근원에서 나온 것이 아니고 전 우주적임을 나타내는 대표적인 증거이다.[22]

5. 대폭발 이론 요약

요약하면 대폭발 이론의 가장 중요한 근거는 우주가 팽창하고 있다는 허블의 발견이었다. 허블은 외부은하의 스펙트럼에 나타난 적색편이(redshift)로부터 외부은하들이 우리 은하계로부터 빠른 속도로 후퇴하고, 후퇴속도는 외부은하까지의 거리에 비례한다는 허블법칙을 통해 팽창우주론을 확립하였다. 그는 지구로부터 거리가 100만 파세크 증가할 때마다 은하의 후퇴속도가 50-100km/sec씩(현재는 71km/sec 내외임이 밝혀짐) 증가하는 것을 알아냈다. 이것이 의미하는 바는 무엇일까?

이는 우주가 팽창하고 있음을 의미하는데, 이를 역으로 계산하면 약 138억 년 전에는 우주가 하나의 점과 같은 상태였으며, 이 점에서 일어난 대폭발로부터 현재의 우주가 만들어진 것이라고 볼 수 있다는 것이다. 대폭발 전의 크기가 0이고, 밀도와 온도가 무한대인 상태를 특이점(特異點, singularity)이라고 하는데, 이 특이점의 대폭발로 생긴 원시우주는 폭발 후 짧은 시간 동안 급격히 팽창하면서 온도와 밀도가 빠르게 떨어졌다고 했다. 오늘날 '표준우주모델'(Standard Model)로 널리 받아들여지고 있는 대폭발 이론의 특징을 요약하면 다음의 표와 같다.

대폭발 이론	원시원자 이론을 발전시킨 것.
	아일렘(Ylem)이라는 초고온, 초고밀도 원초물질 존재
	먼저 수축단계를 거친 아일렘이 대폭발을 일으킴
	현재 알려진 원자는 대폭발 후 한 시간 이내에 합성
	팽창은 영원히 계속되며 멀리 있는 별일수록 붉은 색으로 보이는 것은 적색편이에 의한 것임.
	우주의 나이는 유한함
	우주의 물질적 밀도는 점차 감소함
	우주의 온도는 점차 낮아짐
	우주배경복사(Cosmic Background Radiation)가 존재함

표 4-2 1940년대, 초기의 가모브의 대폭발 이론 요약[23]

그렇다면 대폭발 이론의 증거는 무엇인가? 이는 다음 몇 가지로 요약할 수 있다.

첫째, 우주배경복사의 존재이다. 앞에서 언급한 것과 같이 대폭발 이후 138억 년이 경과했다고 보았을 때 예측된 우주배경복사가 관측된 것은 대폭발 이론의 가장 중요한 증거라고 할 수 있다.

둘째, 우주가 팽창하는 것이다. 앞에서 언급한 것과 같이 우주가 팽창하고 있다면, 직관적으로 과거 어느 시점에는 우주의 모든 물질들이 한 곳에 모여 있었을 것이고, 이들이 폭발에 의해 흩어지기 시작했다고 유추하는 것이 자연스럽다.

셋째, 수소나 헬륨, 리튬과 같은 가벼운 원소들이 풍부한 것이다. 대폭발 이론에서는 대폭발 이후 138억 년의 시간이 지났지만, 우주에서는 여전히 가벼운 원소들이 풍부할 것이라 예측하고 있는데 이는 관측 결과와 잘 일치한다.

넷째, 대폭발은 많은 양의 수소와 적은 양의 리튬을 만든다. 현재 관측되고 있는 수소나 헬륨, 리튬의 비율은 대폭발 모델의 핵융합 반응에서 예측한 바와 일치한다. 수소와 헬륨을 제외한 다른 원소들은 다양한 과정에 의해 만들어지는 것으로 알려져 있다. 특히 철보다 무거운 원소들은 초신성 폭발로 만들어진다.

이런 증거들은 우주가 대폭발의 과정을 통해 존재하게 되었을 개연성을 높여준다. 실제로 우주가 대폭발 이론에서 설명하는 과정을 따라 창조되었는지는 누구도 확신할 수 없지만, 지금까지의 여러 증거들을 살펴볼 때 만일 하나님이 우리가 알 수 있는 자연의 법칙을 통해 우주를 창조하셨다면, 대폭발의 과정을 사용하여 창조하셨을 가능성이 가장 높다고 할 수 있다.

6. 대폭발 이론에 대한 반응

대폭발 이론이 현존하는 우주론 중에서는 우주의 형성 과정을 설명하는 가장 그럴듯한 작업가설임에도 불구하고 가장 큰 문제는 이 이론이 가정하고 있는 무신론적, 자연주의적 가정이다. 엄격하게 말하면 이는 대폭발 이론 자체가 무신론적이라기보다 대폭발 이론을 무신론적으로 해석하는 사람의 문제라고 할 수 있다. 몇몇 대폭발 이론가들은 곳곳에서 무신론적 특성들을 가정하고 있다. 쿠퍼(Heather Cooper)와 헨베스트(Nigel Henbest, 1951-)는 이런 대폭발 이론가들의 의견을 요약하고 있다고 할 수 있다.

태초에 무가 있었다. 이것은 진정한 '무'였다. 이것은 인간의 이해를 거부한다. 멀고 먼 과거에 물질도, 복사도 없었다. 더 중요한 것은 공간도 없었고, 시간도 흐르지 않았다는 사실이다. 우리의 얘기는 '옛날 옛적에'로 시작한다 – 그 때는 공간도, 시간도 없었으며, 무로부터 작은 눈부신 밝은 빛 한 점이 나타났을 뿐. 이것은 거의 무한대로 뜨거웠다. 그 불덩어리 속에는 모든 공간이 들어 있었다. 공간의 탄생과 더불어 시간도 탄생하였다. 불덩어리 속의 에너지는 너무나 밀도가 높아서 물질이 저절로 나타나기 시작했다. "이 물질의 먼 조상은 후에 별과 행성, 은하들을 만드는 재료가 되었을 것이다. 어린 우주가 막 시작된 것이다. 불덩어리는 나타나자마자 팽창하기 시작했다 – 어떤 것 속으로 팽창한 것이 아니라 그 자체가 팽창했으니, 이는 그 자체가 우주(the Universe)의 과거이자 현재이며, 우주의 모든 것이며, 우주의 모든 공간이기 때문에."[24]

이 인용문 속에는 대폭발 이론에 대한 저자들의 자연주의적 해석이 여과 없이 드러나 있다. 저자들은 우주를 대 문자로 표시하면서 우주 그 자체는 다른 어떤 외부의 초월적 존재를 가정하지 않고 스스로 존재한다고 주장한다. 대폭발 이론을 연구할 때 하나의 과학 이론으로서 방법론적 자연주의를 가정하는 것은 자연스럽지만, 이들과 같이 대폭발 이론 속에 과학자의 무신론적 신념을 의도적으로 주입하는 것은 과학자의 모습은 아니라고 할 수 있다. 위의 인용에서 저자들은 우주는 그 자체가 초월이자 내재이며, 우주 자체가 자신의 창조자라고 주장한다. 이것은 대폭발 이론을 표현하는 것이 아니라, 대폭발 이론에 대한 저자들의 자연주의적 신앙을 고백한 것이다.

그렇다면 창조주는 어떻게 우주를 창조했을까? 오늘날 우리의 과학으로는 설명할 수 없는 초자연적인 방법으로 우주를 창조했을까? 물론 우리는 그럴 가능성을 배제할 수 없다. 의학적으로 설명할 수 없는 신유가 일어나는 것처럼, 물이 갑자기 포도주로 변하는 것과 같이 화학적으로 설명할 수 없는 일이 일어나는 것처럼, 우주는 과학적으로 설명할 수 없는 방법으로 창조되었을 수 있다. 하지만 창조주가 초자연적 방법으로 우주를 창조했다면, 그것은 과학자들의 연구 영역이 아니라고 할 수 있다.

만일 창조주가 대폭발의 방법으로 우주를 창조했다고 한다면 어떨까? 그렇다면 현재 제시된 우주론 중에서는 대폭발 이론이 그래도 창세기의 기록과 가장 가깝다고 할 수 있다. 이 점에 대해서는 일부 비기독교인 과학자 및 과학 저술가들도 동의한다. 심지어 어떤 이들은 대폭발 이론이 처음 제시되었을 때, 성경의 창조와 너무나 흡사한 점이 있기 때문에 거부하기도 했다. 한 예로 과학 저술가인 보슬로(John Boslough)는 대폭발 이론을 '창세기의 과학적 모델'이라고 부르면서 반대하였다.[25] 처음에는 그도 우주배경복사의 주름 혹은 요동(fluctuation)을 찾을 수 없다는 이유로 대폭발 이론에 반대하였지만, 그가 다음과 같은 글을 쓴 직후에 우주배경복사의 주름이 발견되었다.

요즘 대폭발 이론은 하나의 과학적 패러다임이 되었는데, 그 안에는 성경의 창세기 내용이 암암리에 담겨져 있다. 이 단순하면서도 설득력 있는 사이비 과학적 창조 신화는 유대-기독교적 역사 전승을 구체화시킨 것이다. 그 역사적 전승 안에서 서양의 문화 및

과학 사상들이 발전해왔는데, 그 전승의 특징은 절대적 시작을 전제로 한다는 점이다.[26]

대폭발 이론을 창조론과 조화시키려는 시도는 휴 로스(Hugh Ross)와 같은 복음주의 천문학자들 사이에서 일어나고 있다.[27] 하지만 여전히 전투적인 창조과학자들은 대폭발 이론에 대해 적대적이다. 대폭발 이론에 적대적인 대표적인 창조과학자는 사우스캐롤라이나대학(University of South Carolina - Lancaster) 천문학과 교수인 포크너(Danny Faulkner), 켄터키에 소재한 창조과학박물관(Creation Museum)의 라일(Jason Lisle) 등을 들 수 있다.[28] 이들의 주장에 대해서는 후에 좀 더 자세히 살펴보겠다.

토의와 질문

1. 소위 우주론 분야에서 창조론과 진화론의 논쟁과 생물학이나 지질학 분야에서의 논쟁을 비교해 보라. 무엇이 같고 무엇이 다른가?

2. 저자는 성경이 구체적인 창조방법에 대해 명시적으로 언급하지 않는다는 점에 유의하면서 대폭발 이론도 창조주가 우주를 창조하신 한 가지 방법론적 대안이 될 수 있다고 제시한다. 만일 창조주가 대폭발의 과정을 통해 우주를 창조하셨다면, 이에 대한 성경적 관점을 어떻게 확립할 수 있을까?

3. 저자는 오늘날 과학자들이 제시하고 있는 우주론적 논의와 무관하게, 창조주가 초자연적인 방법으로 우주를 창조하셨을 가능성을 배제하지 않는다. 자연과 초자연에 대해 열린 태도를 견지하는 것의 장단점을 말해보자.

제5강

대폭발 이론의 문제들

"의복처럼 갈아입을 것이요 그것들은 옷과 같이 변할 것이나 주는 여전하여 연대가 다함이 없으리라 하였으나" - 히브리서 1:12

오늘날 우주의 창조에 관한 주류 이론이라고 한다면, 대폭발 이론이라고 할 수 있다. 그렇다고 대폭발 이론에 문제가 전혀 없는 것은 아니다. 예를 들면 대폭발 이론으로는 우주의 여러 지역들이 인과적으로 연결되어 있지 않음에도 불구하고 균일하고(uniform), 등방적이라는(isotropic) 것을 설명할 수 없다. 그러나 대폭발 이론에 대한 연구가 진전되면서 몇 가지 중요한 문제점들이 드러남에도 불구하고, 대폭발 이론은 오늘날 관측된 많은 증거들을 가장 잘 설명하는 이론임이 분명하다.

그러면 그리스도인들은 이러한 대폭발 이론을 어떻게 평가할 수 있을까? 과연 대폭발 이론을 창조론적 세계관과 조화시킬 수 있을까? 창조론자들은 물질도, 공간도, 시간도 없는 절대 무의 상태로부터 전지전능한 창조주가 우주를 창조하였다(*Creatio ex nihilo*)고 믿는다. 창조론은 모든 과정을 자연 내적인 동인으로 돌리는 자연주의 이론들에 비해 창조주라는 초월적인 존재를 가정한다. 창조론자들은 현재의 물질계에 대한 무신론적 원인, 즉 확률이나 비인격적인 어떤 세력 대신에 인격적인 창조주를 받아들인다. 과연 창조주가 대폭발의 과정을 통해 우주를 창조하셨을까?

아래에서는 먼저 천문학자, 물리학자 공동체에서 제기한 대폭발 이론의 문제점들이라고 할 수 있는 우주 지평선의 문제, 우주 평탄성의 문제, 자기단극의 문제를 살펴본 후, 이어 기독교인들이 제기하고 있는 대폭발 이론의 문제점들을 살펴보겠다.

1. 지평선 문제(Horizon problem)

　대폭발 이론은 현대의 우주관측 결과에서 볼 때 몇 가지 중요한 문제가 있다. 대폭발은 우주의 모든 영역들이 매우 다른 온도로 시작했을 것을 요구한다. 그런데 우주의 다른 부분들이 서로 열적으로 접촉한 적이 없음에도 불구하고 우주배경복사가 모든 방향에서 같은 온도를 갖는다. 실제로 윌슨(Robert Wilson)과 펜지아스(Arno Penzias)의 우주배경복사 발견 이후, COBE, WMAP 위성 등의 관측결과는 1/100,000도의 미세한 차이만을 보일 뿐, 우주의 모든 부분이 동일한 온도를 가지는 것을 보여준다. 지평선 문제란 바로 우주가 왜 균일하고(uniform), 등방적(isotropic)이며, 등온적(isothermal)인가에 대한 의문이다.

　지평선 문제를 이해하기 위해 밀폐된 통속에 든 기체를 생각해 보자. 기체를 밀폐된 통속에 넣으면 통 속에 든 기체분자들은 얼마 지나지 않아 열적 평형을 이루면서 균일하고, 등방적이며, 등온적으로 분포된다. 통의 크기에 비해 기체 분자들의 열운동이 매우 빠르기 때문에 통 전체에 걸쳐 기체분자들이 빠른 속도로 상호작용하면서 균일하지 않고, 비등방적이며, 온도가 다른 지역을 재빨리 없애기 때문이다. 하지만 통을 우주라고 가정하고, 기체분자들의 열운동을 우주배경복사라고 한다면 어떨까? 우주에서 온도 전달 속도가 광속만큼 빠르다고 해도 현재의 우주의 크기와 나이를 가정해서는 우주배경복사가 균일하고, 등방적이며, 등온적인 것을 설명할 수 없다. 이것이 지평선 문제이다.

　물리학적으로 정확한 비유는 아니지만, 지평선 문제를 이해하는

데 현대의 패션 문화를 생각해 보자. 오늘날 전 세계인들의 패션은 큰 시차 없이 동조화되어 가고 있다. 같은 패션이 여러 나라에서 거의 동시에 유행한다는 말이다. 이렇게 된 것은 전 세계가 매스컴과 인터넷 등으로 긴밀하게 서로 연결되어 있기 때문이다. 하지만 이런 일은 19세기까지만 해도 전혀 가능하지 않았다. 그래서 나라마다 개성 있는 고유 의상을 입고 있었다. 과거에는 정보전달이 빨리 이루어지지 않았기 때문이다. 이처럼 자연도 정보전달이 되지 않고 단절되어 있으면 균일성보다는 불균일성, 즉 다양성이 나타난다.[1]

하지만 이러한 비유가 다소의 도움은 되지만, 초기 우주에 적용하려고 하면 문제가 간단하지 않다. 우주에서는 중력적 상호작용만으로 초기 우주가 평형상태에 이를 수 있는 충분한 시간을 줄 수 없기 때문에 우주의 반대쪽에 있는 두 대척점은 결코 평형상태에 이를 수 없다. 우주가 시작될 때 이 두 대척점이 열적 접촉을 하여 평형상태에 도달한 후 멀어지기 시작했다고 가정해서는 광속보다 더 빠른 속도로 멀어진다고 해도 현재의 대척 위치에 도달할 수 없다. 어떤 정보를 담고 있는 빛이나 기타 신호가 우주의 한쪽 대척점에서 반대쪽 대척점까지 도달하려면, 우주의 나이보다 훨씬 더 긴 시간이 소요되기 때문이다.

구체적으로 현재의 지구에서 우주배경복사를 측정한다고 생각해 보자. 한 쪽에서 오는 우주배경복사는 대폭발 이후 약 138억 년 동안 138억 광년이라는 먼 거리를 지나왔다. 그리고 반대쪽 대척점으로부터 오는 우주배경복사도 역시 138억 년 동안 138억 광년이라는 먼 거리를 지나왔다. 그러면 이 두 대척점은 276억 광년의 거리만큼 떨어져 있게 된다. 그런데 이 두 대척점의 온도가 1/100,000도 이내로 동일하다는 것은 무엇을 의미하는가? 이는 우주가 시작될 때 이 두 지역이 열역학적인 접촉상태에 있었음을 의미한다. 그렇다면 이 두 대척점이 열적 접촉을 한 후 어떻게 276억 광년이나 멀어질 수 있었을까 하는 문제가 생긴다. 우주의 나이는 기껏 138억 년에 불과하므로 두 대척점이 대폭발 이후 줄곧 빛의 속도로 멀어졌다 해도 지금과 같은 거리만큼 멀어질 수는 없다. 그렇다면 두 대척점은 결코 열적 접촉을 통해 평형상태에 도달한 것이 아닌데, 어떻게 우주의 모든 부분이 동일한 온도를 갖는가?

여기서는 온도가 동일한 것만 다루었지만, 우주의 균일성이나 등방성의 문제도 마찬가지이다. 현재 관측되고 있는 우주는 전체적으로 볼 때 어느 곳에서나 은하의 분포가 고르다(균일, 등방). 우주 공간의 은하들은 은하단과 초은하단이라는 구조를 이루며 분포하지만, 이보다 훨씬 더 거대한 10억 광년 단위로 보게 되면 전 우주의 물질 분포는 균일하고 등방적이라고 할 수 있다. 은하와 은하단의 분포와 우주배경복사도 우주의 모든 방향에서 거의 고르게 관측되고 있다. 지금 우리가 보고 있는 우주가 이처럼 고르게 되기 위해서는 우주의 두 대척점이 어떤 형태로든 상호작용을 할 수 있어야 한다.

이 문제를 해결하기 위해 미국 유태계 이론물리학자이자 MIT 교수였던 구스(Alan H. Guth, 1947-)는 1979년에 소위 '급팽창이론'(急膨脹理論, Inflation Theory)을 제시했다. 그는 우주의 초기에 대폭발을 일으킨 무한히 작은 물질의 온도와 밀도는 균일하게 분포되어 있었는데, 급팽창이 일어나면서 우주는 빛보다 훨씬 더 빠른 속도로 급격히 팽창하였다고 설명했다. 아인슈타인의 특수상대성이론에 의하면 모든 물체는 빛보다 빨리 운동할 수 없지만, 이는 공간 안에서 운동하는 물체에 적용되는 것이지 공간 자체의 팽창에는 적용되는 것이

제5강 대폭발 이론의 문제들   151

아니라는 것이다.

　급팽창이론은 평탄성의 문제를 다루는 다음 절에서 좀 더 자세히 설명하겠지만, 급팽창의 개념을 도입하면 일단 지평선 문제는 설명이 된다. 급팽창에 의해 우주의 크기가 빛의 속도보다 더 빠르게 팽창하므로 급팽창이 일어날 당시의 지평선 거리는 현재 빛이 도달할 수 없는 거리보다 훨씬 바깥으로 밀려나가 버린다. 우주 초기에는 우주의 모든 부분들이 지평선 안에 있어서 서로의 모습을 '볼' 수 있었고(균일, 등방, 등온 유지), 이로 인해 급팽창에 의해 우주가 광속보다 훨씬 더 빠르게 팽창하여 빛이 도달할 수 없는 거리로 멀어지게 되었을 ('볼' 수 없게 되었을) 때에도 우주는 균일하고, 등방적이며, 등온적으로 남아있을 수 있게 되었다는 것이다. 따라서 현재 우리가 보는 우주의 지평선은 급팽창이 일어날 당시에는 지평선 거리보다 훨씬 안쪽에 있었으므로 우주가 균일하고, 등방적이며, 등온적이라는 것은 설명이 가능하다는 것이다.

2. 평탄성 문제(Flatness problem)

　대폭발 이론의 또 다른 문제는 평탄성의 문제이다. 흔히 우주론에서 우주의 평탄성을 말하기 위해 편의상 우주의 중력과 암흑 에너지에 의한 '팽창력'이라는 말을 사용한다. 중력이 이 '팽창력'보다 크면 현재 팽창하고 있는 우주는 점점 속도가 느려질 것이고, 결국에는 멈춰 섰다가, 다시 수축되어 한 점으로 모일 것이다. 결국 우주는 팽창을 멈추고 대폭발(big bang)→대수축(big crunch)→대폭발(big bang)→대수축(big crunch) … 을 반복할 것이다. 하지만 중력에 의해 우주의 팽창속도가 감소하다가 우주가 임계치 이상 커지고 암흑 에너지가 지배적이 되어 '팽창력'이 중력보다 크게 되면, 우주는 영원히 팽창할 것이다. 최근 연구에 의하면, 우주의 '팽창력'이 중력보다 약간 크다는 쪽으로 결론이 났지만, 이 둘의 크기가 거의 같다는 것은 놀라운 일이다.

미세조정과 설계

평탄성의 문제는 우주의 시공의 곡률을 가지고도 설명할 수 있다. 우주의 시공은 어떻게 휘었는가에 따라 곡률이 +인 닫힌 우주(closed universe), 곡률이 0인 평탄한 우주(flat universe), 곡률이 −인 열린 우주(open universe) 등으로 구분할 수 있다. 현재의 우주는 평탄한 경우의 우주 밀도에 매우 근접하게 관측되고 있다. 현재의 우주 밀도가 이러한 값이 되려면 대폭발 직후의 우주가 정확하게 평탄한 곡률을 가져야 한다.

시공의 곡률은 우주의 밀도에 의해 결정되기 때문에 우주의 평균밀도(average density)를 임계밀도(critical density)로 나눈 값이 정확하게 1, 다시 말해 평균밀도와 임계밀도는 앞에서 중력과 암흑 에너지에 의한 '팽창력'이 그러하듯이 정확히 일치해야 한다. 임계밀도란 열린 우주에서 닫힌 우주로 넘어가는 밀도의 경계 값, 즉 우주가 팽창하다 멈추어 평탄한 우주가 되는 물질의 밀도를 말한다.

근래 연구에 의하면, 알려진 우주의 평균밀도는 다시 우주가 수축할 수 있기 위해 필요한 임계밀도보다 근소하게 작지만 거의 같다. 대폭발이 일어난 후 138억 년이 지났을 때 우주의 평균밀도가 임계밀도와 거의 같다는 것을 어떻게 설명할 수 있을까? 이는 지적 존재의 의

도적인 설계가 아니라면 상상하기 어려운 일이다.

사실 1960년대부터 이미 우주의 평균밀도는 평탄한 우주가 되기 위해 필요한 임계밀도와 거의 비슷하다는 것이 알려져 있었다. 이는 암흑에너지에 의한 우주의 '팽창력'이 암흑물질에 의한 중력과 극히 미세하게 균형을 이루고 있음을 의미한다. 실제 근래의 우주배경복사 연구에서도 우주는 평탄하다는 것이 관측되고 있다. 만일 우주의 평균밀도가 임계밀도보다 조금이라도 크면, 우리 우주는 오래 전에 수축을 시작하여 지금은 존재하지 않았을 것이고, 그 반대라면 우주는 은하나 별이 생성될 여유 없이 지나치게 빨리 팽창하여 은하나 별이 거의 없는 우주가 되었을 것이다. 현재와 같은 우주가 되려면 대폭발 초기부터 우주의 밀도는 정확하게 우주가 평탄한 경우와 일치해야 한다.

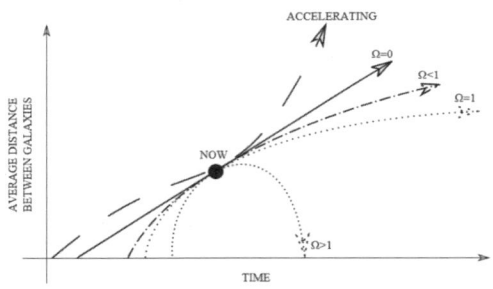

그림 5-1 세 가지 우주의 미래. Ω<1이면 우주는 영원히 팽창하다가 얼어붙게 되고, Ω>1이면 언젠가 팽창을 멈추고 수축하기 시작하여 대수축(Big Crunch)으로 끝나고, Ω=1이면 평탄함을 유지하면서 영원히 팽창한다.(NASA)[2]

어느 정도 일치해야 할까? 우주의 평균밀도를 임계밀도로 나눈 값을 Ω라고 한다면, 현재 Ω가 1이라고 해서 초기 우주에서도 그랬을 것이라고 생각할 수는 없다. 우주가 팽창하면 Ω도 당연히 시간과 함께 변해야 한다. 그런데 대폭발이 일어나고 138억 년 이상이 지났을 때, Ω의 값이 1이라는 것은 거의 기적에 가깝다. 현재 우주에서 Ω가 0.1에서 10 사이의 값을 가지려면, 대폭발 직후 1초가 지났을 때 Ω의 값은 1.000000000000000이어야 한다. 즉 대폭발 초기의 Ω는 $1/10^{14}$(1,000조 분의 1)까지 세밀하게 조율되어 있어야 한다는 의미다. 물리학적으로 상상할 수 있는 가장 짧은 순간으로는 플랑크 시간(Planck time)인 10^{-43}초를 들 수 있는데, 따라서 우주의 탄생 직후 플랑크 시간만큼 경과했을 때 Ω는 1.00000000000000000000000000000000000000000000000000000000000이어야 함을 의미한다![3]

여기서 천문학에서 말하는 미세조정의 문제(fine-tuning problem) 혹은 평탄성의 문제가 생긴다. 이것은 우주가 팽창을 시작할 때 팽창력과 중력이 믿을 수 없을 정도로 정확하게 조정된 상태, 즉 우주가 곡률이 없는 완전히 평탄한 우주에서 시작되었음을 말해준다. 이것은 절대로 우주가 우연히 또는 저절로 존재한 것이 아님을 보여준다!

급팽창으로 설명

그러면 급팽창이론에서는 오늘날 우주의 Ω값이 1이라는 값을 갖게 된 것을 어떻게 설명하는가? 평탄성의 문제를 설명하기 위해 구스(Alan H. Guth)는 대폭발 이론의 기본 골격을 유지하면서 앞에서 언급한 급팽창이론(Inflation Theory)을 제시하였다. 이 이론은 우주가 매우 평탄한 이유를 초기 우주의 급격한 팽창으로 설명한다. 즉 초기 우주는 일종의 암흑 에너지에 의한, 지수함수적인 팽창을 겪었다고 본다. 이 이론에 따르면 대폭발 이전의 우주는 에너지만으로 가득 차 있었고, 우주가 팽창하는 첫 순간의 팽창속도는 '기하급수적으로' 증가했다고 한다. '기하급수적 팽창'이란 어떤 일정한 시간 동안에 우주의 크기가 두 배가 되었으면, 그 다음 똑같은 시간 동안에 우주는 다시 두 배로 커지는 것을 말한다. 이 이론에 의하면 '기하급수적으로' 팽창한(대폭발을 일으킨) 기간은 최초의 폭발 이후 10^{-37}-10^{-33}초이다. 이 짧은 시간 동안 시공간은 빛 보다 훨씬 더 빠른 속도로 팽창하여 우주의 크기는 양성자보다 훨씬 작은 크기에서 10^{26}배 이상 커졌다는 것이다.

그러면 구스의 급팽창이론은 우주의 평탄성 문제를 어떻게 설명하는가? 구스는 우주의 기하급수적 팽창은 첫 입자들이 상전이(相轉移, phase transition)를 하면서 일어난다고 했다. 상전이를 하는 동안 우주는 에너지를 방출하면서 팽창하다가 상전이 에너지를 다 소비한 후에는 팽창속도가 둔화되어 오늘 우리가 보는 우주가 되었다는 것이다. 급팽창이론에 의하면 대폭발 직후 우주 전체는 양성자 크기의 1조분의 1 크기로 뭉쳐 있었으며, 상전이가 끝났을 때 우주는 야구공 크기였을 것으로 추산된다. 그리고 10^{-12}초 후에 우주의 반경은 1m 정도로 커지고 온도가 1천억 도 정도로 '식었을' 때 쿼크(quark)와 전자들이 생겨났으며, 원자들은 1백만분의 1초 정도 되었을 때 생겨났다. 쿼크들은 함께 모여 양성자와 중성자를 형성하였고, 이들은 다시 원자핵을 이루었다.[4] 이렇게 형성된 최초의 원자 헬륨은 강력한 복사파에 실려 우주로 날아가기 시작했으며, 138억 년이 지난 오늘날 우리가 관측하는 우주배경복사라는 것이 바로 그 때 남겨진 복사파라는 것이다.

일반인들은 쉽게 이해하기 어렵지만 급팽창우주론은 적어도 지금까지 관측된 결과들과는 가장 잘 일치하는 이론이다.[5] 이 이론에 의하면 우주(우주 자체)의 팽창률은 대폭발 초기의 '급팽창단계'(inflation

그림 5-2 앨런 구스(/Wikimedia Commons/Betsy Devine)와 그의 저서

phase)에서는 현재의 광속보다 훨씬 더 빠르게 가속되었다. 즉 대폭발 직후 우주는 광속보다 더 빠르게 팽창했다는 것이다. 물론 이때 팽창속도는 흔히 말하는 위상속도(phase velocity)이기 때문에 광속보다 크다는 것이 문제가 되지는 않는다.[6] 이 급팽창 이전에는 우주의 모든 지역들이 매우 가까이 접촉해 있었고, 따라서 이 지역들의 복사광들은 서로 교환하여 같은 온도를 가질 수 있었다. 그러므로 광대한 우주 공간 내에서 빛에 의한 접촉으로는 배경복사를 설명하기 어렵더라도 우주가 작았던 급팽창 전에는 서로 접촉이 가능했다고 본다.

우주의 급격한 팽창은 우주 초기에 있었을지도 모르는 우주의 곡률을 거의 0으로 접근시킨다. 즉 엄청난 크기로 팽창된 우주를 국소적인 규모에서 바라보면 당연히 평탄하게 보일 것이다. 이는 작은 풍선의 표면을 보면 처음엔 표면의 곡률이 크지만, 풍선을 지구 크기로 팽창시키면 표면이 매우 평평하게 보이는 것과 같은 이치이다. 이처럼 우주가 급격히, 아주 크게 팽창하면 우주의 곡률이 현재처럼 아주 평평하게 나타날 수 있는 것이다. 현재 우주의 곡률이 거의 0인 평평한 우주로 인식되는 것은 급팽창으로 우주가 충분히 크게 팽창하였기 때문이다.

  대폭발과 그 뒤를 이은 급격한 팽창이 아니라면, 일정한 온도의 우주배경복사가 모든 방향에서 일정하게 도달하는 것을 설명하기가 어렵다. 왜냐하면 배경복사가 짧은 시간 동안에 우주 전체에 골고루 퍼지려면 빛보다 빨리 여행을 했어야 하는데, 이는 불가능하기 때문이다. 인공위성 관측에 의하면 우리가 관측할 수 있는 우주 반대편의 온도 변화도 거의 1/100,000도 이내에서 동일한(isothermal) 우주배경온도를 보여준다. 이것은 우주들이 한 때 붙어있었음을 의미한다. 미국 천문학자 재스트로우(Robert Jastrow, 1925-2008)는 이 문제에 대해 이렇게 말했다.

> 보이는 우주의 양 반대편은 300억 광년 정도 떨어져있는데, 만일 이 양편이 처음에 붙어있지 않았다면 어떻게 되었을까? 빛이 한 쪽에서 나와 다른 쪽에 도달하려면 너무나 오랜 시간이 걸릴 것이다. 그런데 우주 양편의 배경복사 세기는 거의 동일하다. 과거 언젠가 그들이 에너지를 교환했다고 볼 수도 있지만 그것은 불가능하다. 그러나 급팽창 이론에서는 그 문제가 풀린다. 태초에 그들이 한데 붙어있었다고 보면 되는 것이다.[7]

  급팽창이론은 대폭발 이론의 몇 가지 문제점을 해결하기는 하지만 여전히 문제점도 있다. 가장 근본적인 문제는 이 이론이 아직 증명되지 않은, 여러 가지 전제 하에서 제안된 이론이라는 점이다. 하지만 세세한 부분에 대해서는 학자들마다 의견이 분분할지라도 대부분의 천체물리학자들은 적어도 급팽창이론이 종래의 다른 어떤 이론들보다도 초기 우주의 형성을 잘 설명한다고 본다.[8] 그렇다고 급팽창이론의 설명력 그 자체가 급팽창이론의 정당성을 보증하지는 않는다. 급팽창이론이 맞으려면 급팽창하는 과정에서 발생했으리라 생각되는 중력파가 검출되어야 한다. 중력파 연구에 대해서는 제7강에서 좀 더 자세히 다루도록 하겠다.

그렇다면 우주의 평탄성에 대한 두 가지 설명 중 어느 것이 맞을까? 두 가지 설명이 양립할 수는 없을까? 혹 창조주가 급팽창의 방법을 평탄한 우주를 만드는 방법으로 사용했다고 할 수는 없을까? 지금으로서는 이에 대해 아무도 확실하게 말할 수 없다. 급팽창이론 자체도 검증된 것이 아니고 아직은 가설 단계에 있기 때문이다. 만일 급팽창이론으로 평탄성 문제는 물론 앞에서 언급한 지평선 문제나 다음에 언급할 자기단극 문제까지 모두 설명할 수 있다면, 급팽창이론을 창조주의 창조방법으로 받아들이지 못할 이유는 없다고 본다. 하지만 그렇게 되기 전까지 우리는 창조주의 초자연적 미세조정이 현재와 같은 평탄한 우주를 만들었다고 볼 수밖에 없을 것이다.

3. 자기단극 문제(Magnetic Monopole problem)

대폭발 이론의 세 번째 문제는 자기단극(磁氣單極) 문제이다. 자기단극이란 남극(S) 혹은 북극(N)만 갖고 있는 자석을 의미한다. 모든 자석은 N극과 S극이 동시에 짝으로 존재하고, 둘 중 하나의 극만 갖고 있는 자석, 즉 자기단극은 현재까지 관찰되지 않고 있다.

대폭발 이론에서 가정하듯이 초기 우주가 매우 뜨거웠다면 무겁고 안정된 자기단극과 같은 입자가 우주의 주요 구성요소가 될 정도로 많이 생성되었어야 한다. 대통일장 이론에서도 우주의 초기에 다량의 자기단극이 존재했음을 예견하고 있다.[9] 그리고 그들은 오늘날까지 많이 존재해야 하고 쉽게 검출할 수 있어야 한다. 그런데 지난 한 세대 동안 물리학자들이 자기단극을 찾으려고 많은 노력을 기울였음에도 불구하고 아직 발견하지 못하고 있다. 왜 그럴까?

이 문제를 급팽창이론으로 설명하기 위해서는 먼저 일반인들은 이해하기 어려운 가짜진공(false vacuum) 개념을 도입하는 것이 필요하다. 가짜진공이란 최저에너지를 갖지 않은 완전 대칭의 진공상태를 말한다. 그런데 대폭발이 일어나던 순간에 우주가 바로 이 가짜진공 상태에 있었을 것으로 추정된다. 그 후 우주가 낮은 에너지 상태로 전환되면서 원래의 대칭은 붕괴되었고, 시간이 지나면서 불안정한 상태의 가짜진공은 자연스럽게 최저에너지에 해당하는 진짜진공상태로 전환되었다고 본다.

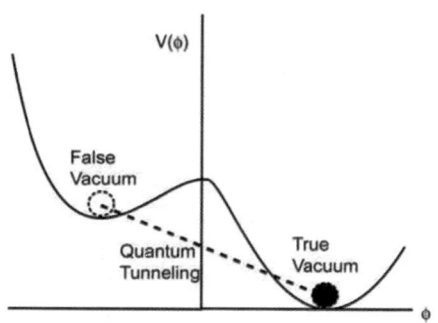

그림 5-3 초기 우주의 급팽창을 일으키는 가상의 물리량인 인플라톤(inflaton)이 왼쪽의 가짜진공상태에 갇혀 있다가 양자 터널링이 허용되면 오른쪽의 진짜진공상태로 간다.

가짜진공상태에서는 중력을 제외한 나머지 세 개의 힘들(핵력, 전자기력, 약력)이 하나의 힘으로 통합되어 있었지만, 가짜진공이 진짜진공으로 전환되면서 세 가지로 분리되었다. 1917년, 네덜란드 물리학자 드 시터(Willem de Sitter, 1872-1934)는 가짜진공상태에서 우주가 지수함수적으로 급팽창하게 되면, 팽창속도는 우주상수, 즉 가짜진공에 포함되어 있는 에너지에 의해 좌우될 것이라고 예견하였다.

　구스는 바로 이 가짜진공 개념에서 출발하여 기발한 아이디어를 제시하였다. 우주가 가짜진공상태에서 출발했다면, 대폭발 초기의 팽창속도는 지수함수적으로 빨라졌을 것이라고 본 것이다. 즉 가짜진공상태의 우주는 짧은 시간 동안에도 엄청나게 팽창되기 때문에 자기단극의 밀도도 순식간에 작아졌을 것이다. 구스는 그동안 과학자들이 자기단극을 발견하지 못한 것은 없어서가 아니라 있긴 있지만 너무 넓은 우주 속에 흩어져 있기 때문이라고 해석하였다. 즉 자기단극이 생성되었다고 해도 우주가 급팽창하면서 밀도가 낮아져서 검출하기가 어렵다는 것이다.

　급팽창이론에서는 급팽창이 일어나는 동안 우주의 온도가 자기단극이 생성될 수 있는 온도보다 낮아진다고 본다. 이것은 기체를 단열팽창시킬 때 온도가 낮아지는 것과 같은 원리인데, 이로 인해 자기단극이 쉽게 발견되지 않는다고 설명한다. 이러한 설명이 맞는지 틀리는지는 확실하지 않다. 실제로 초기 우주에서 급팽창이 일어났는지, 다시 말해 창조주가 급팽창을 우주 창조의 방법으로 사용했는지는 잘 모른다. 다만 급팽창을 가정하지 않으면, 위에서 언급한 세 가지 문제를 설명할 수 없기 때문에 급팽창을 가정하는 것이다.

4. 대폭발 이론의 과제들

그러면 가장 널리 받아들여지고 있는 대폭발 이론은 과학적으로 문제가 없을까? 대폭발 이론은 급팽창이론(inflation theory)을 통해 중요한 몇 가지 문제가 해결되기는 했지만, 그러나 여전히 설명하지 못하는 문제들도 많다.

첫째, 암흑물질(dark matter)의 존재 문제이다.[10] 대폭발 이론에서는 100억 년 이상 우주가 거의 평형상태를 유지하면서 팽창해왔다고 보기 때문에 우주와 은하는 현재도 평형상태에 있어야 한다. 그렇다면 나선은하와 같이 회전하는 은하들의 경우 외곽 부분의 별들이 너무 빠른 속도로 공전하므로 이들이 떨어져나가지 않도록 당겨줄 충분한 중력, 즉 충분한 물질이 은하계 내부에 존재해야 한다. 하지만 현재 관측되는 중력의 크기는 필요한 중력의 4%정도에 불과하며, 은하계 내부에는 충분한 수의 별이나 그 외 다른 물질들이 존재한다는 증거가 없다. 따라서 학자들은 나머지 96%의 보이지 않는 물질, 즉 암흑물질의 존재를 가정하고 이를 찾기 위해 많은 노력을 해왔다. 하지만 아직까지 뚜렷한 증거를 찾지 못하고 있다.

둘째, 우주의 구조와 은하 형성에 대한 문제이다. 근래에 와서 관측 장비의 발달로 깊은 먼 우주(deep space)에 대한 관측이 확대되면서 밝혀지고 있는 사실은 은하들이 무질서하게 균일한 밀도로 흩어져 있는 것이 아니라, 거대구조(巨大構造, large-scale structure)를 형성하고 있다는 사실이다. 즉 은하들이 모여서 은하단을 이루고, 다시 은하단들이 모여서 초은하단을 이루고 있는 것이다. 이러한 은하단들이나 초은하단들은 은하나 별들이 전혀 없는 거대한 우주 공동(void)의 가장자리에 집중적으로 분포하고 있다. 마치 거품 표면에만 비눗물들이 있는 것처럼 은하나 은하단, 초은하단들이 우주 공동이라는 거품 표면에 밀집되어 있다.

이러한 거대구조들에 대해 학자들은 우주형성 초기의 밀도의 중력적 불안정성(gravitational instability)이 어떻게 이런 구조들을 형성했는지를 이해하기 위해 노력하고 있다. 현대 우주론에서는 이를 대폭발 우주론의 표준모델이라고 부르는 람다-CDM(ΛCDM) 모델로 설명한다. 우주상수(Cosmological Constant) 람다(Λ)는 우주의 진공 에너지나 암흑 에너지와 연관된 상수인데, 2015년 플랑크 우주선이 측정한 결과에 의하면 우주의 총 에너지에서 암흑 에너지가 차지하는 비율은 $69.2\pm1.2\%$로 알려져 있다.[11] 또한 우주의 거대구조에서 관측되는 중력효과를 설명하기 위해 도입된 차가운 암흑물질(Cold Dark Matter)은 우주의 총 질량-에너지 밀도에서 26.8%를 차지하는 것으로 알려져 있다. 람다와 CDM을 포함하는 ΛCDM 모델에서는 초기 우주의 시공간의 양자요동(quantum fluctuation)을 통해 우리가 관측하는 우주가 형성되었다고 설명한다.[12]

양자요동이란 하이젠베르크(Werner Heisenberg)가 제안한 불확정성 원리(不確定性原理, Uncertainty Principle)로부터 유래한 개념이다. 이 원리에 의하면 입자의 위치와 운동량, 혹은 입자의 에너지와 그 에너지에 머무는 시간은 동시에 정확하게 측정할 수가 없다. 다시 말해 입자의 위치의 불확정성(Δx)과 운동량의 불확정성(Δp), 혹은 입자의 에너지의 불확정성(ΔE)과 그 에너지에 머무는 시간의 불확정성(Δt)을 곱한 값은 일정한 상수(플랑크 상수 혹은 디락 상수)보다 크다. 이를 간단한 식으로 표현하면

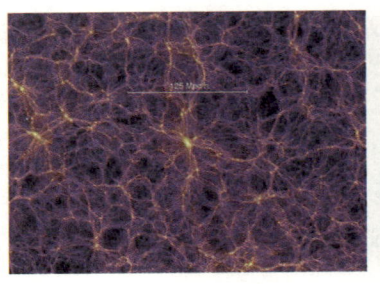 

그림 5-4 컴퓨터 시뮬레이션으로 그린 우주의 구조: (좌) 암흑물질(dark matter)이 있는 우주의 거대 구조(large-scale structure). 우주는 임의적으로 균일하게 흩어진 은하로 이루어진 것이 아니라 개별 은하나 은하단들이 암흑물질의 필라멘트와 주변의 천체 밀도가 낮은 거대한 공동에 의해 연결된 우주적 거미줄(cosmic web) 구조를 갖고 있다; (우) 은하들이 밀집해 있는 지역을 확대한 그림(사진: Max-Planck-Institute for Astrophysics)[13]

$$[입자의 위치의 불확정성(\Delta x)] \times [입자의 운동량의 불확정성(\Delta p)] \gtrsim 플랑크\ 상수\ h/4\pi$$

혹은

$$[입자의 에너지의 불확정성(\Delta E)] \times [입자가 그 에너지에 머무는 시간의 불확정성(\Delta t)] \gtrsim 플랑크\ 상수\ h/4\pi$$

로 나타낼 수 있다. 여기서 플랑크 상수(Planck Constant) h는 6.63×10^{-34} Joule · second이며, 플랑크 상수 $h/2\pi$는 디락 상수(Dirac Constant)라고도 불리며, 1.054×10^{-34} Joule · second라는 값을 갖는다. 플랑크 상수나 디락 상수는 매우 작은 상수이기 때문에 일상적인 삶에서는 위치와 운동량의 불확정성을 0으로 놓아도 별 문제가 없다. 하지만 원자 이하 크기의 세계로 내려가면 고전역학으로는 이해할 수 없는 여러 가지 현상들이 일어나게 되며, 이를 이해하기 위해서는 이 불확정성 원리를 고려해야 한다.

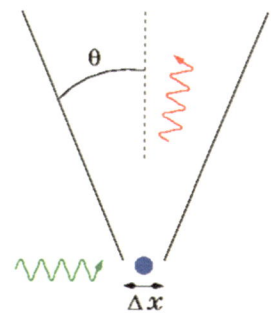

그림 5-5 하이젠베르크가 1927년에 불확정성 원리를 설명하기 위해 그린 감마선 현미경(일명 하이젠베르크 현미경).[14] 감마선이 초록색으로 들어와서 푸른 점의 전자에 의해 산란된 후 붉은색으로 산란되면, 전자는 입사된 감마선의 파장과 산란각 θ에 의존하는 위치의 불확정성 Δx 이하의 분해능으로 관찰될 수 없다.(Wikimedia Commons/Parri)

불확정성 원리를 설명하는 위 두 식에서 두 번째 식, 즉 [입자의 에너지의 불확정성(ΔE)] × [입자가 그 에너지에 머무는 시간의 불확정성(Δt)]이 플랑크 상수를 4π로 나눈 값보다 크다는 것은 매우 짧은 시간 동안이나마 에너지 보존 법칙이 깨어질 수 있음을 의미한다. 그리고 에너지 보존 법칙이 깨어지는 동안 가상입자의 입자-반입자(particle-antiparticle) 쌍이 생성될 수 있는데, 이는 실제 실험에서도 관측된다. 이러한 현상을 양자파동 혹은 양자요동이라고 부르며, 이 현상으로 우주의 구조를 설명한다. 급팽창 모델에 의하면 대폭발 직후, 아직도 우주가 매우 작을 때 일어난 양자요동이 오랜 시간이 지나고 큰 우주가 만들어진 현재 우주의 거대한 구조를 만든 원인이라고 설명한다.

지금까지 ΛCDM 모델은 마이크로 우주배경복사(CMBR)의 존재와 구조, 은하들로 이루어진 거대구조, 우주에 풍부하게 존재하는 수소나 헬륨, 리튬과 같은 가벼운 원소들의 양, 우주가 가속적으로 팽창하고 있는 현상 등을 설명함에서는 비교적 성공적으로 보인다. 하지만 ΛCDM 모델도 완전하지는 않다. 이 모델은 은하들의 거대구조 자체를 설명하는 데는 비교적 성공적이지만, 개별 은하들의 형성에는 여전히 만족할만한 이론이 존재하지 않는다.

또한 대폭발 이론에서는 우주의 태초에 존재했다고 생각되는 중성미자와 감마선 등이 균일하게 혼합된 초고온의 '불덩어리'가 알려지지 않은 이유로 대폭발을 일으켜 팽창, 냉각되어 현재와 같은 정교한 우주가 형성되었다고 본다. ΛCDM 모델은 현재 우주의 구조를 설명하기 위해 동원할 수 있는 유일한 과학적, 혹은 자연적 설명이라고 할 수 있다. 하지만 현재 관측되는 우주의 거대구조나 은하계, 태양계 등은 설계된 구조를 나타내고 있는 것으로 보인다. 이는 설계자를 가정하지 않고는 설명하기 어렵다. 이러한 현재의 질서 있는 우주가 우연에 의하여 형성되었다고 볼 수는 없는 것으로 보인다.

5. 대폭발 이론과 창조론자들의 오해

이 외에도 대폭발 이론에 대해 일부 창조론자들, 주로 창조과학자들이 제기하고 있는 문제점은 다음 몇 가지로 요약될 수 있다.

첫째, 대폭발 이론과 적색편이는 서로 반대되는 면이 있다는 비판이다. 즉 우주가 대폭발로 인해 생겼다면, 폭발직후 '파편'의 속도가 가장 컸을 것이고, 그 후에는 만유인력에 의해 점점 느려질 것이라는 것이다. 대폭발이 임의적이고 등방성이라면, 폭발하기 전후의 질량중심(중력중심)은 불변이기 때문에 폭발로 인한 파편들은 중력중심으로 끊임없는 인력을 받을 것이다. 중력중심으로부터 받는 인력이 폭발에 의해 파편들에게 주어진 속도를 감소시키는 역할을 할 것이므로 멀리 떨어진 천체일수록, 즉 대폭발 중심에서 멀리 떨어져 나간 것일수록 대폭발에 의한 적색편이의 예언과는 반대로 파편의 속도가 점점 줄어야 한다는 것이다.

그러나 이것은 팽창의 개념을 잘 이해하지 못한 데서 기인한 것으로 보인다. 그 동안 팽창력과 중력의 크기가 거의 같다고 생각했지만 근래 대폭발 이론가들은 미세하지만 대폭발 '파편들'의 팽창력의 영향이 중력의 영향보다 크다고 결론 내리고 있다. 그렇다면 파편들 간의 상대속도는 거의 줄지 않을 것이라고 본다. 그리고 팽창하다가 언젠가 다시 수축되는지, 혹은 계속 팽창하는지의 여부는 현재의 팽창속도가 열린 우주와 닫힌 우주를 결정하는 임계속도 이상인지 이하인지에 의해 결정되는데, 현재까지의 계산으로는 우주가 바로 이 임계속도보다 약간 더 빨리 팽창하고 있다고 본다.

현재로서는 임계속도를 경계로 하여 더 느린지 빠른지에 대해서는 더 많은 연구가 필요하지만, 근래 WMAP 우주선 등의 정밀 관측에 의하면 우주는 가속팽창하고 있을 가능성이 크다.[15] 2003년, 미국 다트머스대학(Dartmouth College)의 칼드웰(Robert R. Caldwell) 등은 '유령 암흑 에너지'(phantom dark energy) 개념을 도입하여 암흑 에너지 밀도는 시간에 따라 증가하며, 이로 인해 우주는 모든 물리적 결합이 풀려버리는 '빅 립'(Big Rip)으로 끝난다고 발표하였다.[16] 이들의 주장에 의하면 우주 상수는 시간에 따라 증가하며, 모든 물리적 구조는 강력한 가속팽창에 의해 입자단위까지 찢어지게 된다고 한다. 그리하여 우주는 영원히 가속 팽창되면서 차가와지게 된다.

우주가 점점 더 빨리 팽창하는 가운데 차가와지면서 종말을 맞는다는 사실을 발견한 세 물리학자는 2011년 노벨물리학상을 수상하였다. 미국 캘리포니아 대학 버컬리 분교의 펄머터(Saul Perlmutter), 호주국립대의 슈미트(Brian P. Schmidt), 미국 존스홉킨스대의 리스(Adam G. Riess) 등은 멀리 떨어진 초신성(超新星, supernova) 관찰을 통해 우주가 가속적으로 팽창한다는 사실을 발견한 공로로 노벨상을 받았다.

그림 5-6 가속 팽창하는 우주를 발견한 공로로 2011년 노벨물리학상 수상자들. (좌로부터) 펄머터, 리스, 슈미트(Wikimedia Commons/Holger Motzkau, Markus Pössel)

초신성은 태양처럼 스스로 빛을 내는 별이 사멸하기 직전 수백만 배로 커지면서, 그리고 은하계의 모든 별들의 밝기를 합친 것만큼이나 밝게 빛나면서 사라지는 별이다. 수상자들은 지상망원경과 우주망원경, 그리고 슈퍼컴퓨터와 최신 디지털이미지센서(CCD)를 사용하여 멀리 떨어진 초신성의 위치를 찾아 지도를 만들었다. 특히 이들은 Ia형이라 불리는 초신성 56개를 연구하면서, 이 초신성들이 가장 밝은 때의 밝기가 우주가 가속되지 않았을 때 예상되는 밝기보다 30%정도 희미하다는 점에 주의하였다. 그리고 이렇게 초신성이 희미해지는 것이 바로 우주가 가속적으로 팽창하는 증거라고 결론내렸다.[17]

둘째, 서로 다른 은하들의 연령이다. 대폭발 반대자들은 대폭발 이론에 의하면 모든 은하가 같은 시기에 형성되었을 것이므로 같은 연령이어야 하나 천문학자들에 의해 계산된 은하의 연령은 천차만별이므로 대폭발 이론은 잘못되었다고 주장한다.

하지만 이 비판 역시 대폭발 이론에 대한 이해 부족에 의한 것이라고 할 수 있다. 대폭발 이론가들은 일단 대폭발 후에 떨어져 나간 '파편들'은 그 크기에 따라 핵융합 반응의 속도가 얼마든지 다를 수 있으며, 따라서 현재 은하의 외형으로 결정되는 나이는 얼마든지 다를 수 있다고 제시한다. 또한 지금도 만들어지고 있는 별들이 관측되고 있다는 것은 모든 은하의 연령이 동일해야 한다는 주장이 잘못임을 보여준다.

셋째, 불활성 기체의 장벽이다. 대폭발 이론에 의하면 폭발 후 30분쯤에 원초물질의 74%는 수소로, 26%는 헬륨으로 변했다고 한다. 그러나 대폭발 이론을 반대하는 사람들은 원자량 4인 헬륨은 불활성 원소이므로 양성자나 중성자가 더 이상 융합될 수 없으며, 따라서 원자량이 5이상인 원소는 형성되기가 어렵다고 주장한다. 설사 헬륨 원자들이 핵융합을 일으킬 정도로 온도와 압력이 높았다 할지라도 원소의 주기율표의 우측단에 있는, 헬륨보다 원자번호가 큰 네온, 아르곤, 크세논, 크립톤 등의 불활성 기체가 핵융합을 일으키게 하려면 훨씬 더 높은 온도와 압력이 필요하다고 주장한다.

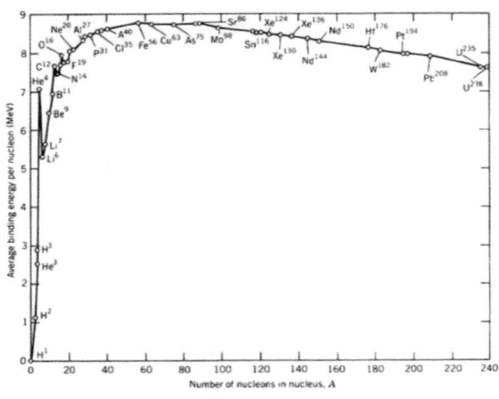

그림 5-7 원소 핵자들의 결합에너지. ^{4}He에서 결합에너지가 갑자기 증가하지만 학자들은 원시 핵융합에서 베릴륨까지 융합될 수 있다고 본다.

이 비판 역시 대폭발 이론에 대한 이해가 부족한 데서 기인한 것이라고 할 수 있다. 대폭발 이론가들은 현재의 대폭발 가정에 의하면, 불활성 기체의 장벽을 넘을 수 있는 핵융합이 얼마든지 가능하다고 본다. 즉 대폭발 핵융합(Big Bang Nucleosynthesis, BBN) 혹은 원시 핵융합(Primordial Nucleosynthesis)은 대폭발 이후 수 분 후(3-20분)에 일어났으며, 이 때 수소 동위원소(H^2, H^3)를 비롯해 헬륨 동위원소(He^3, He^4), 리튬 동위원소(Li^6, Li^7), 베릴륨 동위원소(Be^7, Be^8) 등이 형성되었다고 본다. 위 그림에서 볼 수 있는 것처럼, 그보다 더 무거운 원소들은 거대한 별이나 초신성이 폭발할 때 융합될 수 있다고 알려져 있다.

대폭발 이론으로는 헬륨보다 더 무거운 원소들의 기원을 설명할 수 없다고 주장하는 사람들은 우주론 연구에서 진행되는 바를 모르고 있다고 볼 수 있다. 한 예로 대폭발 이론을 반대하는 창조과학자들이 대폭발 이론으로는 무거운 원소의 기원을 설명할 수 없다고 주장하기 오래 전에 이미 무거운 원소들의 기원을 설명하는 이론적 모델들이 여러 학자들에 의해 활발하게 진행되었다.[18]

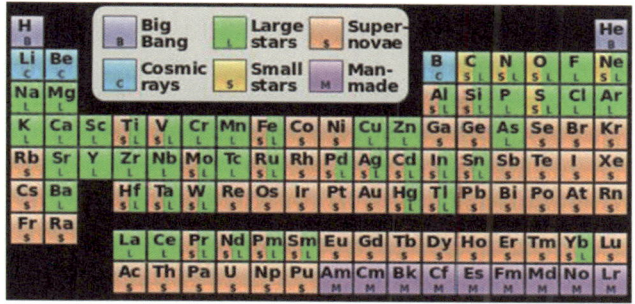

그림 5-8 원소의 기원을 표시한 주기율표와(Wikipedia Commons/Cmglee). 현재까지 알려진 원소들의 기원은 대부분 알려져 있다.

6. 대폭발 이론과 열역학

우주가 자연적으로 존재하게 되었는지, 초자연적 존재에 의해 창조되었는지의 질문은 과학적 연구의 영역을 벗어나는 것이다. 과학적 방법을 통해 창조되었건, 초과학적인 방법을 통해 창조되었건 오늘 우리들에게는 이미 존재하는 우주가 있을 뿐이다. 이미 존재하는 우주에 대하여 창세기에서 말하는 유신론적 창조가 무신론적인 우주 창조론에 비해 갖는 장점이라고 한다면, 인과율과 열역학적 측면일 것이다.

창조론은 창조주라는 초자연적 존재를 도입하지만, 무에서 유의 창조는 앞에서 말한 자연주의적 우주론들과는 달리 인과율에 위배되지 않으며 에너지 보존 법칙인 열역학 제1법칙과 엔트로피 증가법칙인 열역학 제2법칙에도 위배되지 않는다. 다른 창조론 논쟁에서와 같이 우주의 창조에서도 열역학적 고찰은 중요하다. 열역학 법칙은 어떤 과정이 자연계에서 일어나는지를 알아볼 수 있는 매우 중요한 기준이 되기 때문이다.

아래에서는 우주에 대한 자연주의적 관점과 유신론적 관점을 열역학 법칙들에 비추어 어느 것이 더 타당한지 생각해 보자. 우주가 저절로 진화하여 오늘에 이르렀다는 무신론적 우주 진화론의 가장 중대한 문제는 열역학 법칙에 의해 제기되기 때문이다.

열역학 제1법칙

에너지 보존 법칙이라고도 알려져 있는 열역학 제1법칙에 의하면, 에너지는 다른 형태의 에너지로 모양이 바뀔 수 있으나(물의 위치에너지가 수력 발전소에서 전기에너지로 바뀌듯) 결코 새로 만들어지거나 소멸되지 않는다. 20세기에 들어와 에너지 보존 법칙은 질량-에너지 등가원리(mass-energy equivalence)가 알려지면서 더욱 더 그 적용범위가 넓어졌다.

열역학 제1법칙에 의하면, 현재 우주 내에서는 아무것도 저절로 창조되지 않으며, 따라서 우주 안에서 스스로 우주 자체가 생성될 수는 없다. 그렇다면 우주가 우주 자체의 시초가 될 수 없는데도 현재 우주가 존재하고 있다는 말은 무엇을 의미하는가? 자연주의자들은 인정하고 싶지 않겠지만, 남은 가능성은 초자연적인 방법으로 우주가 창조되었다는 선택뿐이다. 아이러니컬하게도 논리적 비약 없이 열역학 제1법칙을 현존하는 우주에 적용할 수 있는 유일한 방법은 이 물질계에 속하지 않은 창조주가 우주를 창조하였다는 초자연적 사실을 인정하는 방법뿐이다.

대폭발과 에너지 보존 법칙

대폭발 이론도 우주의 모든 것을 설명할 수 없다. 사실 대폭발 이론은 존재론적 측면에서 볼 때 근본적인 문제가 있다. 즉 진정한 우주 창조론이라고 한다면, 대폭발을 일으킨 원초물질은 어디서 왔으며 초고밀도의 에너지(질량) 덩어리는 어디서 왔는지를 설명할 수 있어야 한다. 또한 처음 폭발은 '어디서' 일어났으며, 어떤 과정을 거쳐 별들이 현재의 우주와 같이 분포되었는지 등의 본질적인 문제에 관해서 대답할 수 있어야 한다. 하지만 대폭발 이론은 대폭발을 일으킨 물질의 기원에 대해서는 말하지 않는다.

만일 저절로 원초물질이 존재하게 되었다그 한다면(질량-에너지 등가 원리에 의해 질량은 곧 에너지이므로), 에너지 보존 법칙인 열역학 제1법칙에 위배된다. 엄격하게 말하면 대폭발 이론은 그 자체가 일종의 우주형성 과정에 대한 이론이지, 우주의 창조에 대한 이론은 아니다. 기원에 대한 이론이라면 대폭발을 일으킨 원초물질의 기원이나 생성을 설명하는 이론이어야 할 것이다. 원초물질의 대폭발을 주장하는 대폭발 이론 지지자들은 무에서 원초물질의 존재까지의 엄청난 논리적 비약을 감수해야 한다. 대폭발을 일으킨 물질의 존재는 창조주를 가정할 때만이 설명할 수 있다. 이 점에 대해 대폭발 이론의 급팽창이론을 제안한 구스는 이렇게 말한다.

> 우선 내가 말하고 싶은 것은 순전히 기술적 입장에서 팽창 그 자체로는 우주가 무에서부터 생겨났는지 설명할 수 없다는 것이다. … 급팽창이론은 매우 작은 우주로부터 매우 큰 우주가 생겨났음을 말해줄 뿐이다. 급팽창이론 자체로는 매우 작은 우주가 어디서

부터 왔는지 설명할 수 없다.[19]

열역학 제2법칙

다음으로 엔트로피(entropy) 증가 법칙으로 알려진 열역학 제2법칙을 생각해 보자. 엔트로피라는 말을 우리말로 정확하게 번역하기는 쉽지 않은데, 통계역학적으로는 무질서도, 열역학적으로는 에너지 무용도 등으로 번역할 수 있을 것이다. 엔트로피라는 말 속에는 몇 가지 의미가 동시에 포함되어 있기 때문에 하나의 단어로 표현하기가 어렵고, 따라서 대부분의 나라에서는 번역하지 않고 그대로 엔트로피라는 말을 사용한다.

열역학 제2법칙에서 엔트로피가 증가한다는 말은 같은 양의 에너지라도 시간이 지나면 쓸모없는 에너지로 변한다는 말이다. 이를 다른 말로 표현하면 옷을 오래 입으면 낡아져서 못 입게 되고 기계를 오래 쓰면 닳아 못 쓰게 되는 것같이, 에너지를 소유하고 있는 계(system)는 시간이 지나면서 점점 무질서해지고 퇴락한다는 말이다. 이것을 우주라는 계에 적용하면 우주는 시간이 지남에 따라 해체되고 분해되며, 결코 새로운 질서가 형성되지는 않는다. 즉 엔트로피가 감소하지는 않는다.

열역학 제2법칙은 현재의 엔트로피(무질서도)가 증가하고 있기 때문에 과거 언젠가 엔트로피가 가장 낮은 상태, 무용한 에너지가 최소였던 상태, 즉 만물이 가장 완전한 상태로 있었던 '태초'가 있었음을 의미한다. 이것은 우주의 무시무종(無始無終)을 가정하는 정상상태 우주론과 배치된다.

열역학 법칙들은 자연과학 분야에서 실험으로 가장 잘 증명된 법칙이며, 이 법칙에 어긋난 자연현상은 이제까지 한 번도 관찰되지 않았다. 우주가 우리가 관찰할 수 없는 장구한 시간과 공간 속에서 '저절로' 현재의 상태로 진화되었다고 보는 이론들은 열역학 법칙들에 위배된다. 만일 과학적 이론(theory)이 과학적 법칙(law)과 상반된다면, 우리는 당연히 법칙에 상반되는 이론을 폐기해야 할 것이다.

자연주의적 우주창조론들은 모두 우주는 비인격적인 미지의 힘이나 확률적인 과정에 의해 생겼다고 가정한다. 반면에 유신론적 창조론은 우주의 창조에서 전지전능한 창조주를 가정한다. 즉 이 우주는 물질계에 속하지 않은 초월적인 조물주가 특별한 목적을 가지고 창조하였기 때문에 만물은 나름대로 존재하는 목적을 갖고 있다고 본다. 우주의 기원에 대한 자연주의적 이론은 열역학 법칙에 위배된다면, 반면 유신론적 이론은 초월적 창조주를 전제해야 한다는 점에서 자연주의적 방법론을 전제로 하는 일반적인 과학의 범주를 벗어난다.

또한 대폭발이 일어났을 경우 그것이 임의적 방향으로 일어났을 텐데 어떻게 은하와 그들의 집합인 성단을 형성할 수 있었겠는가? 여기에 대해서는 앞에서 양자요동 개념과 급팽창 가설을 통해 설명했다. 하지만 그것은 불확정성 원리에 근거한 하나의 개념일 뿐 실제로 대폭발의 결과로 질서 있는 우주가 생겨나기에는 확률적 가능성이 너무 낮다. 어떤 사람은 확률이 작긴 하지만 영이 아니라면 확률적인 과정에 의해 우주가 만들어 질 수 있을 것이라고 한다. 그러나 작은 확률의 과정이 일어나려면 반드시 오랜 시간이 필요한데, 현재 대폭발 이론 주장자들이 가정하고 있는 138억 년 미만의 시간은 우주를 확률적으로 만들기에는 너무 짧다.

확률 계산

우주에서 일어나는 과정을 순수한 확률로 계산한 예로서 화학진화 가설을 비판한 뎀스키(William Dembski) 등의 주장을 살펴보자.[20]

과학자들은 알려진 우주 범위 내에 존재하는 소립자는 10^{80}개 정도라고 추산한다. 그리고 한 물질의 특성이 다른 특성으로 바뀌기 위해 시도할 수 있는 가장 빠른 속도는 물리적으로 의미 있는 최소 시간 단위인 플랑크 시간(Planck time)의 역수에 해당하는 초당 1.8×10^{43}번이라고 보는데, 넉넉잡아 10^{45}번이라고 하자.[21] 그리고 우주의 연대를 150억 년의 1,000만 배인 10^{25}초로 잡을 때, 우주의 역사에서 일어날 수 있는 '특정화된'(specified) 총 사건들의 수는

$$10^{80} \text{개} \times 10^{45} \text{번/초} \times 10^{25} \text{초} = 10^{150} \text{번}$$

이다. 그러므로 '특정화된'(specified) 어떤 사건이 일어날 수 있는 '우주적 확률 한계'(universal probability bound)는 기껏해야 $1/10^{150}$이 된다. 하지만 프랑스 수학자 보렐(Émile Borel, 1871-1956)은 우주의 역사에서 우연히 일어날 수 있는 우주적 확률 한계를 $1/10^{50}$으로 제시했고, 미국연구위원회(US National Research Council)는 우연한 시도로 금고를 열 수 있는 최저 확률을 $1/10^{94}$, 컴퓨터 과학자 로이드(Seth Lloyd)는 우주 역사상 가장 빠른 컴퓨터가 연산할 수 있는 최대 회수(max. number of bit-operation)는 10^{120}회, 즉 우주적 확률한계를 $1/10^{120}$으로 잡았다. 그러므로 우연히 특정화된 복잡성(specified complexity)이 있는 사건들이 일어나 현재의 우주를 만들 가능성은 없다고 잘라 말할 수 있다.

어떤 사람은 임의적인 대폭발의 결과로 현재의 우주와 같이 규칙적이고 아름다운 은하가 형성될 가능성은 인쇄소에서 일어난 대폭발의 결과로 흩어진 활자들이 날아가 저절로 대영백과사전 한 세트를 인쇄하여 만들 가능성보다 훨씬 더 희박하다고 말한다. 이 비유는 복잡한 대폭발 이론을 너무 단순화 시켜서 대폭발 이론을 오해하게 만드는 얘기라고 비판받고 있지만, 임의적인 대폭발을 통해 현재와 같이 질서 있는 우주가 만들어지려면 창조주의 간섭이 반드시 있어야 하는 것을 강조한 것이라 할 수 있다.

영국의 대폭발 이론가인 밀른(Edward A. Milne, 1896-1950)이 말한 바가 의미심장하다. "팽창하고 있는 우주가 어떻게 생겨났는가에 관한 문제는 독자의 주관적 판단에 맡길 수밖에 없지만, 우리의 모델은 하나님을 배제하면 불완전하다."[22]

7. 대폭발 이론과 창조의 흔적

임계속도 근처에서의 우주 팽창

앞에서 우주의 미세조정을 다루면서 언급한 바와 같이, 현재 우주가 팽창하고 있는 속도는 열린 우주(영원히 팽창하는)와 닫힌 우주(언젠가는 다시 수축하는)를 결정하는 임계속도 근처에 있다. 지난 오랜 세월 동안의 팽창에도 불구하고 우주가 임계상태에 "아슬아슬하게 근접해서 팽창하고 있다는 것(은) … 우주팽창이 임계값과 불과 $1/10^{35}$, 즉 10에 0을 35개 붙인 숫자분의 1만큼의 차이로 시작되었다는 것을 뜻한다."

우주의 임계속도는 임계밀도와 관련되어 있다. 우주의 물질의 밀도가 임계밀도보다 크면 중력이 팽창력보다 클 것이다. 즉 우주는 충분한 질량을 갖기 때문에 우주의 팽창속도가 임계속도보다 느리게 될 것이고, 시간이 지남에 따라 우주는 대폭발의 반대인 대수축(big crunch)을 일으킬 것이다. 반대로 우주의 밀도가 임계밀도보다 작으면 우주의 질량은 팽창력을 이길 수 있는 정도의 중력을 만들 수 없으므로 우주는 영원히 팽창할 것이다.

우주의 임계밀도를 Ω라고 하면

$$\Omega = [\text{현재 우주의 밀도}]/[\text{우주의 임계밀도}]$$

로 표현할 수 있다. 그러면 $\Omega > 1$인 경우, 우주는 닫힌 우주(closed universe)가 되어 언젠가는 대수축을 일으킬 것이다. 반대로 $\Omega < 1$인 경우, 우주는 열린 우주(open universe)가 되어 영원히 팽창할 것이다. 그런데 오랫동안 우주는 $\Omega=1$ 근처에 있는 것으로 알려져 왔으나(flat universe), 앞에서 소개한 펄머터(S. Perlmutter), 슈미트(B.P. Schmidt), 리스(A.G. Riess) 등의 연구를 통해 우주는 가속팽창(accelerating universe)하고 있는 것으로 알려져 있다.

우주의 가속팽창이 알려지기까지 학자들은 우주가 임계밀도에 매우 근접해 있다는 사실로 인해 놀랐다. 이 사실은 천체의 형성과 관련하여 대단히 중요한 의미를 갖는다. 만일 우주가 임계값보다 훨씬 더 빠르게 팽창한다면 별이 만들어질 수 없으며, 만일 우주가 임계속도보다 훨씬 더 느린 속도로 팽창한다면 결국 우주는 수축하여 붕괴할 것이고 따라서 천체는 형성될 수 없다. 그렇다면 누가 현재와 같이 임계밀도에 아슬아슬하게 근접해서 가속팽창하도록 했을까? 다른 많은 설계의 흔적과 더불어 이것도 창조의 흔적을 보여주는 것이라고 할 수 있을 것이다.

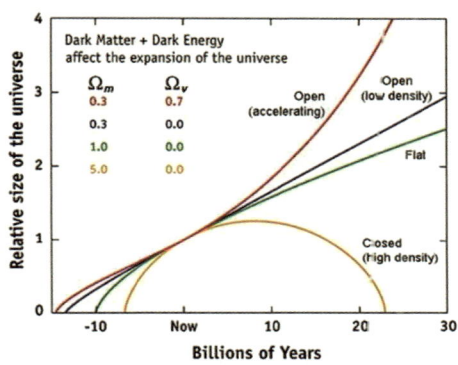

그림 5-9 우주는 영원히 팽창할 것인가, 언젠가 수축할 것인가? 근래 과학자들은 우주가 가속팽창하고 있다고 결론내렸다.[23]

균일한 배경복사

또한 우주가 방향마다 다른 속도로 팽창하고 있다면, 우주배경복사는 방향에 따라 약간씩 다를 것이다. 빠르게 팽창하는 방향에서는 빨리 냉각되어 우주배경복사의 파장이 더 길고 세기도 약할 것이다. 팽창이 균일하지 않다면 물질(천체)의 분포도 일정하지 않을 것이며 따라서 방향에 따라 복사의 세기도 달라질 것이다. 1992년 미항공우주국(NASA)에서 쏘아올린 코비(Cosmic Background Explorer, COBE) 위성은 이것을 측정하여 놀라운 결과를 발견하였는데, 이는 우주는 모든 방향에서 1/1,000 이상의 정확도로 같은 비율로 팽창하고 있다는 것이었다. 즉 우주의 팽창은 거의 완벽하게 등방적(isotropic)이라는 사실을 확인한 것이었다.

이러한 사실은 2000년대에 들어와 WMAP(Wilkinson Microwave

Anisotropy Probe) 위성의 관측결과를 통해서도 더 정밀하게 확인되었다. 2001년 6월, NASA에서 쏘아올린 WMAP의 임무는 기본적으로 COBE 위성의 임무를 계승하는 것이었다. 이를 위해 COBE에 비해 WMAP는 정밀도에서는 45배, 각분해능에서는 33배나 정밀하게 우주배경복사의 온도분포를 측정할 수 있는 장비를 탑재했다. 특히 WMAP의 임무 중 하나는 우주의 나이를 정밀하게 결정하는 것이었는데, 측정된 나이는 137.72±0.59억 년이었다.

또한 2009년 5월, 유럽우주국(ESA)에서 쏘아올린 플랑크(Planck) 위성은 WMAP보다 더 정밀하고 분해능이 높은 장비로 우주배경복사를 측정하였다. 이러한 연구결과들은 기본적으로 COBE의 결과와 일치하였으며, 현재의 표준모델, 즉 대폭발 이론의 예측과 잘 일치하였다.

이러한 연구들이 보여주는 것과 같이 우주가 대폭발의 결과로 생겨났다면, 우주는 수많은 가능성을 갖고 있다. 즉 우주는 어떤 방향으로는 빠르게 팽창하고, 어떤 방향으로는 느리게 팽창하고, 어떤 방향으로는 도리어 수축하고, 어떤 방향으로는 고속으로 회전하는 등 수많은 가능성이 있다. 그런데 우주배경복사가 거의 완벽한 등방성을 유지하고 있다는 사실, 즉 우주가 매우 잘 정렬된 상태에서 모든 방향으로 높은 정확도로 균일하게 팽창하고 있다는 사실은 결코 우연한 일이 아니다. 오래 전 배로우(John D. Barrow)가 말한 것과 같이, 이것은 "거의 있을 수 없는 상태인 것이다. 따라서 뭔가 다른 외적 영향이 있었을 것이라고 생각할 수 있다."[24]

여기서 다른 '외적 영향'이 무엇이냐에 대하여 일반적으로 대폭발 이론가들은 초자연적인 창조주의 개입이라는 가능성은 원천적으로 부정하고, 오로지 자연적인 원인만을 찾고 있다. 그러나 수많은 가능성 중에서 저절로는 극히 있음직하지 않은 우주를 관찰하면서 창조주의 존재를 가정하고 그의 설계를 받아들이는 것이 도리어 자연스러운 것이 아닐까?

8. 대폭발 이론과 라일의 비판

대폭발 이론에 대해서 가장 격렬하게 반대하는 사람들로서는 창조과학자들을 들 수 있다. 이들은 "기원에 관한 인간의 이야기를 신뢰할 것인가, 하나님의 설명을 신뢰할 것인가?"(Do we trust in God's account of origins, or man's story?)라고 묻는 등 창조과학자들 특유의 흑백논리적이고 전투적인 태도로 대폭발 이론을 비판한다. 이런 입장을 견지하는 사람으로는 물리학자 험프리스(Russell Humphreys), 천문학자 포크너(Danny Faulkner), 지구물리학자 바움가드너(John Baumgardner), 천문학자 라일(Jason Lisle) 등을 들 수 있다. 여기서는 미국 창조과학자 라일의 비판을 중심으로 살펴보자.[25]

라일은 볼더에 있는 콜로라도대학(University of Colorado at Boulder)에서 천체물리학으로 석사 및 박사 학위를 받았다. 대학원에서는 NASA에서 태양연구를 위해 쏘아올린 SOHO(Solar and Heliospheric Observatory) 위성을 사용하여 태양 표면을 관측하는 연구를 했고, 이 연구는 정상적인(peer-reviewed) 학술지에 게재되었다. 이는 라일이 정상적인 천문학자로 훈련을 받았음을 의미한다.

라일이 모든 창조과학자들을 대표하는 것은 아니지만, 그는 창조과학자들 중에서는 몇 안 되는 천문학 전공자이다. 비록 지금은 천문학 연구를 떠나 주로 대중 강연이나 대중적인 글쓰기를 하고 있지만,

그는 창조과학자들 중에서는 대폭발 이론이 무엇인지를 비교적 잘 알고 있는 소수의 사람들 중 한 사람이다. 그런 그가 대폭발우주론을 비성경적이라고 비판한다. 라일 외에도 험프리스, 바움가드너, 포크너와 같은 창조과학자들도 성경과 대폭발 이론이 배치된다고 주장하지만, 아래에서는 라일이 대중들을 상대로 대폭발 이론을 비판한 내용을 중심으로 살펴보겠다. 다른 창조과학자들도 라일과 대동소이한 견해를 갖고 있다.

창조의 순서

우선 라일은 성경과 대폭발 이론은 창조의 순서가 다르다고 비판한다. 성경은 지구가 먼저 창조된 후 다른 일월성신이 창조되었다고 말하지만, 대폭발 이론에서는 별이 먼저 생기고 그 후에 지구가 생겼다고 말하기 때문이라고 한다. 또한 성경은 물고기보다 나무가 먼저 존재했다고 말하지만, 대폭발 이론에서는 나무보다 물고기가 먼저 존재했다고 말한다. 성경은 새가 공룡보다 먼저 존재했다고 하지만, 대폭발 이론에서는 공룡이 새보다 먼저 존재했다고 말한다.

그런데 여기서 우리가 생각해 봐야 할 점이 있다. 그것은 과연 성경이 분명하게 지구가 우주에서 가장 먼저 창조되었다고 말하고 있는가 하는 점이다. 이를 위해 창세기 1장 1절을 생각해보자. 성경의 첫 구절인 "태초에 하나님이 천지를 창조하시니라."고 하는 말씀을 두고서도 성경학자들마다 다양한 해석을 제시하고 있다. 예를 들면 여기서 말하는 '지'(地)가 지구를 말하는 것인지, 우주의 모든 물질계를 말하는 것인지, 혹은 '천지'라고 할 때 '천'을 먼저 만들고 이어 '지'를 만들었음을 의미하는지 등등. 이 모든 것들이 해석자에 따라 달라질 수 있다. 창세기 1장의 다양한 해석에 대해서는 필자가 출간한 『창조에서 홍수까지』를 참고하기 바란다.[26] 그러므로 창세기 1장을 두고 무조건 대폭발 이론과 맞지 않는다고 할 수 없다. 대폭발 이론은 라일이 생각하는 창조순서와 맞지 않을 뿐이다.

또한 라일은 창세기 1장의 창조순서와 관련하여 대폭발 이론에서는 나무보다 물고기가 먼저, 공룡이 새보다 먼저 존재했다고 말한다고 했다. 하지만 대폭발 이론에서는 나무나 물고기, 공룡이나 새 등 종의 기원에 대해서는 언급하지 않는다. 대폭발 이론은 우주의 생성, 나아가 물질계의 생성에 관한 작업가설일 뿐이다. 대폭발 이론은 생명체의 진화에 대해서는 다루지 않는다. 라일이 대폭발 이론의 번지수를 잘못 짚은 것이라고 할 수 있다.[27]

창조연대

라일은 또한 대폭발 이론이 제시하는 오랜 우주연대를 비판한다. 대폭발 이론에서는 우주가 백억 년 이상 전에 탄생했다고 하지만 (WMAP 프로젝트에서 측정한 우주의 나이는 137.72±0.59억 년), 라일은 우주가 수천 년 전에 창조되었다고 주장한다. 라일 뿐 아니라 우주와 지구와 사람이 6천 년 전에 모두 함께 창조되었다고 하는 주장은 모든 젊은지구론자들의 공통적인 주장이다. 그리고 이들은 하나같이 성경이 젊은지구론을 말한다고 주장한다.

필자는 젊은지구론자들에게 도대체 성경 어디에 지구가 6천 년 되었다는 말이 있는지 묻고 싶다. 과거 젊은지구론을 주장하던 때에 필자도 성경이 젊은지구론을 지지한다고 생각한 적이 있었다. 하지만 창조연대에 대한 진지한 관심을 갖고 성경을 보면서 성경이 어디에서도 6천 년 전에 우주가 탄생했다고 말하지 않는다는 사실을 발견하고는 놀랐다. 이 문제에 관해서는 본서 "제9강 우주의 창조연대"에서 좀 더 자세히 살펴보겠지만, 젊은지구론은 창조과학자들의 독특한 성경 해석일 뿐이다. 성경의 영감성, 성경의 무오성을 받아들이는 대부분의 복음주의 성경학자들은 창세기 1장의 '날'을 24시간의 하루로 받아들이지 않는다. 성경해석에는 창조과학적 해석만 있는 것이 아님을 유념해야 한다.[28]

우주의 시작과 종말

라일은 성경과 대폭발 이론은 시작과 종말에 대한 설명이 다르다고 비판한다. 즉 성경은 하나님이 우주를 창조하셨다고 말하지만, 대폭발 이론에서는 무에서 양자요동(量子搖動, quantum fluctuation)을 통해 탄생했다고 비판한다. 또한 성경은 종말에 심판과 회복이 일어날 것이라고 말하지만, 대폭발 이론은 열적 죽음(heat death 혹은 thermal death)을 말한다고 한다. 과연 성경의 종말론과 과학적 종말론은 상충되는가?

성경에서 말하는 종말과 과학에서 예측하는 열적 죽음이 일치하는 개념인지, 상충되는 개념인지 현재로서 우리는 정확하게 알 수가 없다. 성경이 말하는 종말에 대한 표현은 성경의 종말론을 연구하는 학자들마다 의견이 다르다. 종말에 관한 성경의 기록과 과학적 예측이 상충된다고 주장하는 것은 창조과학자들의 한 해석일 뿐이다. 성경은 우주론에서 말하는 종말과 성경이 말하는 종말이 일치하는지, 충돌하는지에 대해 침묵하고 있다. 성경이 침묵하고 있는 바를 자기 마음대로 아전인수 격으로 해석하는 것은 말씀을 사랑하는 성도들의 태도가 아니다.

과학은 끊임없이 발전, 수정, 보완, 때로는 폐기되기도 하지만, 하나님의 말씀은 그렇지 않다. 예를 들면 1980년 이전까지만 해도 우주의 창조나 대폭발 이론과 관련하여 급팽창이론도, 스트링이론도 없었고, 암흑물질, 암흑에너지 개념도 없었다. 지금은 71km/sec/Mpc 내외로 알려진 허블상수도 필자가 대학생이었던 시절에는 대략 50-500km/sec/Mpc 내외일 것이라고 대략적인 짐작만 하고 있었을 뿐이었다.[29] 하지만 지난 3-40년 동안 우주론 연구의 지평은 엄청나게 확장되었다. 이처럼 과학이란 변화하며 진보하는 것이다. 연구를 거듭하면서 수정되고, 보완되고, 때로는 폐기처분도 서슴지 않는 것이 과학이다. 이처럼 변화하는 과학의 틀로 변치 않은 성경을 해석하려다 보면 무리수가 따르게 된다.

생명체 발생

라일은 성경과 대폭발 이론은 생명체 발생에 대해 서로 충돌한다고 비판한다. 성경은 하나님이 지구를 생명을 위해 특별히 창조하셨다고 말하지만, 대폭발 이론에서는 다른 행성에서도 생명체가 진화했을 것이라고 주장한다고 한다. 성경은 하나님이 최초의 지구를 낙원으로 창조하셨지만, 대폭발 이론에 의하면 태초의 지구는 바위가 용융된 상태였다고 주장한다.

그러나 어떻게 성경과 대폭발 이론이 생명체 발생에 대해 충돌하는가? 앞에서 생물 종의 기원의 문제에서 지적한 것처럼, 대폭발 이론은 생명체 진화에 대해 침묵한다. 말할 필요도 없이 외계생명체에 대해서도 성경은 침묵한다. 생명체 진화는 화학진화의 영역이며, 외계

생명체는 대폭발 이론의 영역이 아니다. 만일 대폭발 이론 지지자가 생명의 자연발생을 운운한다면, 그는 우주론자로서가 아니라 화학진화론자로서 말하는 것이다. 생명의 자연발생에 대해서는 성경도 침묵하고 있다. 성경은 하나님이 능력의 말씀으로 천지와 그 가운데 모든 생명체들을 창조하셨다고만 기록하고, 그 생명체들을 창조하신 구체적인 방법에 대해서는 언급하고 있지 않다.[30]

라일은 대폭발 이론에서 태초의 지구가 바위가 용융된 마그마 바다였다고 주장한다고 했지만, 대폭발 이론은 그것에 대해서도 언급하지 않는다. 그것은 대폭발 이론가들의 영역을 넘어서는, 지구과학이나 지사학의 영역이다. 성경 역시 태초의 지구 상태에 대해서는 침묵한다. 흔히 창세기 1장 2절에서 "땅이 혼돈하고 공허하며 흑암이 깊음 위에 있고 …"라는 표현을 태초의 지구 상태를 묘사한 말이 아닌가 추측하기도 하지만, 이것이 구체적으로 어떤 것을 의미하는지 우리는 잘 모른다. 이의 해석에 관해서는 필자의 『창조에서 홍수까지』를 참고하기 바란다.[31]

세계관의 문제

라일은 성경은 우주의 창조에 관한 유신론적 설명이고, 대폭발은 우주의 창조에 대한 자연주의적 이론이라고 비판한다. 그는 성경은 하나님의 말씀이지만, 대폭발 이론은 인간의 추측이라고 말한다. 그리고 하나님의 말씀과 인간의 추측 중 어느 것이 더 신뢰할 수 있는가라고 도전한다. 창조과학자 포크너 역시 대폭발 이론은 무신론이요, 급팽창이론은 철학이요 종교적 신앙이라고 비판한다. 그러면서 그는 대폭발 이론은 우주에 대한 자연주의적 해석이기 때문에 하나님의 말씀을 믿어야 한다고 주장한다.

라일이 대폭발 이론보다 하나님의 말씀을 신뢰해야 한다고 말하는 이유를 요약하면 이렇다. 곧 하나님은 창조현장에 계셨지만 인간은 그곳에 없었기 때문에, 하나님은 실수하지 않으시지만 인간은 실수하기 때문에, 하나님은 전지하시지만 인간은 제한된 지식만을 갖기 때문에, 하나님은 항상 증거를 바르게 해석하시지만 인간은 때로 증거를 잘못 해석할 수도 있기 때문에, 하나님은 결코 거짓말을 하지 않으시지만 인간은 때로 부정직하기 때문에, 하나님은 실제로 창조에 대해 책임을 지시지만 인간은 창조와 아무런 관련이 없기 때문이라는 것이다.

언뜻 보기에 위 문장들은 운율은 맞지만 한 가지 진지하게 생각해 봐야 할 사항이 있다. 하나님은 증거를 정확하게 해석하시지만 사람은 증거를 잘못 해석할 수 있다는 점이다. 사람이 자기 마음대로 성경을 해석해 놓고는 그것이 하나님의 해석이라고 우기는 일이 얼마든지 있을 수 있음을 기억해야 한다. 필자가 보기에 라일이 말하는 하나님의 해석이라는 것은 하나님의 해석이 아니라 불완전한 자신의 해석을 하나님의 해석이라고 우기는 것으로 보인다.

대폭발 이론을 연구하는 학자들은 기독교인이라고 해도 연구 논문에서 하나님이나 성령의 역사 등을 언급하지 않는다. 하지만 그렇다고 해서 그들을 무신론자라고 단정할 수 있을까? 여기에서 우리는 방법론적 자연주의(methodological naturalism)의 문제를 고려해야 한다. 방법론적 자연주의는 흔히 무신론과 동일시 할 수 있는 형이상학적 자연주의와는 전혀 다르다. 연구자들의 세계관이나 기본 가정, 연구 방향이 무신론적이라는 것은 문제지만, 연구방법에서 하나님을 언급하지 않는 것은 무신론과는 아무런 관계가 없다. 도리어 연구 방법에서 초월적인 존재를 개입시키려고 어색하게 노력하는 것은 하나님이 사람에게 주신 이성적 능력을 제한할 수 있다. 무신론은 대폭발 이론 자체의 문제가 아니라 그것을 연구하는 과학자들의 세계관의 문제이다. 인격적 하나님을 믿지 않고, 우주를 기계적으로만 해석하면서 그것이 전부라고 우기는 것이 문제인 것이다.

나쁜 과학모델

라일은 대폭발 이론은 너무 복잡하고 과학적인 예측을 할 수 없기 때문에 좋은 과학모델이 아니라고 비판한다. 그는 좋은 모델에 대해 상대적으로 단순하고, 가정을 적게 할수록, 또한 정확하고 구체적인 예측을 많이 할수록 더 좋은 모델이라고 말한다. 예를 들면 지동설 또는 뉴턴의 중력법칙이나 운동법칙이 그러하다는 것이다.

라일의 주장은 과학이론이 무엇이며, 어떤 과학이론이 좋은 것인지를 평가하는 과학철학적 측면에서 보면 상식에 속하는 주장이다. 이러한 과학철학적 상식에서 보자면 대폭발 이론은 처음 제안될 때부터 많은 문제들이 있었고, 또 비판을 받았다. 대표적인 몇 가지 예를 들면, 우주의 평탄성(flatness) 문제, 지평선(horizon) 문제, 자기단극(monopole) 문제, 특이점(singularity) 문제, 중입자수(重粒子數, baryon number) 문제,[32] 먼 은하 문제 등등. 라일은 대폭발의 온도에서는 (하나의 자극만을 가진) 자기단극자들이 생성되어야 하지만, 아직까지 발견되지 않는 것은 우주가 그렇게 뜨거웠던 적이 없었기 때문이라고 주장한다.

대폭발 이론, 특히 최근의 대폭발 이론은 매우 복잡하고 관측과 양립 가능한 모델을 만들기 위해 많은 임의적인 가정들(*ad hoc hypotheses*)을 해야만 한다. 대표적인 예가 바로 급팽창이론이다. 급팽창이론은 우주가 초기에는 아주 빠른 속도로 팽창하였다가 다시 정상적인 팽창속도가 되었다고 하는 가정이다. 이 이론은 앞에서 언급한 우주의 평탄성 문제, 지평선 문제, 자기단극 문제를 해결하기 위해 도입된 가설이다. 이 이론은 어색하기는 하지만, 대폭발 이론에서 제기되는 몇 가지 중요한 문제를 없애거나 완화할 수 있다.

물론 급팽창이론 역시 여러 가지 문제를 갖고 있다. 우선 급팽창이론에서는 무엇이 급팽창을 일으켰으며, 어떻게 급팽창이 중지되었는가와 같은 자체적인 문제를 갖고 있다. 그뿐 아니라 급팽창이론은 특이점(제로 공간에서 무한대 밀도와 무한대 온도가 존재하는)의 존재를 가정해야 한다. 그러나 그 특이점이 왜, 무엇 때문에 폭발하게 되었는지는 알 수 없다. 또한 급팽창이론은 아인슈타인의 일반상대성 이론과 같이 잘 알려진 물리학의 법칙들과도 충돌한다.

이 외에도 대폭발 이론은 여러 가지 문제를 갖고 있다. 이를 테면 허블먼우주(Hubble Deep Field) 사진을 보면 멀리 떨어진 은하들이 이미 성숙한 은하의 모습을 하고 있는 것도 대폭발 이론으로서는 설명하기 어려운 현상이다. 또한 대폭발 초기에는 무거운 원소가 만들어질 수 없다. 그러므로 처음 나타난 별들(Population III star라고 부르는)에는 무거운 원소가 존재하지 말아야 한다. 하지만 현재까지 알려진 모든 별들에는 무거운 원소들이 존재한다.

이러한 문제점들을 고려한다면 라일의 지적대로 대폭발 이론이나 급팽창이론은 좋은 과학이론이 아님이 분명하다. 그럼에도 불구하고 분명한 사실은 적어도 현재까지는 과학이론들 중 우주의 창조를 설명함에 있어서 대폭발 이론보다 더 나은 이론이 없음을 기억해야 한다. 라일이 말하는 성경적 모델이라는 것은 신학적 의미와 가치는 있을지 모르지만, 과학적 이론의 영역에는 속하지 않는다. 다시 말해 대폭발 이론은 비록 완전하지는 않더라도 과학이론이라고 할 수 있지만, 창조과학자들이 말하는 우주창조론은 아예 과학이론의 영역에 속하지도 않는다!

9. 결론

결론적으로 성경은 기록된 역사이자 하나님의 정확무오한 말씀이다. 그렇다고 성경이 올바른 과학적 우주론을 제시하거나 대폭발 이론이 틀렸다고 말할 수 있는 근거를 제공하지는 않는다. 성경은 그런 목적으로 기록된 책이 아니기 때문이다. 창조과학자들은 성경은 대폭발 이론에서와 같은 문제가 없는, 기원에 관한 합리적인 설명을 제시한다고 주장하지만, 도대체 성경이 어디에서 우주의 창조에 대한 과학적 모델을 제시하고 있다는 말인가! 성경은 과학교과서가 아니기 때문에 우주의 창조에 대해 어떤 모델도 제시하지 않는다.

성경은 하나님이 천지만물을 능력의 말씀으로 창조하셨다는 큰 우산을 제공하고 있다. 그리고 그 우산 아래에서 하나님이 주신 지성을 사용하여 창조세계를 성실하게 연구하는 것은 과학자들의 몫이다. 그래도 계속 성경이 우주의 창조에 대해 더 나은 모델을 제시하는 과학 교과서라고 주장한다면, 아무래도 그런 사람들의 성경은 보통 사람들이 가진 성경과는 다른 것으로 보인다.

이상의 여러 가지 논의로부터 내릴 수 있는 잠정적인 결론은, 대폭발 이론은 모든 것을 설명할 수 있는 완전한 이론은 아니지만, 그럼에도 불구하고 현재까지 우주의 창조에 관하여 제시된 다른 어떤 과학적 이론들보다 관측결과를 비교적 잘 설명할 수 있는 작업가설이라고 할 수 있다. 정확한 이론은 아닐지 모르지만, 그보다 더 좋은 과학이론이 없기 때문에 더 좋은 과학이론이 등장하기까지는 대폭발 이론을 잠정적으로 인정하지 않을 수 없다.

대폭발 이론의 문제점은 그 자체의 논리적 부정합성이나 관측결과의 불확실성에 더하여 모든 관측 자료들을 오직 자연주의적으로만 해석하려는 연구자들의 무신론적 특성이다. 창조주의 개입을 철저히 배제한 채 오로지 자연적 인과관계에만 집중하게 되면, 또 다른 '창조자'를 찾는 우상숭배 내지 이데올로기에 빠질 위험이 있다. 비록 과학문헌에 초월적 창조주에 대한 신앙고백을 명시적으로 담을 필요는 없다고 하더라도, 태초에 대폭발이 있었고 그로부터 현재와 같은 질서 있는 우주가 태어나기 위해서는 반드시 창조주의 지혜와 설계, 그리고 섭리가 있어야 한다는 암묵적인 가정에 대해 알레르기적인 반응을 가져서는 안 될 것이다.

대폭발 이론이 문제는 많지만 그보다 더 나은 이론이 제기될 때까지는 잠정적으로 받아들여야 한다는 주장은 다음에 이어지는 두 강의 내용을 보면 좀 더 잘 이해할 수 있을 것이다. 현대 우주론의 표준모형에서 예측한 힉스입자가 예측한 에너지, 예측한 질량 등의 영역에서 발견되었다는 것은 대폭발 이론이 우주탄생을 설명하는 작업가설로서 가치가 충분히 있음을 입증하는 것이라고 할 수 있다.

토의와 질문

1. 창조주가 대폭발 이론에서 제시하는 바를 따라 우주를 창조했다고 한다면, 대폭발 이론을 창조론으로 받아들일 수 있는가? 만일 받아들일 수 없다고 생각한다면, 혹은 받아들일 수 있다고 생각한다면 그 이유를 말해보자.

2. 천문학자이자 복음주의 진영의 대표적인 창조론자인 미국의 로스(Hugh N. Ross) 박사는 대표적인 진행적 창조론자(Progressive Creationist)로서 대폭발 이론을 유신론적 관점에서 수용한다. 대폭발 이론을 유신론적 관점에서 조망만 한다면 하나의 창조론이 될 수 있을까?

제6강

대폭발 이론과 힉스입자[1]

"그 날에는 하늘이 큰 소리로 떠나가고 물질이 뜨거운 불에 풀어지고 땅과 그 중에 있는 모든 일이 드러나리로다."
- 베드로후서 3:10

2012년 7월 4일, 스위스 제네바에 위치한 유럽입자물리연구소(Conseil Européen pour la Recherche Nucléaire, CERN)는 거대강입자가속기(Large Hadron Collider: LHC)에 설치된 두 검출기(ATLAS, CMS)의 분석 결과를 토대로 '힉스처럼 보이는 입자'(Higgs-like particle)를 발견했다고 발표했다. 힉스입자는 우주를 구성하는 입자들 중 마지막으로 발견된 기본입자이다. 이 입자는 같은 장소, 같은 양자상태에 [한 개의 입자만 존재할 수 있는 페르미온(fermion)과는 달리] 여러 개의 동일한 입자들이 동시에 존재할 수 있기 때문에 보손(boson) 입자군에 속한다. 그래서 힉스입자는 힉스보손(Higgs boson)이라 불리기도 한다.

힉스입자는 오래 전에 여러 사람들에 의해 거의 동시에 예언되었다. 브라우트(Robert Brout, 1948–2011), 엥글러트(François Englert), 힉스(Peter Higgs), 구랄닉(Gerald Guralnik, 1936–2014), 헤이건(C. R. Hagen), 키블(Tom Kibble) 등이 1964년에 물리학계의 가장 권위 있는 학술잡지인 *Physical Review Letters*를 통해 이 입자의 존재를 예언했던 것이다.[2] 여러 사람들이 거의 동시에 힉스입자의 존재를 예언했지만, 흥미롭게도 한국계 미국 물리학자 이휘소(Benjamin Whisoh Lee, 1935–1977) 박사가 이 입자를 힉스입자라 명명했고, 그 후 이 말은 국제적으로 통용되게 되었다.[3]

그림 6-1 CERN의 거대강입자가속기와 2013년 12월 스웨덴 왕립과학원(Royal Swedish Academy of Sciences)에서 있었던 노벨상 수상자 기자회견에서 힉스 (Wikimedia Commons/Julian Herzog, Benge Nyman)

1. 현대 우주론의 표준모형

힉스입자는 만물을 구성하는 17개의 기본입자들 중 마지막으로 발견된 입자로서 힉스입자와 그와 관련된 힉스장(Higgs field)의 존재는 왜 현대 우주론(혹은 입자물리학)의 표준모형(Standard Model)에 등장하는 다른 기본입자들이 질량을 갖는지를 설명한다. 1960년대부터 시작하여 1973년에 개발된 표준모델에서는 기본입자로서 쿼크(quark) 6개, 경입자(lepton) 6개 등 12개와 이들 사이의 상호작용을 매개하는 4개의 매개입자(gauge particle, force), 그리고 이들 입자들에게 질량을 부여하는 힉스입자 등 총 17개의 입자로 자연계의 현상을 설명한다. 즉 이 17개 입자가 우주의 모든 물질과 세상을 움직이는 힘을 만든다는 것이 표준모형의 핵심 개념이다.

표준모형은 그 동안 입자물리학의 여러 실험결과들을 설명하는데 대부분 성공했기 때문에 "Theory of Almost Everything"이라고도 불린다. 실제로 아래 〈그림 6-2〉에서 e로 표시된 전자, γ로 표시된 광자는 이미 오래 전부터 알려져 있었다. μ로 표시된 뮤온(muon)은 1936년 미국 물리학자 앤더슨(Carl David Anderson, 1905-1991)이, τ로 표시된 타우(tan) 입자는 1975년 미국 유대인 물리학자 펄(Martin Lewis Perl, 1927-2014) 등이 발견하였다. b로 표기한 보텀 쿼크(bottom quark)는 표준모형이 예측한대로 1977년에 발견되었고, t로 표기한 톱 쿼크(top quark)는 1995년에, ν_τ로 표기한 타우 중성미자(tau neutrino)는 2000년에 발견되었다. 게이지 보손(gauge boson)에 해당하며 g로 표시된 글루온(gluon)은 1962년에 미국 물리학자 겔만(Murray Gell-Mann, 1929-)이 예측하였고, 1978년에 처음 발견되었다. 역시 게이지 보손에 해당하는 W-보손과 Z-보손은 1981년에 발견되었다.

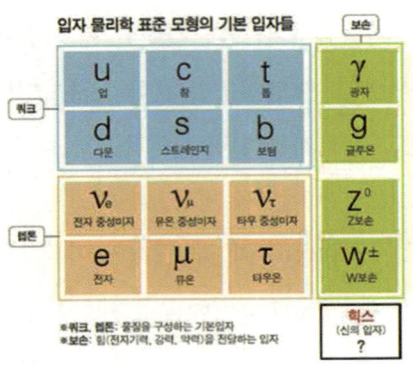

그림 6-2 표준모형에서 제시하는 6개의 쿼크(Quark)와 6개의 경입자(Lepton), 4개의 매개입자(게이지 보손)와 힉스입자

이 입자들은 모두 표준모형에서 예측한 질량(에너지)과 스핀 등을 가졌는데, 대부분 먼저 이론적인 예측이 있은 후 실험을 통해 존재가 확인되었다. 예를 들면 W-보손의 에너지는 표준모형에서 80.390 ± 0.018 GeV로 예측되었는데, 실험적으로 80.387 ± 0.019 GeV로 확인되었고, Z-보손의 에너지는 표준모형에서 91.1874 ± 0.0021 GeV로 예측되었는데, 실험적으로 91.1876 ± 0.0021 GeV로 확인되었다. Z-보손의 붕괴에 대한 표준모형의 예측들은 CERN의 대형 전자-양전자 가속기(Large Electron-Positron Collider)에 의해 증명되었다.[4]

지금까지 표준모형을 구성하는 총 17개의 입자들 중 힉스입자를 제외한 나머지 16개 기본입자들은 모두 실험적으로 발견되었다. 하지만 기본입자에 질량을 부여하는 17번째의 힉스입자가 없이는 현대물

리학의 뼈대로 불리는 표준모형이 완성되었다고 할 수 없었다. 우주를 구성하는 기본요소를 설명하는 표준모델에서 실험적으로 발견되지 않은 마지막 입자인 힉스입자는 어떻게 기본입자들이 질량을 얻게 되었는지, 나아가 별들과 행성들이 어떻게 중력을 갖게 되었는지를 설명한다.

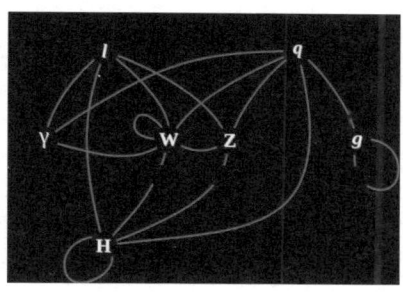

그림 6-3 표준모형에서 묘사하는 입자들 간의 상호작용 요약

위 〈그림 6-3〉에서 보듯이 경입자(l로 표시)에 해당하는 광자(γ)와 게이지 보손 중 하나인 글루온(g)은 힉스입자와 직접적인 상호작용을 하지 않으며, 따라서 이들은 질량을 갖지 않는다. 반면 힉스입자와 강하게 상호작용하는 W-보손이나 Z-보손은 질량이 매우 크다.

이처럼 기본입자들이 힉스입자와 상호작용하는 정도에 따라 질량이 결정된다는 게 표준모형의 전제인데, 힉스입자가 없으면 입자들이 질량을 가질 방법이 없어지고, 따라서 표준모형이 성립할 수 없다. 역으로 말하면 표준모형이 옳다면 힉스입자는 있어야 하며, 힉스입자가 없거나 예측과 다르다면 표준모형을 수정하거나 폐기하고 새로운 이론을 만들어야 한다. 물리학자들이 반세기 가까이 끈질기게 힉스입자를 찾아 헤맨 이유도 바로 여기에 있다.

그러면 표준모형이 모든 것을 설명하는가? 그렇지는 않다. 여전히 표준모형으로도 설명할 수 없는 부분이 있다. 예를 들면 암흑에너지(dark energy) 문제나 일반상대론에서 다루는 중력 문제, 중성미자 진동(neutrino oscillation) 문제, CP-위반(Charge Parity Violation) 문제[5] 등은 표준모형으로 완전하게 설명하지 못한다. 그럼에도 불구하고 표준모형은 지금까지 제기된 어떤 우주모형보다 현재의 우주와 실험결과들을 가장 잘 설명하는 우주모형이다.

2. 힉스입자와 대폭발 이론

그렇다면 이렇게 중요한 힉스입자가 왜 이제야 발견되었을까? 우주의 기본입자들에게 질량을 부여하는 역할을 했던 17번째 기본입자 힉스는 지금까지 관측할 수 없었고, 태초의 대폭발 때에만 잠깐 존재했던 것으로 추정하고 있다. 힉스입자는 처음 우주가 창조되는 순간에만 존재하다가 기본입자들에게 질량을 부여하고 사라졌을 것으로 여겨지는 입자다. 그러므로 138억 년 전, 우주가 처음 창조될 때와 같은 상태를 인위적으로 만들지 않고는 힉스입자의 존재를 확인할 방법이 없다.

이를 위해 물리학자들이 사용하는 실험장비가 바로 입자가속기이다. 그러므로 가장 큰 입자가속기를 보유한 CERN에서 극히 짧은 시간이지만 대폭발의 순간을 재현하고, 이 때 힉스입자의 존재를 확인하려고 하는 것은 당연한 일이다. CERN에서는 거대강입자가속기(LHC)를 이용하여 광속에 가깝도록 가속시킨 양성자들을 서로 충돌시킴으로써 극히 작은 스케일이지만 대폭발이 일어나는 순간, 즉 현재의 태양보다 10만 배 정도 더 뜨거운, 극히 높은 밀도의 상태를 순간적으로 만들 수 있었고, 양성자들이 '부서질 때' 그 부서진 조각들 속에서 힉스입자가 존재한다는 것을 증명한 것이다!

힉스입자를 발견하는 것이 극히 어려웠던 이유는 태초의 대폭발 순간에 해당하는 초고온, 초고압의 조건을 인위적으로 만들어야 하는데, 그러기 위해서는 에너지가 엄청나게 큰 가속기가 필요했기 때문이다. 그러므로 〈그림 6-4〉에서 보여주는 것처럼 CERN의 LHC와 같은 어마어마한 가속기가 없었다면, 그리고 〈그림 6-5〉와 같이 극히 작은 영역에서 일어나는 양성자 충돌 결과를 측정할 수 있는 예민한 대형 검출기(detector)가 없었다면, 힉스입자의 발견은 원천적으로 불가능했을 것이다. 처음 힉스 입자의 존재를 예언했던 피터 힉스가 자기 생전에 힉스입자가 발견될 것을 상상조차 하지 못했다고 한 말도 다르게 표현하면, 자기 생전에 힉스입자를 생성시킬 수 있는 강력한 초대형 입자 가속기가 만들어질 수 있으리라고는 상상도 하지 못했다는 말과 같다.

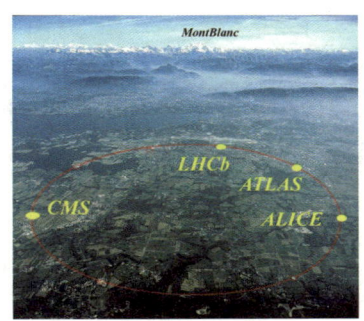 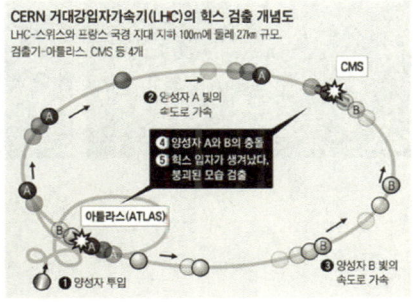

그림 6-4 둘레가 무려 27km에 이르는 제네바 인근 CERN의 LHC 구조(Wikimedia Commons/CERN)

그림 6-5 CERN의 거대한 LHC detector ATLAS(좌)와 CMS. 사람의 크기와 비교해 보라.(Wikimedia Commons/CERN)

한 때 전 세계에서 가장 큰 입자가속기를 보유했던 시카고 인근의 페르미국립가속기연구소(Fermi National Accelerator Laboratory, 페르미랩)에서도 그렇게 오랫동안 힉스입자를 찾기 위해 노력했지만 성공하지 못했다. 그 이유의 하나는 〈그림 6-6〉과 같이 가속링(accelerating ring) 길이만도 6.28km에 이르는 페르미랩의 가속기 테바트론(Tevatron)조차 힉스입자를 만들어내기에는 충분히 강하지(크지) 않았기 때문이라고 할 수 있다.[6]

그림 6-6 시카고 교외에 위치한 페르미국립가속기연구소(위키피디아 public domain)와 가속기가 설치된 터널. 왼쪽 그림 상단 좌측에 보이는 본부 건물과 우측 그림을 비교하면 가속기의 규모를 짐작할 수 있다.

오랫동안 페르미국립가속기연구소 소장을 역임하고 중성미자 연구로 노벨 물리학상을 수상했던 유대인 물리학자 레더만(Leon

Lederman, 1922-)이 아무리 힉스입자를 찾아도 발견되지 않자 역정을 내는 의미로 자기 책 제목을 '제기랄 입자'(The Goddamn Particle)라고 붙인 것도(책 제목이 너무 자극적이어서 후에 출판사에서 'The God Particle,' 즉 '신의 입자'라고 수정해서 출간했지만) 그만큼 힉스입자를 찾기가 어려움을 말해준다. 이외에도 전 세계적으로 대형 입자가속기를 가진 연구소에서 힉스입자를 찾기(혹은 만들기) 위해 그렇게 오랜 시간 노력을 했지만 실패한 이유 중 하나는 바로 대폭발 순간을 모의할 수 있을 정도로 입자 에너지를 높일 수 없었기 때문이다.[7]

그림 6-7 오랫동안 페르미국립가속기연구소의 소장을 했던 레더만(Leon Lederman). 러시아에서 이민 온 유대인 가정에서 태어났다.

30여 년 전, 시카고 대학에서 연구하는 동안 필자는 페르미랩 인근에 거주하면서 (비록 필자의 전공이 입자물리학은 아니었지만) 페르미랩을 여러 차례 방문한 적이 있었다. 그러면서 인류 역사상 이보다 더 큰 실험장비가 있을 수 있을까 라고 생각했다. 하지만 그로부터 불과 수년 뒤인 1989년, 둘레가 27km에 이르는 CERN의 대형 전자양전자 충돌기(Large Electron Positron collider, LEP)가 첫 가동에 들어갔고, 2008년에는 LEP가 사용하던 지하 터널을 그대로 사용하여 세계에서 가장 크고, 가장 높은 에너지 입자 충돌기인 거대강입자가속기(Large Hadron Collider, LHC)가 드디어 가동을 시작하였다. 그리고 그로부터 불과 4년 뒤인 2012년에 물리학자들이 반 세기 가까이 찾던 힉스입자가 발견된 것이다.

3. 기독교 세계관으로 바라보면…

CERN의 발표는 대폭발 이론과 직접적으로 관련되어 있다. 힉스입자는 대폭발 이론을 포함하는 표준모형의 결과이기 때문이다. 그러면 CERN의 힉스입자 연구결과 발표가 그리스도인들에게 갖는 의미는 무엇일까?

대폭발 이론

먼저 우리는 대폭발 이론에 대한 평가에 대해 신중해야 한다. 앞에서 언급한 것처럼 한국 교회에는 몇몇 미국 근본주의 단체들의 영향을 받은 비전문가들의 대중강연을 통해 대폭발 이론은 무신론이고 유물론이기 때문에 반기독교적이라는 오해가 팽배해 있다. 그래서 대폭발 이론에 대해 긍정적인 그리스도인 과학자들에 대해 색안경을 끼고 보기도 한다. 물론 그 동안 대폭발 이론 속에 무신론이나 유물론을 끼워 '마케팅' 하는 사람들이 많이 있었던 게 사실이다. 하지만 대폭발 이론 자체가 마치 무신론이나 유물론인 듯이, 혹은 대폭발 이론은 반드시 무신론이나 유물론으로 귀결되는 것처럼 주장하는 것은 바르지 않다.[8]

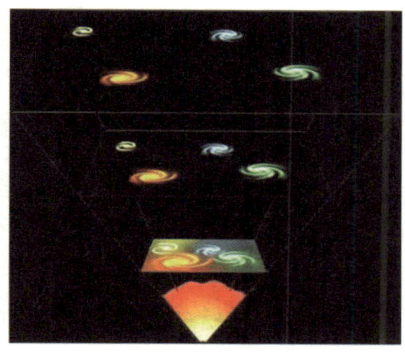

그림 6-8 대폭발 이론에서는 극히 높은 온도와 밀도를 가진 물질이 팽창(폭발)하여 현재와 같은 우주가 되었다고 본다.

대폭발 이론의 정립과정을 간단히 요약해보자. 20세기 초에 기본적인 개념이 제시된 대폭발 이론은 100여 년의 역사를 지나면서 수정, 보완된 이론이다. 처음 제시된 원시적인 대폭발 이론은 1950년대를 지나면서 가모브(George Gamow) 등에 의해 지금과 같은 정교한 형태로 다듬어졌고, 우주개발이 본격화된 1960년대부터 대폭발의 구체적인 증거들이 속속 쌓이기 시작했다.

가장 중요한 증거는 1965년, 윌슨(Robert Woodrow Wilson)과 펜지아스(Arno Penzias)가 발견한 우주배경복사(Cosmic Microwave Background Radiation)였다. 이들은 뿔 모양의 이 안테나(〈그림 4-3〉)로 당시에 막 시작되고 있었던 위성통신을 연구하고 있었다. 길이만도 15미터에 이르는 이 안테나는 1959년에 제작되었는데, 이들은 우연히 우주배경복사를 발견하게 되었고, 이로 인해 윌슨과 펜지아스는 1978년 노벨 물리학상을 공동으로 수상했다.

이어 1990년대에는 NASA가 쏘아올린 코비(Cosmic Background Explorer: COBE) 위성 관측결과도 대폭발 이론을 지지했다.[9]

COBE 위성에 탑재된 원적외선측광기(Far-InfraRed Absolute Spectrophotometer: FIRAS)로 측정한 우주배경복사 스펙트럼은 그때까지 측정된 흑체복사 스펙트럼 중 가장 정밀하게 측정된 것으로 평가받고 있다. 그런데 〈그림 6-9〉에서 보여주는 것처럼, 대폭발 이론에 근거한 스펙트럼의 이론적인 예측과 실측값은 완벽하게 일치해서 구별되지 않을 정도이다!

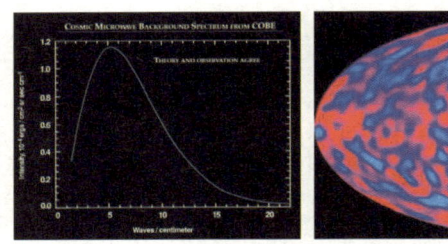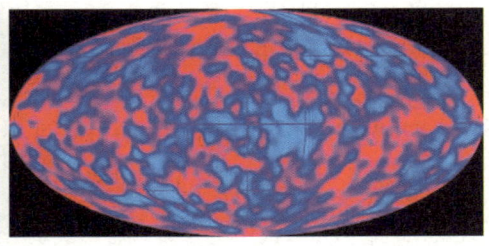

그림 6-9 코비 위성에 탑재된 FIRAS 장치로 측정한 우주배경복사 스펙트럼과 분포.(Wikipedia Commons/NASA 제공)[10]

대폭발 이론을 지지하는 증거는 21세기 들어와서도 속속 발견되고 있다. 2001년 6월 30일, 코비에 이어 NASA에서 쏘아올린 WMAP(Wilkinson Microwave Anisotropy Probe) 위성의 데이터는 우주가 대폭발에 의해 시작되었다고 가정했을 때의 우주배경복사 분포를 더욱 정확하게 보여주고 있다. 7년간에 걸쳐 WMAP이 작성한 우주배경복사의 온도 분포에 의하면, 우주의 평균 온도는 절대온도 2.725도(섭씨 -270.425도)이며, 지역마다 온도 차이는 0.0002도에 불과하다. 이것은 대폭발 이론에서 예측하고 있는 바와 정확히 일치한다. 2010년에 발표된 〈그림 6-10〉의 지도는 내부선형조합법(Internal Linear Combination: ILC)으로 작성된 것이며, 은하계나 다른 근원으로부터 온 노이즈를 제거한 유명한 결과이다.

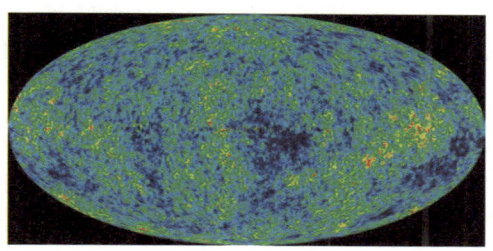

그림 6-10 WMAP이 작성한 우주배경복사의 온도 분포. 붉은색 지점과 푸른색 지점의 온도차는 0.0002도에 불과하다. 이것은 대폭발 이론에서 예측하고 있는 바와 정확히 일치한다.(NASA)

이 외에도 WMAP은 우주론에 대한 매우 중요한 사실들을 많이 밝혀냈다. 즉 WMAP은 우주의 표준모형인 람다 차가운 암흑물질모델(Lambda CDM Model)을 확립하는데 핵심적인 역할을 했으며, 몇 가지 중요한 우주 상수들을 정밀하게 측정하였다.[11] 우주에 대한 람다 CDM에서는 우주의 나이를 137.72억±0.59억 년으로 계산하였는데, 이는 오차가 1% 미만인 극히 정밀한 값이며, 기네스북(Guinness Book of World Records)에 등재되었다![12] 기네스북에 이런 수치까지 등재되는 것이 좀 우습기는 하지만….

WMAP은 또한 허블상수(Hubble Constant), 즉 우주의 팽창속도도 정확하게 다시 측정하였다. WMAP는 허블상수가 제3강에서 제시한 값과 비슷한 69.32±0.80 km/sec/Mpc라고 결론내렸다. 이는 어떤 은하가 우리 지구로부터 1Mpc 거리만큼 멀어질 때마다 69.32km/sec 속도만큼 점점 더 빨리 멀어짐을 의미한다.

뿐만 아니라 WMAP은 우주를 구성하는 물질의 비율도 측정하였다. 지금까지 알려진 우주의 구성물질은 우리가 관측할 수 있는 원자

물질(baryonic matter) 4.628±0.093%, 빛을 방출도, 흡수도 하지 않는 차가운 암흑물질(cold dark matter, CDM)이 24.02±0.88%, 우주의 팽창을 가속화 시키는 우주상수의 형태로 존재하는 암흑에너지(dark energy)가 71.35±0.95%, 마지막으로 1% 미만의 중성미자(neutrino)였다. 하지만 2008년 WMAP이 측정한 결과는 처음으로 중성미자 우주배경복사(cosmic neutrino background)가 존재하며,[13] 그 비율은 4.4±1.5%에 이르는 것으로 나타났다. 이는 예측치였던 3.06%에 근접한 값이다.

위의 연구 결과를 요약하면, 〈그림 6-13〉과 같이 나타낼 수 있다. 1965년 윌슨과 펜지아스가 처음 대폭발의 흔적인 CMBR(cosmic microwave background radiation)의 존재를 확인한 이후, 1992년 코비 위성은 CMBR의 정밀한 스펙트럼을 발견했으며, 2003년 WMAP은 코비의 측정결과를 한층 더 정밀하게 측정하였다. CMBR에 대한 측정이 정밀해질수록 그 결과는 대폭발 이론에서 예측한 바와 점점 더 정

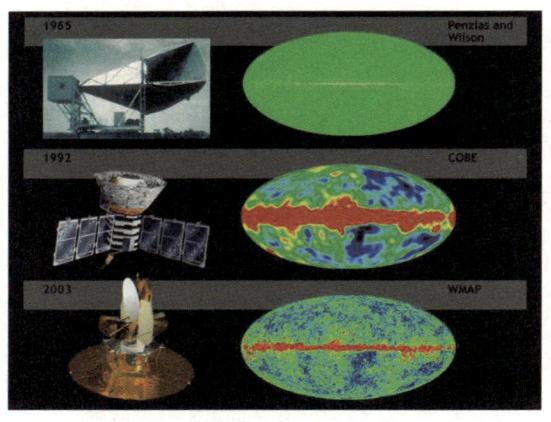

그림 6-11 위에서부터 윌슨-펜지아스(1965), 코비(1992), WMAP(2001)가 본 CMBR을 기초로 초기 우주를 컴퓨터로 모의한 그림(Wikipedia Commons/NASA)

확하게 일치해가고 있다. 우주의 역사와 운명에 대한 정보가 점점 더 정확하고 풍성해지고 있는 것이다!

이런 여러 연구 결과들에 더하여 CERN의 힉스입자 발견은 초기 우주 연구 중에서 대폭발 이론을 지지하는 가장 분명한 연구결과라고 할 수 있다. 물론 대폭발 이론에 대해 적대적인 사람들은 힉스입자가 존재한다는 증거는 간접적이지 않느냐고 항변할 수 있다. 하지만 우리가 바람을 보지 못하지만 나뭇잎이나 깃발, 다른 움직이는 것들을 보고 바람의 존재와 방향, 강도를 유추하는 것처럼 물리학이나 천문학 등에서는 직접적인 관찰이 불가능하더라도 간접적인 증거가 믿을 만한 경우가 얼마든지 있다.

만일 우리가 직접 눈으로 본 것만을 믿는다면 현대 과학 전체를 송두리째 부인해야 한다. 현대를 가리켜 전자시대라고 하지만 아무도 전자를 직접 본 사람은 없다. 전자의 집합적 행동조차 직접적인 관찰은 불가능하다. 마찬가지로 천문학에서 말하는 암흑물질이나 블랙홀 등도 아무도 직접 관측한 적이 없지만, 이제는 전문가들이라면 아무도 이들의 존재를 부인하지 않는다. 부인할 수 없는 간접적인 증거들이 많기 때문이다.

대폭발 이론의 기독교적 함의

그러면 기독교 세계관으로 볼 때 대폭발 이론은 어떤 의미가 있을까? 대폭발 이론은 근래 일부 기독교 근본주의자들이 유물론적이고 무신론적이라고 비판하기 전까지는 도리어 여러 사람들에 의해 지나치게 기독교적 혹은 종교적이라고 비판받았다.[14]

사실 지난 1927년에 제시되어 현재의 대폭발 이론의 전신이 된 원시원자가설(hypothesis of the primeval atom)은 벨기에의 신부 르매트르(Georges Lemaître, 1894-1966)가 제창한 것이다. 이 가설에 의하면, 우주는 원시수퍼원자(primeval super atom)가 폭발하여 시작되었으며 지금까지 계속 팽창하고 있다. 르우뱅 대학(Catholic University of Louvain) 물리학과 교수이기도 했던 그는 우주가 팽창하고 있다는 (당시에는 희미한 증거였지만) 관측결과를 기초로 허블보다 먼저 우주팽창에 관한 법칙을 제시하기도 했다.[15]

르매트르의 영향인지는 확실하지 않지만 가톨릭은 이미 오래 전에 대폭발 이론이 성경의 창조개념과 충돌하지 않는다고 공표했다. 1951년 11월 22일, 당시 교황 비오 12세(Pope Pius XII, 1876-1958)는 교황청과학원(Pontifical Academy of Science) 개회연설에서 일찌감치 대폭발 이론은 창조에 대한 가톨릭 개념과 충돌하지 않는다고 선언했다.[16] 여러 복음주의 개신교단들도 대폭발 이론이 창조교리의 역사적 해석을 지지하는 것으로 환영했다.[17]

그림 6-12 교황 비오 12세

르매트르의 신앙적 배경과는 무관하게 실제로 많은 학자들은 우주가 대폭발로 시작되었다는 대폭발 이론의 종교적 함의를 지적하고 있다. 윌리엄 앤드 메리 대학(College of William and Mary in Virginia)의 해리스(James F. Harris)는 "유신론자와 물리학자들은 모두 대폭발 이론을 유신론적 설명을 위한 기회를 열어두는 것으로 보았다."고 했다.[18] 또한 대폭발 이론을 반대하는 사람들도 이 이론이 기독교적 함의를 갖는다고 이의를 제기했다. 대폭발 이론이 반대하는 러너(Eric J. Lerner)는 "신학자로부터 물리학자, 소설가에 이르기까지 많은 사람들은 대폭발 이론이 창조주라는 기독교적 개념을 지지한다고 믿는다."고 했다.[19]

〈그림 6-13〉에서 보여주는 것과 같이 대폭발 이론에 의하면, 우주는 극히 높은 온도와 밀도를 가진 상태에서 팽창하여 지금과 같은 우주가 되었고, 그 우주는 지금도 팽창하고 있다고 본다. 이는 마치 풍선을 불면 풍선 표면에 그려진 그림이 커지듯이 우주의 공간이 팽창하면서 그 속에 있는 은하들도 동시에 팽창하는 것이다. 이는 시간과 공간과 물질이라는 우주를 구성하는 3대 요소를 창조주가 '무에서 창

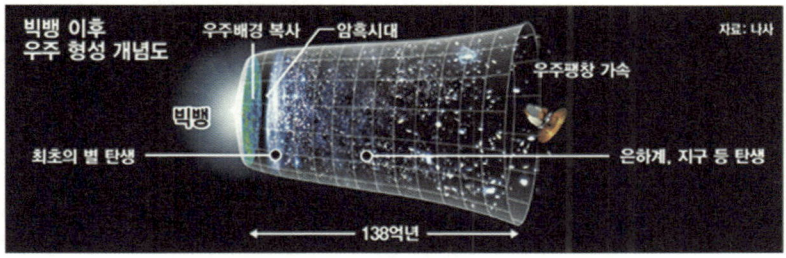

그림 6-13 WMAP의 우주배경복사 측정 결과를 기초로 재구성한 138억 년의 우주 역사. 대폭발 직후의 급격한 팽창과 '암흑시대', 원자, 별, 은하 등의 탄생이 시간 축으로 그려져 있다.(NASA/WMAP Science Team)

조'(creatio ex nihilo)했다는 것으로 해석할 수도 있음을 의미한다.[20] 맨슨(N.A. Manson)에 의하면, "대폭발 이론의 신학적 함의를 환영하지 않는 사람들이 보여준 것과 같이 대폭발 이론은 많은 사람들에게 신학적 함의를 갖는다."[21]

1920년대와 1930년대까지만 해도 대부분의 주요한 우주론자들은 우주는 무시무종(無始無終)하며 팽창하는 우주의 밀도를 유지하기 위해 지금도 계속적으로 물질이 생겨나고 있다고 주장하는 정상상태 우주론(Steady State Cosmology)을 지지하였다.[22] 그러면서 대폭발 이론에서 시간의 시작이 있다는 주장을 제기하자 이는 종교를 물리학에 끌어들이는 일이라고 반발했다![23] 옥스퍼드대학에서 과학과 종교의 관계를 연구하는 해리슨(Peter Harrison)은 "대폭발 이론에 대한 초기 반발의 이유는 이 이론이 경쟁이론인 정상상태 우주론과는 달리 우주가 시작을 갖고 있다고 제안하는 것이었는데, 이는 어떤 사람들에게는 받아들일 수 없는 종교적인 함의이다."라고 했다.[24]

대폭발 이론은 우주가 공간적으로나 시간적으로 유한함을 의미한다. 그래서 우주가 시간적으로 무시무종할 뿐 아니라 공간적으로 무한하다고 생각한 정상상태 우주론 지지자들은 이 이론을 받아들일 수가 없었다. 크라그(H. Kragh)가 언급한 것처럼, "문제가 되고 있는 이 [대폭발] '이론'이 실패한 또 다른 점은 이 이론이 우리를 세상을 유한한 것으로 가정하는 이상적인 태도로 이끈다는 점이다."[25] 흥미롭게도 이는 창조주 하나님 외에 무시무종하거나 무한한 존재는 존재하지 않는다고 보는 기독교 세계관의 관점과 일치한다. 만일 하나님 외에 무시무종하고 무한한 존재가 있다면, 그것이 곧 창조주가 될 것이기 때문이다.

지금까지 많은 과학자들의 연구결과를 종합할 때, 하나님이 적어도 우리가 연구할 수 있는 어떤 방법으로 우주를 창조하셨다면, 대폭발의 방법을 사용하셨을 가능성이 가장 높다고 할 수 있다. 일부 기독교인들 중에는 "하나님은 대폭발이 아니고 말씀으로 창조하셨다."라고 주장하는 사람들이 있는데, 이것은 뭔가를 크게 오해한 것이다. 이 말은 마치 "철수는 공부를 하기 위해 서울에 갔지, 기차를 타고 서울에 간 것이 아니다."라고 주장하는 것과 같다. 다시 말해 다른 내용의 두 문장을 결합하고서 서로가 서로를 부정하는 것이다.

하나님이 '말씀으로' 세상을 창조했다는 말은 대폭발을 통해 우주가 창조되었다는 개념과 배치되지 않는다. '말씀으로'라는 말은 우주 창조의 과학적 메커니즘을 말하려는 것이 아니라, 창조의 주체를 하나님께 둠으로써 창조주의 전능하심, 즉 창조주 하나님을 강조하려는 말이다. 하나님은 '말씀으로' 세상을 창조하셨지만, '말씀으로' 우주를 만든 구체적인 메커니즘은 얼마든지 대폭발일 수도 있기 때문이다! 하나님이 '말씀으로' 천지를 창조하셨다는 말이 반드시 과학적으로 연구할 수 없는 방법으로 창조되었음을 의미하지는 않는다.

과학적 언어와 신앙적 언어

셋째, 우리는 과학적인 사실과 신앙적인 내용은 기술하는 언어가 다르다는 것을 기억해야 한다. 2012년 7월, CERN에서 발표한 내용을 조심스럽게 살펴보면 힉스입자의 질량(에너지)이 이론적으로 약 125-126GeV일 것으로 예상했는데, 이번에 CERN에서 실험으로 이 질량영역에 속한 입자를 발견한 것이다. 물론 실험적 오류의 가능성도 배제할 수 없다. 연구에 참여한 과학자들에 의하면, 힉스입자가 존재할 확률은 99.99994%로서 300만 번의 실험에서 한 번 정도 오류가 발생하는 수준이라고 한다. 그럼에도 불구하고 힉스입자 연구를 진행한 CERN에서는 '힉스 발견'이라고 단정하지 않고 '힉스처럼 보이는 입자'라고 표현했다.

CERN에서 발견한 입자는 기존 표준모형에 들어맞는 힉스입자일 가능성이 확실시되지만, 만의 하나 완전히 새로운 이론으로 설명해야 할 입자일 수도 있다. 거의 힉스입자가 맞을 거라고 보지만, 그래도 혹시라도 아닐 수 있는 가능성을 열어두는 것이다. CERN에서는 사안의 중요성을 고려하여 추가적인 실험을 진행한 뒤 2013년 3월 14일, 드디어 힉스입자의 발견을 공식적으로 발표하였다.[26] 이러한 힉스입자의 주도면밀한 발견과정이 의미하는 바는 무엇일까?

아무리 주의 깊게 연구해도 인간이 하는 연구는 오류의 가능성이 있음을 인정하는 것이 정상적인 과학 활동의 모습이다. 오류의 가능성에 대해 열려 있지 않는, 다시 말해 잠정성(tentativeness)이 없는 주장은 더 이상 과학의 영역에 속하지 않는다. 철학자 포퍼(Karl Popper, 1902-1994)의 용어를 빌리자면, 원천적으로 반증이 가능하지(unfalsifiable) 않은 주장은 과학이 아니라고 할 수 있다.[27]

만일 누군가가 어떤 증거를 제시하더라도 자기 이론은 절대로 틀릴 수 없다고 주장한다면, 그것은 아무리 자연에 대한 설명이라 해도 더 이상 과학적인 언급이 아니라 신앙고백이라고 할 수 있다. 하나님이 천지를 창조하셨다는 것은 신앙고백이다. 그렇기 때문에 성경을 하나님의 말씀으로 믿는 그리스도인이라면 아무도 하나님이 천지를 창조하셨을 확률을 99.99994%라고 말하지 않는다!

그림 6-14 과학과 비과학을 구분하는 잣대로 반증가능성을 제시한 유대계 철학자 포퍼(Karl Popper)(Wikipedia Commons)

열린 지성의 중요성

마지막으로 우리는 지성을 자연과 초자연 모두에 대해 열어두어야 한다. CERN에서 발표한 것처럼 힉스입자의 존재가 증명되었다고 해도 여전히 우리는 우주 창조의 방법으로 현대 물리학이나 우주론에서 제시하는, 대폭발이 아닌 제3의 메커니즘이 있을 수 있음을 염두에 두어야 한다. 그런 의미에서 대폭발 이론은 영원한 '작업가설'(working hypothesis)이라고 할 수 있다. 현재까지 쌓인 증거로 봐서는 대폭발이 하나님이 우주를 창조하신 방법일 가능성이 가장 높지만, 여전히 대폭발 이론보다 더 그럴 듯 하고 이론적, 실험적 증거가 많은 과학적 모델이 있을 가능성도 열어두어야 한다는 말이다. 아마 그런 과학적 모델을 제시하는 사람이 있다면 틀림없이 노벨물리학상을 받을 것이다!

다음에는 말할 필요도 없이 우리는 성경에 나타난 많은 기적들처럼 사람들이 과학적으로 설명할 수 없는 초자연적인 메커니즘에 의해 우주가 창조되었을 가능성도 열어두어야 한다. 하지만 그런 경우는 과학의 영역에 속하지 않는다. 과학은 과학적 방법으로 연구하고 설명할 수 있는 경우에 국한된다.

하나님의 역사를 초자연적 영역에만 묶어 두는 것이나 자연적 영역에만 묶어 두는 것은 둘 다 하나님을 제한하는 것이다. 창조의 방법을 오로지 자연적인 방법, 즉 과학적으로 연구 가능한 방법에만 국한시키는 이신론자(理神論者, deist)의 태도도 문제지만, 창조의 방법을 초자연적인 과정에만 제한하는 성경문자주의자들의 독단적 태도도 문제이다. 손봉호 박사의 지적처럼, "과학이 절대적이 아닌 것처럼 과학에 대한 그리스도인의 관점도 독단적이 될 이유가 없다."[28]

기독교나 모든 신앙에 대해 극히 적대적인 태도를 취하고 있는 영국의 도킨스(Richard Dawkins, 1941-)같은 사람의 문제도 바로 여기에 있다. 도킨스는 눈에 보이지 않는 세계, 초자연적인 세계의 존재를 모두 부정한다. 극단적인 무신론, 유물론을 주장하고 있는 그의 태도는 신앙적인 측면은 차치하고 지적인 측면에서도 매우 바람직하지 않다.

초자연적인 존재나 세계를 모두 부정하는 것은 스스로 지적인 지평을 엄청나게 제한하는 것이다. 그리고 초자연에 대해 열려 있지 않는 지성은 금방 교조화(教條化) 되고 이데올로기화 되어서 사람들의 눈을 가리고 생각을 막아버리는 해악을 드러내게 된다. 자연에 대해 열려있지 않는 성경문자주의자들의 반지성적 태도에 못지않게 초자연에 대해 열려있지 않는 도킨스의 태도 역시 폐쇄적인 지적 제국주의 혹은 지적 자폐증에 빠질 수밖에 없게 된다.

어떤 의미에서 자연과 초자연으로 나누는 것은 우리 인간의 유한성 때문이라고 할 수 있다. 전능하신 하나님은 초자연과 자연으로 나누는 우리 인간의 기준과는 무관하게 역사하실 수 있는 분이다. 하나님은 무지개가 생기는 것이나 일식이 일어나는 것처럼 과학적으로 완벽하게 설명할 수 있는 현상에도 관여하시지만, 죽은 나사로를 살리고 물로 포도주를 만드는 기적의 현장에도 모순 없이 관여하시는 분이다.

4. 새로운 연구 결과를 대할 때는…

끝으로 그리스도인들은 과학자들의 연구결과를 기뻐하는 법을 배워야 한다. 그 동안 몰랐던 우주의 신비를 발견한다는 것은 발견자들만의 기쁨이 아니라 우리 모두의 기쁨이다. 또한 새로운 과학적 발견은 그것의 실용적 가치만이 우리가 기뻐해야 할 이유가 아니다. 새로운 발견을 통해 이전에 우리가 몰랐던 것을 앎으로 기뻐하는 것은 인간의 타락에도 불구하고 우리에게 남아 있는 하나님의 형상의 일부분이라고 할 수 있다. 그리고 그것은 피조세계의 청지기적 소명을 가진 모든 사람들의 마땅한 바라고 할 수 있다.

CERN의 힉스입자 발견은 그동안 표준모델에 근거한 대폭발 이론에서 예측하고 있는 가장 중요한 한 가지 결과를 증명한 것이라 할 수 있다. 힉스입자의 존재에 전 세계가 흥분하는 이유는 현대 물리학자들이 대폭발 이론을 비롯하여 물질의 궁극적인 기원과 구성에 대해 지금까지 이론적으로, 실험적으로 쌓아 온 체계가 옳다는 점을 재확인하는 사건이기 때문이다.

힉스입자 발견을 발표하는 자리에서 힉스는 "저는 이러한 결과가 이렇게 빨리 나오게 된 것에 놀랄 뿐입니다. 이는 연구자들의 전문성과 정교한 기술이 함께 만났다는 증거입니다. … 저는 제가 살아있는 동안 이러한 일이 일어날 줄은 전혀 예상하지 못했습니다."라고 말했다. 사실 힉스입자의 발견은 LHC와 같은 100억불(약 11조원) 이상의 입자가속기와 전 세계 수천 명의 전문 과학자들의 공동 연구가 없었다면 불가능한 일이다. 이는 힉스가 처음 이 입자의 존재를 예언했던 1964년에는 상상도 하지 못했던 연구환경이다. 그래서 발표장에서 힉스는 거듭 언론과의 인터뷰나 코멘트를 사양하면서 스포트라이트는 자기 이론이 옳음을 증명한 과학자들에게 주어져야 한다고 한 것이다.

힉스입자의 발견을 기뻐하는 힉스와 같이 그리스도인들은 과학자들의 새로운 연구결과가 나올 때마다 함께 기뻐하는 자세를 갖는 것이 필요하다. 정상적인 과학자들의 연구를 의혹의 눈초리로 바라보며 성경을 부정하는 결과가 나오면 어쩌나 하면서 노심초사하는 것은 바람직한 태도가 아니다. 과학자가 그리스도인지 아닌지 여부를 떠나 저들을 통해 드러날 하나님의 창조의 신비를 기대하는 마음을 갖는 것이 필요하다. 오랜 시간 동안 그들의 관측, 실험, 계산을 통해 드러나는 하나님의 설계의 증거들은 아무리 기뻐해도 모자랄 것이다. 과학자들이 발견하는 자연의 대칭성, 통일성, 조화 등은 부인할 수 없는 창조주의 사역을 증거하기 때문이다. 다만 이 때 과학이라는 옷을 입고 슬그머니 비집고 들어오는 인간의 자랑과 교만, 과학주의나 물질주의 등의 이데올로기들만 주의한다면, 누가, 어느 곳에서 발견하든지 "모든 진리는 하나님의 진리"(All truth is God's truth)임이 분명하다![29]

토의와 질문

1. 힉스입자의 발견이 현대 우주론, 나아가 현대 과학에서 갖는 의미는 무엇인가? 과학적인 의미와 더불어 종교적이고 철학적인 의미를 생각해 보자.

2. 저자는 주류 과학계의 연구 결과들에 대해 대체로 부정적인 입장을 갖는 근본주의 창조과학의 입장에 우려를 표명하고 있다. 왜 저자가 그런 태도에 우려하는지 말해보자.

3. 저자는 과학 연구를 통해 발견되는 새로운 연구 결과들에 대해 그리스도인들이 적극적이고 전향적인 자세를 가질 것을 촉구하고 있다. 그러면서도 이러한 태도가 자칫 과학이라는 명분으로 위장한 이데올로기를 받아들이게 되는 위험도 있다고 경고한다. 그렇다면 과학과 이데올로기는 어떻게 구분할 수 있을까? 예를 들어서 생각해 보자.

제7강

대폭발 이론과 중력파[1]

"또 주여 태초에 주께서 땅의 기초를 두셨으며 하늘도 주의 손으로 지으신 바라." - 허브리서 1:10

힉스입자에 이어 대폭발 이론의 중요한 예측은 중력파의 존재이다. 특히 과학자들은 중력파가 발견된다면 대폭발 이론의 몇 가지 문제를 해결하기 위해 제시된 급팽창이론(Inflation Theory)이 결정적으로 증명될 것으로 예측하고 있다. 급팽창이론이 증명된다면 대폭발 이론의 몇 가지 중요한 문제들이 해결될 것이기 때문에 중력파 존재를 증명하는 것은 대폭발 이론을 증명하는 것과도 같다고 할 수 있다.

하지만 중력파를 탐지하는 것은 쉽지 않다. 오래 전부터 중력파의 존재는 예측되어 왔고, 이를 탐지하기 위해 많은 물리학자들이 노력했지만 성공하지 못했다. 이는 예측된 중력파의 크기(엄밀하게 말한다면 중력파로 인해 나타나는 현상의 크기)가 현재 탐지할 수 있는 과학과 기술의 한계를 훨씬 넘어서 있기 때문이다.

그런데 놀랍게도 지난 2014년 3월 17일, 세계 정상급의 여러 대학과 기관의 물리학자들이 참여하고 있는 BICEP2팀이 대폭발 당시의 중력파의 흔적을 관측했다고 발표했다.[2] 이들은 우주배경복사(Cosmic Microwave Background Radiation, CMBR) 속에서 "태초의 우주에 존재했던 중력파에 대한 최초의 직접 이미지"(the first direct image of gravitational waves across the primordial sky)를 탐지했다고 발표했다.[3] 이 소식은 물리학과 천문학 영역 뿐 아니라 과학계 전반, 나아가 사회적으로도 큰 충격을 불러일으켰다.

도대체 중력파가 무엇이기에, 그리고 그것의 발견이 우리의 우주 이해에 어떤 결과를 가져오기에 이렇게 온 세계가 떠들썩한 것일까? 아래에서는 근래 천문학의 발전 상황을 간단히 살펴보고, 중력파가 무엇인지, 그것의 발견의 배경과 과정, 원리, 이에 대한 비판, 그리고 이를 중심으로 한 과학과 신앙의 바람직한 관계가 무엇인지 살펴보고자 한다.

1. 천문학의 발전

지난 한 세기 동안 천문학에서는 우주를 관측하는 새로운 방법들이 속속 개발되면서 혁명적인 발전이 이루어졌다. 19세기까지만 해도 천체관측이라는 것은 파장이 4×10^{-5}-7×10^{-5}cm 영역에 있는 가시광선 영역에 국한되었다. 아마 이 영역의 관측을 망원경으로 처음 시도한 사람을 든다면, 유명한 이탈리아의 물리학자 갈릴레오(Galileo Galilei, 1564-1642)일 것이다. 하지만 지난 한 세기 동안 과학자들은 많은 연구를 통해 가시광선이란 인간이 우주를 볼 수 있는 전자기파 스펙트럼의 극히 일부에 불과하며, 많은 천체들이 가시광선 영역 바깥에 있는 넓은 스펙트럼의 전자기파를 방출하고 있음을 알게 되었다.

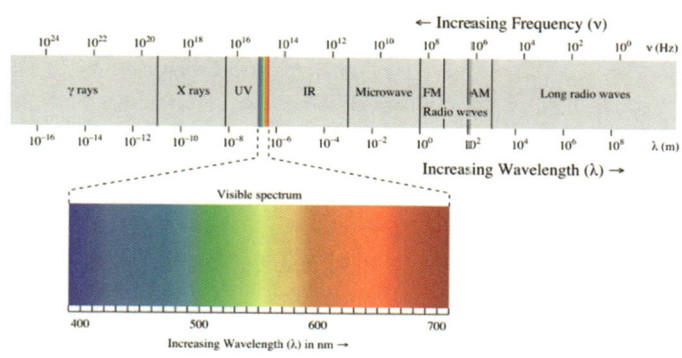

그림 7-1 넓은 전자기파 스펙트럼에서 좁은 영역을 차지하는 가시광선

실제로 우주에서 날아오는 라디오파 영역의 전자기파에는 가시광선 영역보다 천체에 관한 더 많은 유용한 정보가 들어 있다. 천문학자들이 우주로부터 날아오는 넓은 라디오파 영역의 전자기파 속에 수

많은 천체에 관한 정보가 포함되어 있음을 알게 되면서 오늘날 광학천문학에 더하여 거대한 전파천문학(radio astronomy)의 시대가 열린 것이다. 오늘날 전파망원경에서는 파장 0.03-30cm(주파수 0.1-100GHz) 영역의 전자기파를 사용(수신)하고 있는데,[4] 이러한 전파망원경을 통해 천문학자들은 맥동성(pulsar),[5] 퀘이사(quasar)[6] 등 물리학의 경계를 확장시킨 천체들을 발견하였다.

그림 7-2 카나리아제도 라팔마(고도 2,326m)에 있는 로케데로스무차초스 천문대에 있는 세계 최대의 반사망원경 Gran Telescopio Canarias(좌). 반사경 직경이 10.4m에 이른다.(Wikimedia Commons/Pachango) 푸에르토리코 아레시보에 위치한 세계 최대의 아레시보 전파망원경. 안테나 직경만도 300m에 이른다.(H. Schweiker/WIYN and NOAO/AURA/NSF)

또한 1960년대 과학자들은 마이크로파 영역의 관측을 통해 대폭발의 희미한 '잔해'라고 할 수 있는 우주배경복사(CMBR)를 발견하게 되었다. 이 외에도 감마선(gamma ray), 엑스선(X-ray), 자외선, 적외선 영역으로 관측을 확장하면서 인류는 이전 세대 사람들보다 우주에 대한 훨씬 더 넓은 지식의 지평을 갖게 되었다. 우주를 보는 새로운 스펙트럼 영역이 하나씩 추가될 때마다 인류는 이전에 몰랐던 수많은 사실들을 새롭게 발견하고 있는 것이다.

2. 중력파란 무엇인가?

그러면 우주에 대한 정보는 전자기파에만 들어있을까? 아인슈타인이 일반상대성이론을 발표한 1915년 이래 물리학자들과 천문학자들은 우주에서 날아오는 중력파 속에 그 동안 우리가 몰랐던 우주에 관한 많은 정보들이 들어있을 것이라고 기대하고 있다. 아직 그 중력파를 검출할 수 있을 정도의 예민한 측정 장비를 개발하지 못하고 있지만, 과학자들은 언젠가 중력파를 측정할 수 있는 날이 올 것이라고 믿고 있다. 그 날이 오면 우주에 대한 우리의 인식은 새로운 국면에 접어들 것이다.

그렇다면 중력파란 도대체 무엇인가? 중력파(重力波, gravitational wave)란 중력을 발생시키는 물질로부터 방사상형으로 퍼지는 중력의 파동으로서 이론적으로는 에너지를 전달한다. 한글로는 구별이 안 되는 또 다른 중력파(gravity wave)란 말이 있는데, 이것은 유체역학에서 사용하는 용어로서 유체 내부나 유체들 사이의 계면에서 중력에 의한 복원력, 혹은 부력에 의해 발생하는 파동을 말하며, 본 강에서 말하는 중력파와는 전혀 다른 개념이다.

본 강에서 말하는 중력파는 1915년, 아인슈타인이 일반상대성이론을 발표하면서 예측한 것이다.[7] 일반상대성이론에서 중력이란 시공간의 구배 혹은 만곡(彎曲)으로부터 생기는 현상이며, 질량이 클수록 주변 시공간의 곡률도 커진다. 물체가 시공간 내를 움직이면 이 때 그 주변의 굽은 시공간도 함께 움직인다. 만일 물체가 가속운동을 한다면 그 물체 주변의 시공간 곡률이 변화하는데, 이 변화된 곡률은 전자기파와 같은 속도와 방식으로 바깥쪽으로 퍼져나간다. 가속운동을 하는 물체 주변의 시공간이 뒤틀림으로 발생한 요동이 파동으로서 전달되어, 움직이는 물체나 계(界) 바깥쪽으로 방출되는 현상이 중력파이다. 그리고 중력파에 의해 전달되는 에너지를 중력복사(重力輻射, gravitational radiation)라 한다.

물리학을 공부하지 않은 독자들의 경우에는 중력파 개념이 선뜻 피부에 와 닿지 않을 수 있다. 일상에서 중력파와 가장 흡사한 개념으로는 전자기파(혹은 전파)를 들 수 있다. 1864년, 스코틀랜드의 맥스웰(James Clerk Maxwell, 1831-1879)이 가속된 전하들은 공간속을 이동해가는 전자기적 교란, 즉 전자기파를 발생시킨다고 발표한 이래 1888년, 독일의 헤르츠(Heinrich Hertz, 1857 – 1894)는 전자기파를 발생시키는 실험에 성공하였고, 또 전자기파의 존재를 증명함으로써 전파시대의 문을 열었다.

그림 7-3 전파 시대의 문을 연 영국의 맥스웰(좌)과 독일의 헤르츠

전기를 띤 물체가 가속될 때 전자기파가 발생하는 것과 비슷하게, 질량을 가진 물체가 가속될 때 중력파가 발생한다. 중력파는 가속되는 물체로부터 방출되지만, 가속운동이라고 해도 물체가 완전한 구

(球) 대칭 운동을 하거나(구가 팽창 혹은 축소되는 운동) 완전한 원기둥 대칭 운동을 하면(회전하는 원판이나 구와 같은 운동) 중력파가 방출되지 않는다. 예를 들면 아령이 연결축을 회전축으로 하여 자전하면 중력파가 방출되지 않지만, 연결축에 수직한 회전축으로 자전하면 중력파가 방출된다. 이 때 아령의 질량이 클수록, 회전속도가 빠를수록 더 강한 중력복사가 일어난다.

중력파는 전자기파와 비슷한 점도 있지만, 두 가지 중요하고도 독특한 특성을 갖고 있다. 첫째, 전자기파와는 달리 중력파는 전하(電荷)가 없는 상태에서도 방출될 수 있다는 점이다. 예를 들면 전하를 띠지 않은 두 개의 블랙홀로 이루어진 쌍성계(雙星系, binary system)에서 전자기파는 방출되지 않지만 중력복사는 방출될 수 있다.[8] 지금까지 천체관측이나 연구가 대부분 가시광선을 포함하여 천체로부터 방출되는 전자기파를 통한 연구였다고 생각한다면, 중력파를 통한 우주의 연구는 천체연구의 새로운 장을 열 수도 있다.

둘째, 전자기파와는 달리 중력파는 다른 물질들에 의해 심각하게 산란되지 않고 우주공간을 통과할 수 있다는 점이다. 예를 들면 먼 천체로부터 오는 (전자기파인) 가시광선은 오는 도중에 성간먼지(interstellar dust)와 같은 성간물질(星間物質)이나 다른 별들에 의해 방해를 받지만, 중력파는 거의 방해받지 않고 먼 우주(먼 과거)의 정보를 지구 위 연구자들에게 전달할 수 있다. 특히 중력파는 아래에서 설명하는 것처럼 우주배경복사가 복사되기 전인 '암흑시대', 즉 대폭발로부터 38만 년 사이의 정보를 담고 있기 때문에 우주의 탄생에 가장 근본적인 정보를 제공할 것으로 기대되고 있다.

이러한 중력파의 두 가지 독특한 특성은 천문학 연구에서 이전에 우리가 관측하지 못했던 전혀 새로운 현상들에 대한 정보를 제공할 수 있다. 그렇다면 중력파가 구체적으로 우주를 이해하는 데 어떤 소용이 있을까?

3. 중력파의 특성과 용도

지난 138억 년 동안 우주는 여러 단계의 큰 변화를 겪었다. 오늘날 우리는 그 변화를 다 알 수는 없지만, 이제 대체적인 그림은 이해할 수 있게 되었다. 과학자들은 마이크로파 영역에 있는 우주배경복사(CMBR)를 발견하고 이어지는 이들의 특성 연구를 통해 대폭발 이후 38만 년이 지나서 모든 전자기파에 대해 투명해졌을 때의 우주를 이해하게 되었다. 하지만 우주가 모든 전자기파에 대해 불투명했던 초기 38만 년 동안의 우주에 대해서는 아는 바가 별로 없다. 비록 우주배경복사의 온도와 편광(偏光, polarization)의 요동현상을 통해 대폭발 직후 급팽창 기간 동안에 일어난 사건들의 큰 윤곽은 알 수 있지만, 그에 대한 자세한 사항은 아직 모른다.[9]

만일 우리가 중력파를 탐지할 수 있다면, 바로 이 대폭발 후 초기 38만 년 동안, 소위 '암흑시대'에 대해 많은 것들을 알게 될 것이다.[10] 이 기간 동안에는 모든 물질의 원자핵과 전자가 결합되지 않은 플라즈마 상태였기 때문에 어떤 전자기파도 밖으로 방출될 수 없었다. 이는 우주가 탄생한 후 첫 38만 년에 대해서는 전자기파를 이용하여 우주를 연구하는 어떤 시도도 불가능함을 의미한다.

하지만 전자기파와는 달리 중력파는 모든 공간을 침투할 수 있기 때문에 대폭발 직후 우주에 대한 정보를 제공할 수 있다. 그러므로 중

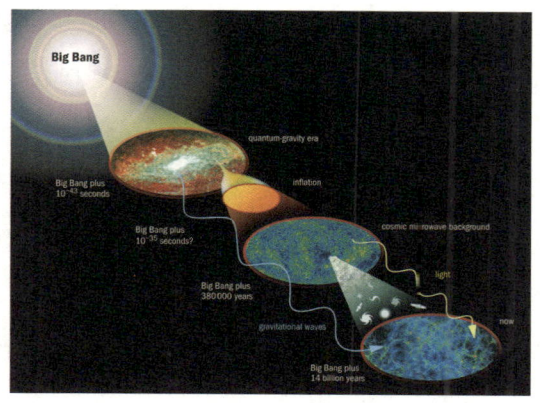

그림 7-4 대폭발 후 38만 년 동안은 모든 전자기파가 흡수되는 '암흑시대'였다.(NASA)

력파를 측정할 수만 있다면, 우주에 있는 블랙홀이나 그 외 직접 관측하기 힘든 먼 천체 등에 대한 방대한 정보를 얻을 수 있다. 그런 천체들은 전통적인 광학망원경이나 전파망원경으로는 관측할 수 없다. 특히 중력파는 아주 초기 우주까지 관측할 수 있게 해주기 때문에, 우주의 기원이나 생성 메커니즘을 연구하는 우주론자들은 중력파에 많은 관심을 갖고 있다.

중력파 측정 실험의 1차적인 목표는 중력파 배경을 연구하는 것이다. 이 배경을 탐지하는 것은 초기 우주, 즉 대폭발 직후의 우주를 이해하는 데 매우 중요하다. 이는 대폭발 직후의 우주를 연구하는 고에너지 물리학 연구에도 새로운 창문을 여는 것과 같다. 대폭발 직후와 같은 고에너지 상태는 지상에서는 어떤 방법으로도 재현할 수 없기 때문에, 대폭발 직후의 중력파를 검출할 수 있다면 우주론의 새로운 시대가 열리는 것이다.

물론 지금도 (관측되지는 않았지만 이론적으로) 중력파를 발생시키는 천체들이 많이 있다. 예를 들면 거대한 초신성이 마지막 단계에서 폭발하면서 중성자성이나 블랙홀이 되는데, 이 때 엄청난 중력파가 방출된다고 본다. 또한 빠르게 회전하는 중성자성이나 이들로 이루어진 아령 형태의 쌍성계(binary star system) 역시 중력파를 방출한다.[11] 즉 아령 형태의 쌍성계가 연결 축에 수직하게 자전한다면 중력복사가 일어난다.

이런 형태로 우주에서 중력파를 방출하는 대표적인 예는 한쪽 혹은 양쪽에 블랙홀(black hole)이나 중성자성(neutron star),[12] 백색왜성(white dwarf)[13]과 같이 크기는 작지만 강력한 중력(질량)을 가진 천체들이 쌍성계를 이루어 서로의 주위를 빠르게 회전하는 구조를 생각해 볼 수 있다.[14] 두 항성이 공통의 질량중심 주위로 공전하는 쌍성계에서 서로의 공전주기를 주파수로 하는 중력파를 발생시킨다. 만일 중력파를 탐지할 수만 있다면, 그들의 메커니즘을 더 잘 이해할 수 있게 될 것이다.

4. 중력파의 발생과 측정

그렇다면 실제로 그런 중력파를 방출하는 천체가 확인된 적이 있는가? 아직 중력복사를 직접 측정하지는 못했지만, 이미 오래 전부터 그 존재가 간접적으로는 알려져 있었다. 1974년, 프린스턴대학의 테일러(Joseph H. Taylor Jr., 1941-)와 헐스(Russell Allan Hulse, 1950-)는 맥동성(脈動星, pulsar)으로 이루어진 쌍성계 PSR B1913+16[헐스-테일러(Hulse-Taylor) 쌍성계라 부름]을 발견하고, 그것의 자전주기와 펄스 방출주기를 정밀하게 측정하여 그 공전주기가 점차 짧아지고 있음을 밝혀냈다.

그림 7-5 헐스(Russell A. Hulse)와 테일러(Joseph H. Taylor Jr.)

공전주기가 점차 짧아지고 있다는 말은 쌍성계를 이루고 있는 두 천체의 거리가 점점 가까워지고 있으며, 오래지 않아 쌍성계가 붕괴될 것임을 의미한다. 이는 쌍성계의 에너지가 줄어들고 있음을 의미하며, 중력파를 통해 에너지가 밖으로 방출되고 있다고 해석할 수 있다. 그런데 공전주기가 짧아지고, 쌍성계의 에너지가 줄어드는 정도는 놀랍게도 일반상대성이론이 중력파의 방출로 줄어들 것이라고 예측한 에너지 값과 오차범위 내에서 일치했다! 그래서 두 사람은 "중력 연구의 새로운 가능성을 여는 신형 쌍성 맥동성 발견"(for the discovery of a new type of pulsar, a discovery that has opened up new possibilities for the study of gravitation)이라는 공로를 인정받아서 1993년, 노벨 물리학상을 공동수상했다.[15] 헐스와 테일러는 중력파가 단순히 수학적 개념이 아니라 실재할 수 있음을 제시한 것이었다.

우주에서 쌍성계의 궤도운동은 가장 중요한 중력복사원의 하나이다. 이 때 궤도운동 기간이 짧은 쌍성계일수록 강력한 중력복사원

이어서 쉽게 중력파를 측정할 수 있지만, 아쉽게도 그런 쌍성계는 숫자가 매우 적다. 궤도 운동 기간이 짧은 쌍성계는 그만큼 강력한 중력파를 발생시키지만, 수 초 안에 쌍성계가 붕괴되기 때문에 관측이 어렵다. 그런 쌍성계는 궤도운동 기간이 백만 년 이상 되는 쌍성계에 비해서는 그야말로 눈 깜짝하는 시간이라고 할 수 있다. 이런 쌍성계 붕괴는 대체로 10여 년에 한 번 정도 일어난다고 보는데, 미국의 LIGO(Laser Interferometer Gravitational-Wave Observatory)가 바로 두 중성자성으로 이루어진 짧은 쌍성계 붕괴에 따른 중력파 검출을 목표로 설립된 천문대이다. 반면에 궤도운동 기간이 긴 쌍성계는 훨씬 더 많지만, 중력파의 세기가 약해서 중력파를 측정하기가 어렵다.

그림 7-6 지구로부터 1,600광년 떨어진 쌍성계 J0806. 두 개의 백색왜성이 321초마다 서로의 주위를 공전하고 있다가 결국에는 하나로 합쳐질 것으로 본다.(NASA/Tod Strohmayer(GSFC)/Dana Berry(Chandra X-Ray Observatory))

강력한 중력을 발생시키는 쌍성계라도 중력파를 측정하는 것은 쉽지 않다. 근래 BICEP2팀이 측정한 쌍성계는 엄청난 중력파원이지만, 중력파의 세기는 파원으로부터의 거리에 반비례하기 때문이다. 중력파원까지의 먼 거리를 생각한다면, 중력파는 방출될 때 세기의

$1/10^{20}$ 이하일 것으로 예측된다. 과학자들은 이를 측정할 수 있는 더 예민한 측정기기를 개발하기 위해 노력하고 있지만, 2015년 11월 현재까지는 가장 예민하다고 알려진 미국의 LIGO 천문대와[16] 2007년부터 가동을 시작한 이탈리아의 VIRGO 천문대가 가진 기기조차 이 측정한계에 미치지 못하는 것으로 알려져 있다.[17]

미국 루이지애나주 리빙스톤(Livingston, LA)에 있는 LIGO는 두 개의 간섭계 팔을 갖고 있는데, 각 팔의 길이가 무려 4km에 이른다. 이와 동일한 크기의 천문대가 워싱턴주 핸포드(Hanford, WA)에도 있다.[18] 이탈리아 피사(Pisa Italy) 인근 카시나(Cascina)에 있는 VIRGO 천문대 역시 각 간섭계 팔의 길이가 3km에 이르는 거대한 마이컬슨 레이저 간섭계(Michaelson laser interferometer)이다.[19][20] 망원경의 구경이 클수록 더 희미한 천체를 볼 수 있듯이 간섭계의 팔이 길수록 더 희미한 중력파를 측정할 수 있기 때문이다.

유럽우주국(European Space Agency, ESA)에서는 중력파 측정 한계를 높이기 위해 우주공간에 설치할 레이저간섭 우주안테나(Laser Interferometer Space Antenna, LISA)를 개발하고 있다.[21] 원래 LISA는 ESA와 미항공우주국(NASA)의 공동사업으로 추진되었으나, 2011년 4월 8일, NASA가 재정지원을 받을 수 없게 되어 지금은 ESA 단독 프로젝트로 추진되고 있다. 이에 따라 프로젝트의 이름도 eLISA(Evolved Laser Interferometer Space Antenna)로 변경되었다. ESA는 중력파 관측 전문 천문대인 eLISA를 2034년에 우주로 쏘아 올리기 위해 준비하고 있다.

원리적으로 중력파는 어떤 주파수라도 가질 수 있지만, 현실적으로 저주파 중력파는 측정할 방법이 없고, 높은 주파수 영역의 중력파

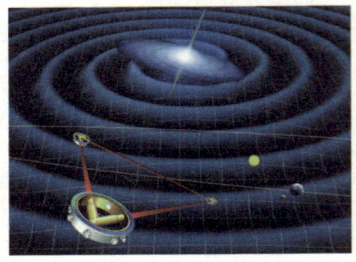

그림 7-7
중력파를 측정하기 위한 천문대 LIGO, VIRGO, LISA(상상도 ESA). 그림에서 직선으로 길게 뻗은 거대한 간섭계의 팔을 볼 수 있다.
(좌로부터)

는 방출하는 파원(波源)이 극히 드물다. 또한 중력장의 주파수 영역에 대해서도 학자들마다 의견이 분분하다. 호킹(Stephen W. Hawking)과 이스라엘(Werner Israel)은 중력파가 있다면, 10^{-7}Hz에서 10^{11}Hz 영역에 있을 것이라고 하고,[22] 톤(Kip S. Thorne)은 10^{-21}Hz에서 10^{4}Hz 영역에 있을 것이라고 하였다.[23] 이처럼 사람마다 제시하는 중력파의 주파수 영역이 전혀 다른 것은 우리가 아직 중력파에 대해 아는 바가 별로 없음을 반증하는 것이다.

하지만 헐스와 테일러 이후 관측 천문학 분야에서는 다양한 중력파 측정 장비들이 속속 개발되고 있으며, 과학자들은 지금도 급팽창에 대한 더 많은 정보를 얻기 위해 우주배경복사의 관측 정밀도를 향상시키려고 노력하고 있다. 특히 과학자들은 우주배경복사의 편광을 높은 정밀도로 측정하여 현재 예측되고 있는 급팽창의 에너지 규모가 올바른지의 여부를 밝히려 하고 있다.

5. 급팽창과 중력파

그러면 많은 물리학자들이 엄청난 예산과 노력이 필요한 중력파 측정에 매달리고 있는 궁극적인 이유는 무엇인가? 이는 우주 창조의 대표적인 모델로서 대폭발 이론(Big Bang Theory)의 가장 중요한 증거가 될 수 있기 때문이다. 특히 중력파의 검출은 대폭발 이론에서 급팽창이론(Inflation Theory)을 검증할 수 있는 결정적인 증거가 될 것으로 보인다.[24] 급팽창이론은 대폭발 직후 10^{-37}초부터 10^{-33}초 사이에 우주 공간이 광속보다 훨씬 더 빠른 속도로 팽창했다는 가설이다. 급팽창 이후에도 우주는 계속 팽창하고 있지만 훨씬 더 느린 속도로 팽창하고 있다고 본다.

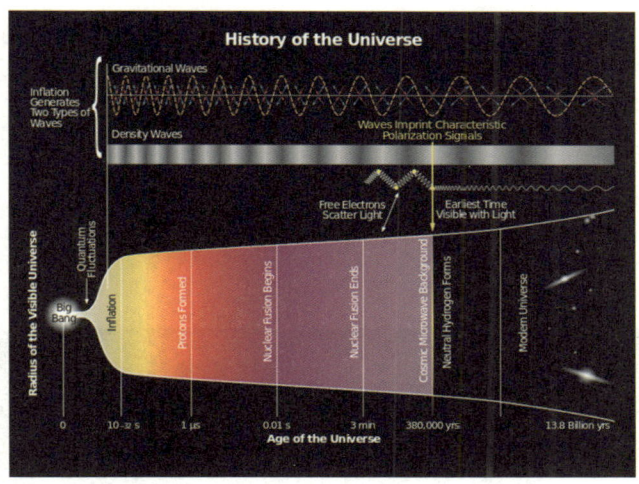

그림 7-8 대폭발 초기의 급팽창 시기가 표시된 우주의 역사(Wikimedia Commons/ Yinweichen)

급팽창이론은 미국의 구스(Alan Harvey Guth)가 1979년에 처음으로 제안하였다.[25] 앞 강에서 설명한 것처럼 이 이론은 기존의 대폭발 이론이 직면한 몇 가지 우주의 평탄성 문제(flatness problem), 지평선 문제(horizon problem), 자기단극 문제(磁氣單極問題, magnetic monopole problem) 등을 해결하기 위해 제안되었다. 실제로 급팽창 이론은 우주가 기하학적으로 평탄함을 설명할 수 있다. 이러한 설명은 WMAP(Wilkinson Microwave Anisotropy Probe) 우주선 등에 의한 우주배경복사의 정밀한 관측 등에서 얻은 은하 분포의 데이터로 확인된다.

최근 우주배경복사의 관측 결과는 다른 경쟁 이론들보다는 급팽창이론을 강하게 지지한다. 그러나 구스의 급팽창이론도 부족한 점이 있기 때문에 이 문제를 보완하기 위해 러시아의 린데(Andrei Linde)는 신 급팽창(new inflation) 모델을,[26] 펜실베니아대학의 앨브렉트(Andreas J. Albrecht)와 스타인하트(Paul J. Steinhardt)는 느리게 구르는 급팽창(slow-roll inflation) 모델을[27] 제안하기도 했다.[28]

급팽창이론에 의하면 우주는 138억 년 전에 대폭발을 통해 존재하게 되었고, 그 직후 공간이 급격히 확장되는 급팽창의 과정을 거치면서 초기 크기의 10^{26}배 크기로 커졌다. 이 급팽창은 전 우주로 퍼지

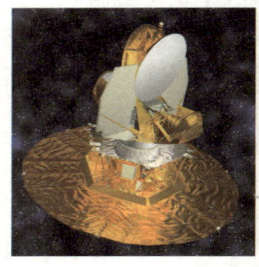 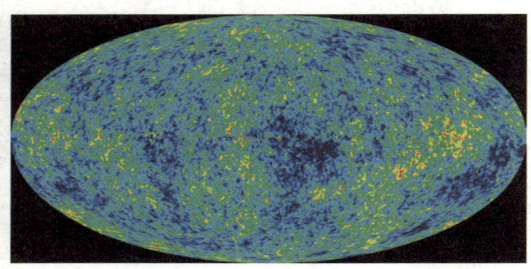

그림 7-9 WMAP 우주선과 WMAP가 2010년에 우주배경복사를 통해 촬영한 우주의 구조(NASA)[29]

는 중력파를 만들었을 것이므로, 과학자들은 이 중력파에 의한 우주배경복사의 작은 요동들을 조사해서 대폭발 당시의 우주의 모습을 연구하고 있다.

좀 더 쉽게 설명하자면, 대폭발 직후에 급팽창이 일어났다면 강한 중력파가 우주에 퍼졌을 것이다. 따라서 우주배경복사에서 강한 중력파가 지나간 흔적을 찾으면 급팽창이론을 입증할 수 있는데, 이 흔적이 바로 우주배경복사의 B-모드 편광(B-mode polarization)이라는 것이다. 편광(偏光)이란 모든 방향으로 진동하는 전자기파를 특정한 광물질이나 광학필터를 사용하여 특정한 방향으로만 진동하게 만드는 것 혹은 그런 빛을 말한다. 우리는 흔히 자동차 표면이나 연못의 수면으로부터 빛이 산란되어 반짝이는 것을 경험하는데, 이 때 산란된 빛이 바로 편광된 빛이다.

이와 비슷하게 우주 공간에서 대폭발 직후 급팽창에 의해 방출된 중력파에 의해 압축된(compressed) 우주배경복사도 전자에 의해 산란, 편광된다. 중력파는 시계방향 혹은 반시계방향의 방향성(handedness)을 갖기 때문에 우주배경복사에 대한 편광 패턴도 B-모드 편광이라는 독특한 패턴을 나타낸다. 그래서 BICEP2의 공동대표이자 스탠포드대학 교수인 쿠오(Chao-Lin Kuo)는 "소용돌이치는 B-모드 편광 패턴은 중력파의 독특한 흔적"이라고 말한다.[30]

우주배경복사에서 나타나는 편광 신호는 두 성분으로 나눌 수 있다. 하나는 회전이 없고(curl-free) 경사만 있는(gradient-only) E-모드 편광성분인데, 이는 이미 2002년, 남극에 설치된 DASI(Degree Angular Scale Interferometer) 망원경에 의해 확인되었다.[31] 또 하나는 회전만 있는(curl-only) B-모드 편광성분인데, 여기에는 대폭발 직후의 급팽창에 의한 것과 그 이후 중력렌즈 효과에 의한 것 등 두 종류가 있다.[32] 중력렌즈 효과에 의한 것은 이미 허셜우주망원경(Herschel Space Observatory)으로 관측되었으나, 급팽창에 의한 것은 지금까지 관측되지 않아서 급팽창이론은 검증되지 않았었다.[33]

6. BICEP2와 중력파 관측[34]

그런데 놀랍게도 지난 2014년 3월 17일, 여러 대학들과 기관들이 참여하고 있는 BICEP2팀이 급팽창에 의한 B-모드 편광을 관측했다고 발표했다. BICEP2팀은 B-모드 편광을 측정하기 위해 대기가 춥고 건조하고 안정된 남극에 BICEP2 천문대를 설치하였다. BICEP2 프로젝트의 주연구자이자 하버드대학 천문학과 교수인 코백(J.M. Kovac)은 "남극은 우리가 지상에 있으면서 우주에 가장 가까이 접근할 수 있는 곳"이라고 하면서 "이곳은 지구에서 가장 건조하고 깨끗한 장소의 하나로서 대폭발로부터 나온 희미한 마이크로파를 관측하는 데 완

그림 7-10 오른쪽 위, 푸른 건물 위에 보이는 접시형 안테나가 중력파를 직접 탐지하기 위해 사용한 BICEP2 망원경. 왼쪽에 있는 하얀 접시형 안테나는 남극망원경(South Pole Telescope)(Wikipedia Commons/Amble)

벽한 곳"이라고 하였다.[35] 실제로 이들이 BICEP2를 설치한 곳은 지리적 남극으로부터 불과 1.2km 떨어진 곳에 있다.

BICEP2팀은 이번 측정을 위해 새로운 복사기(bolometer)를 발명하였다. 이들은 열잡음(thermal noise)을 줄이기 위해 영하 272.9℃(0.25K)에서 작동하도록 설계된 초전도 센서 512개로 이루어진 초정밀 복사계를 개발한 것이다. 이 새로운 장치로 측정한 결과 연구진들은 생각보다 B-모드 편광 신호가 크다는 것에 놀랐다. 하지만 팀은 오차를 없애기 위해 3년 동안 데이터를 분석했다. 또한 팀은 우리 은하계 내에 있는 먼지도 비슷한 편광 현상을 만들 수 있는지를 주의 깊게 연구했으나 데이터를 분석한 결과 그럴 가능성은 거의 없다고 결론내렸다.

그림 7-11 BICEP2 망원경의 초점면에 있는 복사계(bolometer)(NASA/JPL)

아직 급팽창이론이 입증된 것은 아니지만, BICEP2에서의 실험이 워낙 정밀하고 정확한 관측값을 제시하기 때문에 학계에서는 급팽창이론을 사실상 실험적으로 입증한 것이 아닌가 생각하는 사람들이 있다. 사실 우주배경복사가 급팽창 기간 동안 발생한 중력파로 인해 B-모드 편광을 일으킬 것임은 이미 존스 홉킨스 대학의 카미온코프스키(Marc Kamionkowski) 등에 의해 1996년에 예측된 것이었다. 카미온코프스키는 BICEP2팀에 의한 우주배경복사의 B-모드 편광 현상의 발견을 두고 '급팽창의 강력한 증거'(powerful evidence for inflation)이며 급팽창의 '총연'(銃燃, smoking gun)이라고까지 했다. 그의 말대로 중력파 측정은 마이크로파 우주배경복사처럼 대폭발의 가장 중요한 연기나는 총일 수 있다.

BICEP2팀이 발표한 데이터를 보면, 급팽창으로부터 만들어진 중력파는 B-모드 편광이라는, 우주배경복사의 편광에서 희미하지만 분명한 뒤틀린 패턴을 보여준다. 그림에서 데이터의 작은 막대 무늬들은 서로 다른 지점에서 편광을 보여주는데, 붉은 색과 푸른 색 배경은 B-모드 편광 패턴이 시계방향 혹은 반시계방향으로 뒤틀린 정도를 분명히 보여준다.

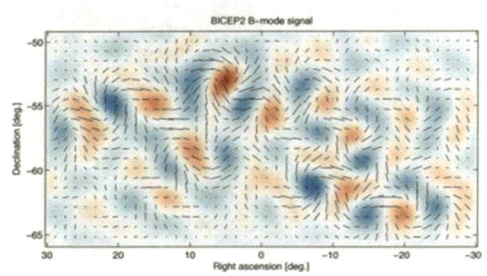

그림 7-12 BICEP2 망원경으로 관측한 B-모드 편광(The BICEP2 Collaboration)[36]

아직까지 더 많은 연구가 진행되어야 하지만, 이번 연구결과는 대폭발 이론, 특히 그 중에서도 급팽창이론을 증명하는 강력한 증거가 될 수 있기 때문에 물리학자들이 비상한 관심을 모으고 있다. BICEP2 프로젝트의 공동대표이자 캘리포니아 공대(Caltech) 물리학과 복

(Jamie Bock)은 "우리는 시간의 여명으로부터 나온 신호를 측정하고 있다."고 했다. 만일 급팽창이론이 실험적으로 온전히 입증된다면, 인류는 우주의 기원을 밝히는 것이다.

7. BICEP2 결과에 대한 비판

하지만 BICEP2팀의 연구결과에 대해 모든 과학자들이 찬성하는 것은 아니다. 근래 독자적으로 진행된 두 연구팀은 BICEP2팀이 은하 먼지(galactic dust)의 효과를 제대로 고려하지 않았다고 비판했다. BICEP2팀은 우주배경복사의 편광에서 희미하게 뒤틀린 패턴을 발견했다고 주장하면서 이것은 태초의 중력파, 즉 초기 우주에서 발생한 시공간의 물결이라고 주장했지만, 비판자들은 BICEP2팀의 연구결과의 기초가 되었던 최초의 데이터를 신뢰할 수 없다고 말한다. 이들은 우주배경복사 편광의 뒤틀린 패턴은 중력파가 아니라 은하 간에 존재하는 먼지에 의한 것이라고 주장한다.[37]

최근 연구논문의 공저자의 한 사람인 캘리포니아 대학 버컬리 분교(University of California, Berkeley)의 셀작(Uroš Seljak)은 "지금 우

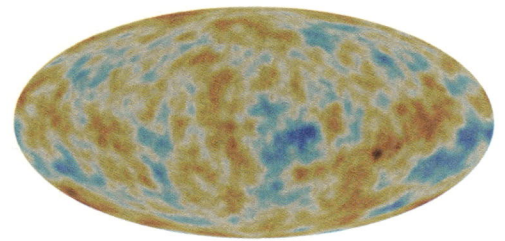

그림 7-13 2015년 2월에 플랑크 우주선이 우주배경복사의 편광을 조사한 것 (ESA)[39]

리가 아는 바에 기초한다면, … 우리는 중력파의 존재를 증명하거나 부정하는 어떤 증거도 갖고 있지 않다."고 했다.[38]

BICEP2팀의 발표에 대한 비판은 그들이 사용한 은하 먼지에 의한 편광 지도를 재조사한 뉴욕대학의 이론물리학자 플라우거(Raphael Flauger)에 의해 제기되었다. 플라우거는 BICEP2팀이 유럽우주국(European Space Agency)의 플랑크 우주선(Planck probe)이 2009년부터 2013년까지 모았던 은하 먼지에 의한 편광 지도에서 먼지에 의한 편광효과를 과소평가했기 때문이라고 했다. 플라우거는 만일 은하 먼지에 의한 효과를 충분히 고려한다면, BICEP2팀이 중력파의 신호라고 주장했던 증거는 사라지거나 크게 감소할 것이라고 했다.

2014년 5월 28일에 발표한 예비 논문(preprint)에서 플라우거와 프린스턴대학의 공저자 스퍼겔(David Spergel)과 힐(Colin Hill)은 BICEP2팀이 은하 먼지의 역할을 검사하는 데 사용한 먼지 편광 지도는 총 편광에서 은하 먼지에 의해 일어나는 비율을 3.5-5% 정도라고 가정했지만,[40] 플랑크 우주선이 그린 좀 더 자세한 지도에 근거한 새로운 정보에 의하면(BICEP2팀의 발표 후에 나왔는데), 은하 먼지에 의한 편광이 총 편광의 8-15%에 이른다고 말했다. 스퍼겔은 3.5%와 8%는 작은 차이 같지만, BICEP2가 관측한 신호는 은하 먼지에 의한 편광 퍼센트의 제곱에 의존하기 때문에 작은 차이가 아니라고 했다. 스퍼겔은 이 최근 수치를 가지고 본다면, "중력파를 검출했다는 증거가 없다."(there's no evidence for the detection of gravitational waves)고 단언하면서 "그것은 먼지에 의한 것과 일치한다."고 했다.

이번 연구에 참여하지 않았던 프린스턴대학의 우주론자 스타인하트(Paul Steinhardt)도 "먼지는 BICEP2가 검출한 신호의 전부 혹은 대부분을 설명할 수 있을 것이다."(Dust could account for all or most of the signal)고 했다. 또한 1980년에 우주급팽창 개념을 처음 제창했던 MIT의 구스(Allan Guth)는 플라우거의 발표를 듣고 「네이처」와의 인터뷰에서 "나는 [BICEP2팀의] 결과가 매우 확실한 것으로 생각했었다." 하지만 "이제는 상황이 바뀌었다."고 말했다.

두 번째 분석에서 셀작과 그의 버클리 동료인 몰톤손(Michael Mortonson)은 BICEP2의 결과를 좀 더 자세히 검토하였다. 셀작과 몰톤손은 아직 측정되지는 않았지만, 남극 지역에서 먼지에 의한 편광의 정도와 더불어 이미 잘 측정되어 알려져 있는, 하늘의 다른 영역에서 먼지에 의해 방출되는 마이크로파의 세기를 분석하였다. 그들은 남극 상공을 포함하여 하늘 전체가 동일하게 먼지의 강도가 변한다고 가정하고 계산한 결과 BICEP2 신호가 중력장에 의한 것이라는 분명한 증거를 발견하지 못했다.

셀작과 몰톤손은 또한 BICEP2가 측정한 신호의 세기가 마이크로파의 진동수에 따라 어떻게 변화하는지에 관한 데이터를 다시 조사하였다. BICEP2팀은 신호의 강도를 주파수 150GHz에서 기록하였고, 그 이전의 BICEP1 망원경은 주파수 100GHz에서 기록되었는데, 이 두 데이터에서 먼지로 인해 예상된 강도의 패턴이 일치하지 않았다고 주장했다.

하지만 아직 어느 누구도 자신들의 주장에 대해 확정적인 태도를 취하지 않고 있다. 다른 팀의 연구 결과에 대한 견해는 다르지만, 진리에 대한 진지한 태도는 모두 동일하다고 할 수 있다. 이제 공은 좀 더 자세한 은하 먼지 지도를 작성하기 위해 플랑크 우주선을 쏘아올린 유럽우주국(European Space Agency: ESA)으로 넘어갔다. 플랑크 우주선을 통해 먼지에 의한 편광 지도가 나오면, BICEP2 신호의 원인이 중력파인지 은하 먼지인지 확실해질 것이다.

8. 플랑크팀 연구

유럽우주국(ESA)은 2009년 5월 14일, 프랑스령 가이아나 우주센터(Guiana Space Centre)에서 우주망원경을 탑재한 플랑크 우주선을 발사했다. 플랑크 우주선에 탑재된 망원경은 우주의 기원으로 여겨지는 대폭발(Big Bang) 이래 우주공간의 배경을 이루고 있는 전파인 우주배경복사의 불균일성(anisotropy)을 관측할 수 있는 장비를 탑재하고 있다. 독일 물리학자 막스 플랑크(Max Planck, 1858-1947)의 이름을 따 명명된 이 망원경은 우주공간에서 360도 회전하면서 구형(球形)의 우주공간 전체를 촬영하였다.

ESA는 2010년 7월 5일, 플랑크 우주선 망원경이 촬영한 우주 사진을 공개하면서 "이번 사진은 '우주에서 가장 오래된 빛'을 담고 있다."며 "우주가 생겨나던 약 137억 년 전 폭발의 흔적"이라고 밝혔다.

 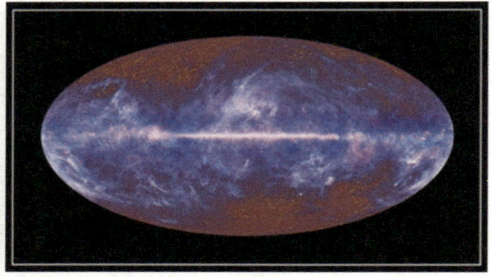

그림 7-14 플랑크 우주선과 플랑크 망원경이 촬영한 마이크로웨브 우주 공간. 온도와 밀도 차이 때문에 울긋불긋한 색깔이 나타난다(ESA).

플랑크 망원경은 이를 평면에 표현하기 때문에 사진은 길쭉한 타원 모양을 하고 있다. 촬영된 물질의 온도와 밀도 등이 다르기 때문에 아래 사진과 같이 붉은색과 흰색 등 여러 가지 색깔이 울긋불긋하게 나타난다.

ESA는 플랑크 망원경이 보내오는 자료를 통해 별이나 은하의 생성 과정은 물론 우주의 기원과 창조의 비밀을 푸는 데도 한 걸음 더 다가갈 수 있을 것이라고 하였다. ESA의 과학·로봇탐사국장(Director of Science and Robotic Exploration) 사우스우드(David Southwood)는 "우리는 '엘도라도'로 가는 문을 이제 막 열어젖혔다."며 "이곳에서 과학자들은 우주의 신비를 알려주는 중요한 정보와 단서들을 찾을 수 있을 것"이라고 말했다.[41] 지난 여러 해 동안 플랑크 우주선은 초기의 이러한 기대를 저버리지 않고 우주의 기원에 대한 우리의 지식의 지평을 넓혀주었다.

필자는 ESA의 플랑크 우주선팀이 중력파에 대한 그간의 연구결과를 발표하는 것을 보고 감동을 받았다. 놀랍게도 이들의 연구결과는 2014년 3월에 하버드와 캘리포니아 공대(CalTech) 등 세계 최고의 연구기관들이 대거 참여했던 BICEP2팀의 중력파 연구결과를 부정하는 내용이었다. 내용인 즉 BICEP2팀이 우주배경복사에서 중력파에 의한 편광현상을 발견했다고 발표한 것을 플랑크팀이 그것은 중력파에 의한 것이 아니라 성간먼지(interstellar dust)에 의한 것임을 밝힌 것이다. 과학계에서 한 사람이나 팀의 연구를 다른 사람이나 다른 팀이 더 많은 연구를 해서 수정하거나 부정하는 것은 흔히 있는 일이다. 과학이라는 것이 원래 그런 과정을 통해 발달하기 때문에 플랑크팀의 발표는 하나도 이상할 것이 없는 것이다.

필자가 여기서 '감동'(교회에서 문법에 맞지 않게 '은혜'라고 말하는)을 받은 것은 플랑크팀의 조심스럽고도 겸손한 발표 태도였다. 일반적으로 미국 연구팀들은 떠벌리기를 좋아한다. 그래서 BICEP2팀은 '관행대로' 중력파 발견 소식을 전 세계 언론을 대상으로 발표하면서 대대적인 홍보를 했다. 그런데 BICEP2팀의 결과를 부정하는 플랑크팀의 발표는 대조적이었다. 사실 플랑크팀이 보기에 BICEP2팀의 연구결과가 거의 확실하게 틀린 것을 증명했음에도 불구하고 자신들의 연구결과가 BICEP2팀의 연구결과를 단호하게 부정하는 모습으로 비춰지지 않도록 조심해서 발표했다. 그들은 과학적인 내용을 잘 모르는 매스컴이 과장해서 동네방네 떠들지 않도록 조용히 논문으로만 발표하고, 대규모 기자회견 같은 것은 아예 하지도 않았다.

일반적으로 대단한 팀의 연구결과일수록 그것을 부정하는 결정적인 증거를 발견한 연구도 높이 평가된다. 그런데 이 대단한 팀이 대대적인 언론 플레이를 하면서 발표했던 내용을 플랑크팀은 조용히, 겸손히 부정한 것이다. 사실 BICEP2팀의 연구결과는 처음 발표될 때부터 일부에서는 회의적이었다. BICEP2팀에서 사용한 탐지기로는 중력파가 우주배경복사를 편광시킨 것을 탐지하기에는 감도가 너무 낮다는 것이었다. 이론적으로 예측되는 중력파의 흔적을 탐지하기 위해서는 훨씬 더 감도가 높은 탐지기가 필요한데, 현재 기술로는 가능하지 않다는 것이었다. BICEP2팀 지도자들도 이 점을 잘 알고 있었다. 그들 역시 이론적으로 예측했던 것보다 중력파에 의한 편광현상이 훨씬 더 크게 나타난 것을 놀라워했다. 그런데도 그들은 이를 매스컴을 통해 발표했다.[42]

9. 중력파 연구와 과학의 특성

지금까지 우리는 중력파의 배경과 이를 측정하기 위한 과학자들의 집요한 노력, 그리고 중력파가 발견되었을 때 이것이 갖는 과학적 의미에 대하여 살펴보았다. 중력파를 발견하려고 노력하는 과정을 통해 알 수 있는 과학의 몇 가지 특성을 요약한다면 다음과 같다.

첫째, 과학은 누적적(累積的, cumulative)이라는 점이다. 과학철학자 쿤(Thomas Kuhn, 1922-1996)의 주장과 같이 거대한 과학 패러다임의 변화는 불연속적이고 혁명적일 수 있으나, 한 패러다임 내에서 개별 주제의 과학 연구는 철저하게 누적적이다. 앞에서 살펴본 것처럼 BICEP2팀이나 플랑크팀의 발표가 나오기까지 과학적 진보에는 결코 도약이 없었다. 근대과학의 시조라고 할 수 있는 갈릴레오로부터 시작하여 수백 년 동안 천문학과 물리학, 천체관측은 누적적으로 발달해 왔다. 실험만이 그런 것이 아니라 이론도 마찬가지이다. 중력파 연구와 관련하여 아인슈타인의 일반상대성이론이 출현하기까지 많은 사람들의 선행연구가 있었고, 일반상대성이론이 제안된 후에도 수많은 이론가들의 연구를 통해 중력파에 대한 예언이 이루어져 온 것이다.

둘째, 과학은 잠정적(暫定的, tentative)이라는 점이다.[43] 중력파 측정과 같은 극히 미세한 신호를 측정하는 우주론 영역의 연구에서는 다른 어떤 영역의 연구들에 비해 작업가설을 많이 세울 수밖에 없고, 연구결과에 대한 해석도 잠정적일 수밖에 없다. BICEP2팀이 측정한 B-모드 편광 패턴은 분명하게 중력파의 존재를 증거하는 듯 했지만, 과학자 공동체에서는 이 결과를 선뜻 수용하여 급팽창이론의 손을 들어주지 않았다. 은하 먼지에 의한 편광 가능성을 제기하는 과학자들의 비판은 충분히 귀를 기울일만한 가치가 있었다. 실제로 불과 10여 개월 후에 플랑크팀은 BICEP2가 관측한 우주배경복사의 편광은 중력파에 의한 것이 아니라 은하 먼지에 의한 것으로 최종 결론을 내렸다. 이처럼 끝없는 반증의 시도를 견디면서 과학은 발전하는 것이다.

셋째, 과학은 이론과 실험의 협력 속에서 발전한다는 점이다. 지금부터 100여 년 전, 아인슈타인이 중력파의 존재를 예측한 것은 시작에 불과했다. 그 후 우주배경복사가 급팽창하는 기간 동안 발생한 중력파로 인해 B-모드 편광을 일으킬 것임을 예측한 카미온코프스키가 아니었다면, BICEP2팀의 연구도 없었을 것이다. 그리고 BICEP2팀의 연구가 없었다면, 플랑크팀의 연구도 없었을 것이다. 플랑크팀의 최종 결론도 이미 이론적으로 예측된 것이었다. 이처럼 때로는 관측이나 실험이 앞서기도 하지만, 때로는 이론이 앞서기도 한다. 이론과 실험은 앞서거니 뒤서거니 하면서 자연에 대한 우리의 이해를 증진시킨다.

넷째, 과학은 전문화(professionalization), 제도화(institutionalization) 되었다는 점이다. 이미 갈릴레오 시절부터 나타난 과학의 전문화는 19세기를 지나면서 본격적인 제도화로 진행되면서 딜레탕트(dilettante)의 영역을 급속히 축소시켰다. 특히 중력파 연구와 같은 기초학문 영역에서는 연구를 위한 오랜 기간의 교육과 지난한 준비, 막대한 재정지원이 없이는 아예 연구를 시작조차 할 수 없다. 어느 개인이 남극점에 그런 거대한 시설을 만들 수 있겠으며, 또 연구를 수행하기 위한 필요한 엄청난 재정적 지원을 할 수 있을 것인가? 이제 이런 기초과학 영역에서 아마추어들의 역할은 거의 끝났다고 볼 수 있다.

〈그림 7-15〉는 BICEP2팀 연구원들의 소속기관 혹은 지원기관들을 나열한 것이다. 이러한 세계적인 기관과 학자들이 참여한 연구였

기 때문에 BICEP2팀의 중력파 연구에서는 첨단 기술이 총동원될 수 있었다. 비록 BICEP2팀의 연구가 중력파의 존재를 증명하지는 못했지만, 우주배경복사의 B-모드 편광을 측정할 수 있는 초정밀 복사계는 현존하는 어떤 복사계보다 정밀한 측정 장치이다. 혹한의 날씨가 계속되는 남극에 대형수송기를 동원하여 천문대를 만드는 것부터 시작하여 각종 장비들을 작동시키면서 초전도 복사계를 거의 절대영도까지 냉각시켜 미세한 B-모드 편광 패턴을 측정하는 것은 이를 가능하게 한 탁월한 과학자들, 엄청난 재정지원, 이를 뒷받침하는 기술의 진보가 없으면 전혀 상상할 수 없는 일이다.

그림 7-15 중력파 측정을 위한 BICEP2에는 세계 최고의 기관과 학자들이 참여, 후원하였다.

BICEP2팀의 면모만이 아니라 이들의 연구를 비판한 학자들의 면모도 대단하다. 캘리포니아대학 버클리 분교(University of California, Berkeley)의 셀작(Uroš Seljak)과 몰톤손(Michael Mortonson), 뉴욕대학의 플라우거(Raphael Flauger), 프린스턴대학의 스퍼겔(David Spergel)과 힐(Colin Hill) 등 역시 세계적인 대학의 세계적인 학자들이다. 가히 별들의 전쟁이라고 할만하다. 이런 전문가들과 전문기관들의 후원에 의해 현대과학은 진보한다.

플랑크 프로젝트는 어떤가? 미국이라는 단일 국가가 주도한 BICEP2 프로젝트와는 달리 플랑크 프로젝트를 추진한 유럽우주국은 독일, 프랑스, 이탈리아, 영국을 비롯한 유럽의 22개 회원 국가들과 준회원으로 참가한 캐나다까지 총 23개 국가가 참여하는 컨소시엄에 의해 유지되고 있다. 이들은 연 예산만도 40억 유로에 달하는 엄청난 재정을 사용하고 있다.

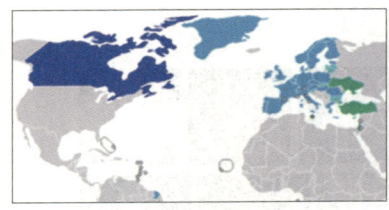

그림 7-16
유럽우주국 컨소시엄에 참여하는 23개국.
독일에 있는 주조종실
(Wikimedia Commons/ESA)과
네덜란드에 있는 기술센터
(Wikimedia Commons/Suruena)

물론 모든 과학연구가 BICEP2나 플랑크 프로젝트와 같이 많은 인력과 재정을 필요로 하는 것은 아니지만, 현대의 대부분의 주요한 기초과학연구들은 엄청난 인력과 재정이 없으면 시작조차 할 수 없는 경우가 많다. 필자가 많은 기초과학연구를 포함하고 있는 창조론 관련 과학연구에 전문가들의 참여가 필요하며, 또한 기독교 신앙을 가졌는지 여부와 무관하게 전문가들의 연구결과를 존중해야 한다고 주장하는 이유도 바로 여기에 있다. 지금과 같이 아마추어 내지 비전문가들이 창조론과 관련된 과학적 담론을 주도하게 되면, 기독교는 반지성적, 반과학적이라는 비난을 피할 수 없으며, 적어도 과학 분야에서는 지적 게토를 벗어날 수 없다.

다섯째, 과학적 연구의 대상은 물질세계의 현상에 국한된다는 점이다. 우주론은 다른 어떤 자연과학의 영역보다 형이상학적, 종교적 해석들이 개입될 소지가 많다. 하지만 과학은 어디까지나 물질세계의 현상을 설명하는 제한적 유용성만을 가졌음을 기억해야 한다. 대폭발 이전에는 무엇이 있었을까, 혹은 대폭발을 일으킨 원물질인 아일렘(Ylem)은 어떻게 존재하게 되었을까 등 애초부터 과학적 연구의 대상이 되지 않는 질문들에 대해서는 과학자들이 아예 다루지 않는다.[44] 초자연적 존재에 대한 신앙이나 신념은 연구의 배경신념은 될 수 있지만, 명시적으로 과학연구에 끌어들이지 않는 것이다.

여섯째, 과학은 방법론적 자연주의(methodological naturalism)를 가정한다는 점이다. 존재론적 자연주의(ontological naturalism)라고도 불리는 형이상학적 자연주의(metaphysical naturalism)에서는 아예 초월적인 신의 존재 자체를 부인하는 데서 출발한다. 하지만 과학적 자연주의(scientific naturalism)라고도 불리는 방법론적 자연주의란 과학적 방법에 관한 한 초자연적 존재의 존재 여부를 추정하지 않는 자연적인 설명으로 제한하자는 주장이다. 그러므로 방법론적 자연주의는 자연현상에 대해 자연적인 설명을 추구함으로써 신앙을 가진 과학자들이라 해도 자신들의 종교적 신념에 얽매이지 않고 연구를 수행할 수 있게 해준다.[45]

BICEP2 프로젝트에 참여한 과학자들 중에는 틀림없이 신앙을 가진 과학자들도 많이 참여했을 것이다. 그런 사람들이라도 신이 우주를 현재와 같은 과학적 방법론으로 연구할 수 있도록 창조하셨다고 생각한다면, 연구하는데 하등의 문제가 발생하지 않는다. 사실 방법론적 자연주의는 신이나 초자연적 현상 그 자체에 대하여서는 긍정도 부정도 하지 않는다.

10. 결론

과학적 연구나 연구결과의 해석, 특히 현대 과학적 성과에 대한 성경적 조망에 있어서 우리는 잠정적이고 열린 자세, 겸손한 자세를 갖는 것이 필요하다. 이러한 자세는 중력파 연구에도, 대폭발 우주론 연구에도 그대로 적용된다. 많은 증거들이 쌓였지만 대폭발 이론은 여전히 작업가설이라고 할 수 있다. 작업가설이라고 하는 것은 말 그대로 더 많은 연구를 위한 기초로서 잠정적으로 받아들이는 주장이다. 물론 더 많은 연구를 통해 믿을 수 있는 이론이 만들어지기를 기대하지만, 때로는 더 많은 연구를 통해 그 가설이 불완전하거나 틀렸음이 드러날 수도 있다.

전문가들은 대폭발 이론 역시 틀렸을 가능성이 있는, 적어도 부분적으로 보완될 필요가 있는 이론이라고 받아들이고 있다. 그렇기 때문에 지금도 많은 사람들이 연구를 계속하고 있는 것이다. 비록 현재까지 제시된 어떤 과학적 이론도 대폭발 이론만큼 우주의 창조에 관해 잘 다듬어진, 그리고 많은 증거에 의해 지지되는 이론이 없음에도 불구하고 어떤 사람이 대폭발 이론은 절대로 틀릴 수 없는 이론이라고 주장하는 사람이 있다면, 그는 과학적 진술이 아니라 이데올로기나 도그마를 주장하는 사람이다.

결론적으로 온 세상을 떠들썩하게 했던 BICEP2팀의 중력파 발견 발표는 일단 플랑크팀의 연구로 부정되었다. 이 사건은 어떤 주장이라도 항상 틀릴 가능성을 염두에 두고 꾸준히 연구해 나가는 것이 과학적 시대를 살아가는 그리스도인들의 바른 '영성'임을 보여준다.

이것은 곧 바로 창조론 연구에도 적용될 수 있다. 하나님은 우리가 전혀 알 수 없는 방법으로 우주를 창조하셨을 수 있다. 그러나 만일 하나님이 우주를 창조하실 때 과학적 방법을 사용하셨다면, 대폭발의 과정을 사용했을 가능성이 가장 높다고 할 수 있다. 하지만 이러한 주장도 늘 비판과 수정에 열려있어야 한다. 과학연구에서는 이러해야 한다, 혹은 저러해야 한다는 식의 규범적 주장(normative argument)을 하는 것은 금물이다. 그것은 자신의 주장은 절대로 틀릴 수 없음을 전제하는 것이기 때문에 이미 교만이요, 비성경적이다. 지난 한 세대 동안 한국에서 진행된 창조과학 운동이 바로 그렇게 진행된 운동이 아닌지 심각하게 반성해야 할 것이다.

토의와 질문

1. 중력파 연구는 엄청난 연구비와 수많은 과학자들이 참여하는 다국적 슈퍼 프로젝트의 한 예라고 할 수 있다. 이러한 규모로 진행되는 다른 연구들의 예를 들어보고, 이들을 통해 현대 과학의 특성을 토의해 보자.

2. 자유민주주의 국가에서 과학 연구를 위해 연구비 지원을 받기 위해서는 일반 납세자들을 설득시키는 것이 필요하다. 하지만 때로는 국민들을 설득시키려는 노력이 지나쳐서 과학자들로 하여금 연구 결과를 부풀리거나 조급하게 발표하게 할 수 있다. 이런 점을 고려하여 중력파 연구와 관련된 BICEP2팀과 플랑크팀의 자세를 비교해 보고 이들의 장단점을 토의해 보자.

3. 저자는 중력파 연구를 통해 과학의 특성을 여섯 가지로 요약하고 있다. 혹 저자가 제시한 것들 중 적당하지 않거나 빠진 것은 없는지 말해보자. 특히 저자는 방법론적 자연주의에 대해 우호적인 태도를 갖고 있다. 혹 기독교 신앙과 관련하여 방법론적 자연주의가 갖는 위험성은 없는지 말해보자.

제8강

성경적 우주론?

"이는 사람으로 혹 하나님을 더듬어 찾아 발견하게 하려 하심이로되 그는 우리 각 사람에게서 멀리 계시지 아니하도다."
- 사도행전 17:27

지금까지 우리는 현대 우주론의 표준모델이라고 하는 대폭발 이론을 살펴보았다. 곧 지난 100여 년 동안 대폭발 이론이 출현하게 된 배경과 이에 대한 여러 학자들의 업적들을 살펴보았다. 현재로서는 하나님께서 우리가 과학적으로 더듬어 찾아 알 수 있는 방법으로 우주를 창조하셨다면, 대폭발의 방법으로 우주를 창조하셨을 가능성이 가장 크다. 그렇다고 해서 대폭발 이론으로 모든 것들을 설명할 수 있는 것은 아니다. 여전히 이 이론으로 설명할 수 없는 현상들이 있다. 하지만 지금까지는 다른 이론들에 비해 대폭발 이론이 훨씬 설득력이 있다.

대폭발 이론이 현대 우주론의 주류 이론으로 받아들여진 지도 반세기가 지났다. 그럼에도 불구하고 일부에서는 아직도 다른 우주론의 가능성을 제기하고 있다. 대부분의 사람들의 뇌리에서 사라지고 있는 정상상태 우주론이 있는가 하면, 젊은지구론에 끼워 맞추려는 창조과학자들의 우주론도 있다. 본 강에서는 정상상태 우주론에 더하여 아직도 소수의 성경문자주의를 주장하는 사람들이 주장하는 몇몇 '성경적' 우주론을 소개하고자 한다.

1. 정상상태 우주론

우선 한 동안 대폭발 이론과 경쟁했던 정상상태 우주론(正常狀態 宇宙論, Steady State Cosmology)을 생각해 보자. 이 이론은 대폭발 이론의 초기 여러 가지 문제점들에 대한 반박으로 제시된 이론이었다. 하지만 제1강에서 살펴본 것처럼, 이 이론의 뿌리는 우주는 영원하고 불변하다는 고대 그리스 시대까지 거슬러 올라간다. 우주가 영원하고 불변하다는 것은 시작도, 종말도 없고, 시작하게 한 존재나 마감하는 존재도 없음을 의미한다. 그러므로 대폭발 이론에 비해 정상상태 우주론은 본질적으로 유물론적이고 무신론적이다.

이러한 철학적 형태의 정상상태 우주론이 현대적인 형태로 다듬어진 것은 1948년, 케임브리지대학 트리니티칼리지의 본디(Hermann Bondi, 1919-2005)와 골드(Thomas Gold, 1920-2004) 등의 업적이었다. 이들에 의해 처음 제안된 정상상태 우주론은 1963년 호일(Fred Hoyle, 1915-2001), 날리카(Jayant V. Narlikar) 등의 저명한 천문학자들이 마하 원리(Mach's Principle)와 결합시켜 강화되었다. 수학적으로 아름답고 깔끔하게 표현할 수 있는 이 이론은 1950년대로부터 1960년대 중반에 이르기까지 대폭발 이론과 대립하면서 경쟁적으로 발전했다.

정상상태 우주론자들은 "국부적인 물리법칙은 대규모 우주 구조에 의해 결정된다."는 마하 원리를 적용하여 물리 법칙들은 우주 구조에 독립적일 수 없으며 의존해야 한다는, 스위 완전한 우주론적 원리(Perfect Cosmological Principle)를 믿었다.[1] 이들에 의하면 현재 관찰되고 있는 물리 법칙이 변하지 않는다는 것은 우주가 안정된 위치에 있어야만 함을 의미하며, 이는 우주는 모든 곳에서 균일하고 거시적 규모에서 변화가 없어야 함을 의미한다. 정상상태 우주론에서는 대폭발 이론과는 달리 관측자가 어디에 있든, 언제 관측하든 모든 물리적 현상들이 똑같이 일어난다고 가정한다. 즉 우주 공간은 균일(uniform)하며, 모든 물리적 법칙에 대해 동질적(homogeneous), 등방적(isotropic)이라는 것이다.

그러나 정상상태 우주론은 적색편이를 도플러 효과, 즉 팽창하고 있는 우주의 증거로 해석한다면, 어떻게 우주 공간에서 천체의 밀도, 즉 질량 밀도가 시간이 경과해도 항상 같다고 할 수 있을까? 이를 해결하기 위해 정상상태 우주론자들은 우주가 계속적으로 팽창을 하는데도 우주 전체의 물질의 밀도가 일정하게 유지되는 것은 물질(수소)이 우주 공간의 아무것도 없는 상태에서 계속적으로 만들어지고 있기 때문이라고 가정하였다. 이들은 30만 년마다 1m³의 공간에 한 개의 수소 원자가 저절로 만들어진다고 했다. 그래서 이런 과정을 '연속적 창조'(continuous creation)라고도 부른다. 우주가 점점 팽창하고 천체 사이가 멀어짐에 따라 새롭게 만들어진 공간에는 새로 만들어진 물질로 채워지며, 이런 연속적인 과정을 통해 과거의 은하는 물러가고 새로운 은하가 만들어진다고 본다.

그러면 이 정상상태 우주론의 문제점은 무엇이며, 왜 근래에 와서 퇴조했는가?

우선 아무것도 없는 상태에서 저절로 물질이 만들어진다는 주장은 에너지 보존 법칙은 물론 자연과학의 기본 원리인 과학의 인과율(因果律)과도 배치된다. 정상상태 우주론에서는 모든 장소와 시간에서 모든 '사건들'이 동등하게 일어난다고 가정하지만, 이런 가정으로

정상상태 우주론 (호일, 1948)	우주가 무한히 오래되고 끊임없이 팽창
	팽창에 의해 생긴 공간을 채우기 위해 무에서 저절로 물질(수소)이 만들어짐
	저절로 만들어진 수소가 응축되어 행성, 혹성, 위성, 혜성, 동식물, 인간으로 진화
	호일은 새로운 물질의 근원에 관한 질문은 "무의미하고 무익하다"고 말함
	17년 뒤 호일은 이 이론을 포기 – *Nature* 208 (5006): 111-114(1965.10.9).

표 8-1 정상상태 우주론.[2]

는 성운이나 성단이 줄어들지 않고 계속 팽창하는 것을 비롯하여 우주의 대부분의 과정들이 반복되지 않는, 비가역적으로 일어난다는 것을 설명할 수 없다. 대폭발 우주론에서 비가역적 폭발의 결과라고 해석하는 우주배경복사(CMBR)의 존재도 정상상태 우주론으로는 설명하지 못한다.

또한 정상상태 우주론은 실제로 관측되는 우주의 비등방성을 설명할 수 없다. 우주의 비등방성에 대한 논란은 1960년대 초에 샌디지(Allan Sandage)와 매튜(Thomas A. Matthews) 등이 퀘이사(quasar)를 발견하면서 시작되었다. 준항성(準恒星, Quasi-stellar Object) 또는 준항성전파원(準恒星電波源, Quasi-stellar Radio Source, quasar)이라고도 불리는 퀘이사는 지구에서 매우 멀리 떨어져 있으며, 전파 뿐 아니라 거의 모든 전자기파 대역에서 매우 강한 에너지를 방출한다.[3]

퀘이사에서 방출되는 스펙트럼은 주로 휘선(輝線)(혹은 선 스펙트럼)이 있는 연속 스펙트럼으로 이루어져 있으며 보통의 파장 위치

그림 8-1 태양질량의 20억 배에 이르는 블랙홀에 의해 에너지가 공급되는 퀘이사 ULAS J1120+0641를 화가가 그린 상상도. 지금까지 발견된 퀘이사들 중 가장 멀리 떨어진 것으로 알려져 있다. (ESO/M. Kornmesser)[4]

보다 적색 쪽으로 크게 편이 되어 있다. 만약 이 적색편이가 지구로부터 멀어지기 때문에 일어나는 도플러효과에 의한 것이라면, 퀘이사들 중에는 심지어 광속(光速)의 약 1/2의 속도에 달하는 것들도 있다. 만일 이처럼 큰 적색편이가 지구로부터 멀어져가기 때문에 생긴 것으로 보고 허블법칙을 사용하여 지구로부터 퀘이사까지 계산한 거리를 받아들인다면, 퀘이사의 크기가 너무 커서 공간의 균질성이 깨어지므로 정상상태 우주론의 기본 가정에 어긋난다.

또한 적색편이를 우주팽창(宇宙膨脹)에 의한 것이라고 한다면, 퀘이사는 관측되는 가장 먼 천체, 즉 가장 오래된 천체가 되는데 이렇게 되면 퀘이사가 방출하고 있는 에너지는 보통의 외부은하(外部銀河)의 100배 이상이 되어, 에너지 발생 메커니즘을 설명할 수 없다. 이러한 문제점들로 인해 정상상태 우주론은 1960년대 중반까지 대폭발 이론보다 더 인기가 있었지만, 대폭발 이론을 지지하는 우주배경복사 등의 발견과 지속적인 연구가 진행되면서 지금은 퇴조 상태에 있다.

2. 씨앗 우주 창조론

다음에는 소위 창조과학적 우주론이라고 불리는 씨앗 우주 창조론을 생각해 보자.

앞에서 언급한 대폭발 이론이나 정상상태 우주론은 맞고 틀리고를 떠나 일단 과학적 연구에 기초한 과학자들의 모델이었다. 하지만 지금까지 창조과학자들 중에는 제대로 된 과학적 우주론 모델을 제기한 경우가 없었다. 즉 창조과학자들 중에서는 천문학이나 우주론 분야를 전공하는 학자로서 자신의 연구 결과를 기초로 우주의 창조에 관한 새로운 이론을 제시한 사람은 거의 없었다고 할 수 있다. 그 동안 창조과학자들은 자신들의 우주 창조 모델을 제시하기보다 주류 물리학자나 천문학자들이 제시한 이론들을 비판하는 데 주력했다.

엄격한 의미에서 우주의 창조에 관해 창조과학자들의 과학적 모델은 없었다고 할 수 있지만, 그렇다고 이론이 전혀 없었던 것은 아니다. 근래 미국 창조과학연구소(ICR)를 중심으로 몇몇 창조과학자들이 제시하고 있는 씨앗 우주 창조론(Seed Cosmological Creationism)은 자신들의 독특한 성경해석에 기초한, 나름대로 우주창조에 관한 독자적인 모델이라고 할 수 있다.[5]

씨앗 우주 창조론의 개념

씨앗 우주 창조론은 우주의 연대는 1만 년 이내라는 창조과학의 중심 논지에서 출발한다. 이 이론에 의하면 우주는 오래된 듯이 보이지만, 실제로는 최근에 창조되었다고 주장한다. 그러면서 동시에 이 우주론을 통해 대폭발 이론의 문제점들과 우주 창조 연대에 대한 문제를 해결하려고 한다.

다른 창조과학 주장들이 그렇듯이 씨앗 우주 창조론 역시 성경은 과학 교과서라는 전제에서 출발한다. 이 이론의 지지자들은 자신들의 주장이 이사야서 40장 22절 하반절에 근거하고 있다고 말한다. "… 그가 하늘을 차일같이 펴셨으며 거할 천막같이 베푸셨고"(He stretches out the heavens like a canopy and spreads them out like a tent to live in). 여기서 복수로 기록된 '하늘'(heavens)은 우주에 펼쳐져 있는 수많은 은하들과 우주 공간으로 해석한다. 그리고 이 하늘을 천막이나 차일 같이 폈다는 것은 태초에 5차원 혹은 그 이상의 고차원으로 창조된 '씨앗 우주'(seed universe)를 4차원 시공간의 천막처럼 펼쳐서 우주가 창조되었다고 해석한다.

이 이론은 성경 구절이 문자 그대로 현대 과학적 의미로 해석될 수 있다는 창조과학적 성경관에 기초하고 있다. 즉 이 모델은 성경이 과학 교과서로 사용될 수 있으며, 성경의 기록으로부터 젊은 우주의 과학적 근거를 찾으려고 한다는 점에서 전형적인 창조과학의 모델이라고 할 수 있다.

씨앗 우주 창조론의 이론적 근거는 시간과 공간을 가변적인 것으로, 즉 휘어지거나 말리거나(wrapped) 펴질 수 있는 것으로 보는 일반상대성이론이다. 이 이론에서는 작은 공간 속에 말려 있던 종이를 펴듯이, 작은 공간에 밀집되어 있던 장미 꽃망울이 피어서 커다랗고 만개한 장미꽃이 되듯이, 우주도 5차원 이상의 작은 씨앗 우주가 4차원 공간(공간 3차원 + 시간 1차원)으로 펴지면서 3차원 공간의 무한한 우주가 탄생한 것으로 본다. 이것을 3차원 공간에 있는 지구에서 보면 순식간에 완전히 기능하는 우주가 존재하게 된다고 본다. 또한 우주가 펴지기 전에는 이 끝에서 저 끝으로 이동하는 시간이 짧지만, 편 후에는 많은 시간이 걸리게 될 것이기 때문에 우주의 크기와 평탄성의 문제, 우주의 나이에 관한 딜레마도 해결할 수 있다고 본다. 일종의 창조과학자들의 급팽창이론이라고 할 수 있다.

이것을 실제 우주에 적용해 보면 현재 수억 광년 떨어진 은하들이나 별빛도 펼쳐지기 전의 고차원에서는 한 곳에 모여 있었다고 본다. 그리고 이것이 펼쳐질 때는 공간만 펼쳐진 것이 아니라 시간도 펼쳐지게 된다고 본다. 상대론적으로 보면, 시간과 공간이 동시에 펼쳐지기 때문에 고차원 씨앗 우주에서는 최근에 일어난 사건도 펼쳐진 3차원 우주에서는 수백억 년 된 것으로 나타날 수 있다.

성년 창조론도, 전성설도 아니다.

그렇다고 이 이론이 성년 창조론(Mature Creation Theory)에 해당하는 것도 아니다. 모든 생명체들을 처음부터 성년, 즉 완전히 성숙한 상태로 창조했다는 성년 창조론은 많은 복음주의 신학자들이나 창조론자들이 수용하고 있는 견해라고 할 수 있다. 이 이론에서는 아담과 하와는 어린 아이가 아니라 결혼할 수 있는 어른으로, 닭은 계란이나 병아리가 아니라 다 자란 닭으로, 초목들은 씨앗이 아니라 다 자란 숲으로 창조되었다는 것이다. 이에 비해 씨앗 우주 창조론은 처음부터 완전하게 기능하는 상태로 창조되었다는 점에서 성년 창조론과 공통적인 면이 있지만, 우주가 펴지기 전후의 시공의 엄청난 변화를 생각한다면 동일한 이론이라고는 할 수 없다.

우주의 구조나 상태가 대폭발 이론의 주장처럼 '펼쳐지면서' 새롭게 만들어진 것이 아니라, 이미 완전한 상태로 존재하던 것이 다만 펼쳐진 것일 뿐이라고 보는 씨앗 우주 창조론은 교육학이나 생물학에서 사용하는 전성설(前成說, Preformation Theory) 혹은 전개설(展開說)에 대응하는 이론이라고 할 수 있다. 이에 반대되는 후성설(後成說, Epigenesis Theory)에서는 생물체의 모든 기관은 발생과정에 따라 순차적으로 생겨난다고 한다. 하지만 전성설에서는 생물체의 모든 기관은 이미 정자나 난자 속에 축소되어 들어있으며, 성체가 되는 것은 다만 부피와 크기만 증가하는 것이라고 본다.

그림 8-2 장미의 꽃망울과 꽃에 비유할 수 있는 씨앗 우주 창조론.

그러나 전성설도 정확히 씨앗 우주 창조론에 대응하지는 않는다. 전성설과는 달리 씨앗 우주 창조론에는 우주의 엄청난 규모와 크기에 더하여 시간의 문제가 개입되어 있다. 한 예로 만일 우주가 6천 년 전에 창조되었다면, 100억 광년 떨어진 은하가 보이는 것은 어떻게 설명할 수 있을까? 일부 젊은우주론자들 중에서는 우주와 더불어 달리고 있는 별빛까지 창조했다고 주장한다. 하지만 이것은 3차원적 우주관 속에서 억지로 끼워 맞춘 듯한 느낌을 피할 수 없다.

씨앗 우주 창조론에서는 태초에 창조주가 5차원 이상의 고차원 씨앗 우주를 창조하고 나서 현재 우리가 살고 있는 시공 4차원 세계 속으로 우주를 펼쳤다면, 젊은 창조 시간과 지구에 도달하는 먼 천체들의 별빛 문제를 해결할 수 있다고 본다. 즉 별에 관한 모든 정보를 가진 별빛이 씨앗 우주 전체에 골고루 퍼져 있다가 펼쳐지는 과정에서 별빛이 포함된 공간과 시간까지 펼쳐졌다고 본다면 '달리는 별빛 창조'를 가정하지 않고도 멀리 떨어진 우주의 존재를 설명할 수 있다는 것이다.

씨앗 우주 창조론의 의의

그러면 이 이상하고 기괴한 씨앗 우주 창조론의 의의는 무엇일까? 그것은 이 이론의 과학적 증거나 타당성과는 두관하게 기존의 우주론에서 제기하는 문제들에 대해 나름대로의 해석을 제시하고 있다는 점이다.

우선, 씨앗 우주 창조론에서는 대폭발 이론에서 문제가 되었던 암흑물질(dark matter)은 존재하지 않는다고 본다. 우주가 펼쳐지면서 물질의 밀도가 희박하게 되고 우주에는 텅 빈 공간들이 존재하게 되었다고 본다. 또한 물질의 밀도가 희박해지면서 은하 중심에는 별들의 운동을 붙들어 줄 내부 중력이 충분치 못하게 되는데 이것이 암흑물질이 있는 듯이 보인다고 설명한다.

둘째, 씨앗 우주 창조론에서는 우주의 거대구조가 존재하는 것도 설명한다. 즉 장미꽃 꽃망울 속에는 작지만 꽃의 모든 원초적 형상이 들어있는 것처럼, 씨앗 우주 속에는 펼쳐진 후에 나타나는 모든 구조가 차원을 달리해서 압축되어 존재하고 있고 이것이 펼쳐지면서 대규모 구조를 만들었다고 본다.

셋째, 씨앗 우주 창조론은 대폭발 이론에서 문제가 되는 열역학 법칙에 저촉되지 않는다고 본다. 전능하신 하나님, 즉 무한한 에너지를 가진 창조주가 우주를 창조했기 때문에 열역학 제1법칙, 즉 에너지 보존 법칙에 저촉되지 않는다는 것이다. 또한 가장 낮은 엔트로피, 즉 최고의 질서를 가진 씨앗 우주가 펼쳐지면서 엔트로피가 증가하는 오늘의 우주가 만들어졌다는 것은 엔트로피 증가법칙으로 알려진 열역학 제2법칙에 저촉되지도 않는다고 본다. 작은 씨앗 속에 성체의 모든 정보가 들어있듯이 고차원의 씨앗 우주에는 이미 오늘 우리가 보는 우주의 모든 정보가 들어있으며, 다만 씨앗 우주가 3차원으로 펼쳐지는 과정에서 시간과 공간의 규모만 커질 뿐이라는 것이다. 따라서 펼쳐지기 전후, 즉 창조되기 전후의 우주 정보의 총량은 일정하므로 정보 이론적으로 적합하다고 주장한다.

넷째, 씨앗 우주 창조론은 우주배경복사에 대해서도 나름대로의 해석을 제시한다. 즉 씨앗 우주 시절에 평형상태로 존재하던 배경복사가 펼쳐지는 과정을 통해 냉각되면서 전 우주에 골고루 퍼지게 되었고, 결국 현재와 같은 3K 내외의 배경복사를 남기게 되었다는 것이다.

다섯째, 씨앗 우주 창조론에서는 먼 은하들의 적색편이에 대해서도 나름대로의 설명을 제시한다. 씨앗 우주론에서는 먼 은하의 적색편이는 은하의 빠른 후퇴 때문에 생기는 것이 아니라 씨앗 우주가 펼쳐지면서 시간과 공간이 동시에 펼쳐지는 과정에서 나타나는 현상이라고 설명한다.

씨앗 우주 창조론과 창조연대

사실 씨앗 우주론자들이 주장하는 바는 과학적으로는 거의 대답할 가치가 없는 주장들이다. 전문과학자 공동체들은 씨앗 우주론에 대해 아무런 관심이 없지만, 씨앗 우주론을 지지하는 소수의 아마추어들이 존재하는 것은 이 이론이 젊은 우주의 근거를 제공하기 때문이다. 이들은 현재의 우주는 오래된 듯이 보일 뿐이지, 실제로 오래된 것은 아니라고 주장한다. 하지만 이 이론은 제안자들의 원래 의도와는 달리 두 가지 가능성을 제기한다.

첫 번째 가능성은 씨앗 우주 창조론은 젊은 우주를 지지하는 사람들에 의해 제안된 이론이지만, 오래된 우주를 지지하는 근거도 될 수 있다는 점이다. 오랜 창조 연대를 지지하는 사람들도 실제로 우주가 오래되었다고 생각하기보다는 오래된 듯이 보인다고 해석하는 것이다. 어느 누구도 우주가 138억 년 전에 만들어졌는지, 6천 년 전에 만들어졌는지를 확실하게 증명할 방법은 없다. 우주의 창조 이래 일어난 것들을 직접 경험하지 않는 한 우리는 실제로 오래된 것과 겉보기에 오래된 것처럼 보이는(apparently) 것은 구별할 수 없다.

우리는 오래 전 과거에 일어난 일을 연구할 때는 성경이나 자연의 자료들을 근거로 해석할 뿐이다. 어차피 직접 경험하지 못한 과거의 일들을 연구할 때는 남겨진 자료들에 의존할 수밖에 없으며, 그 자료들을 해석할 때는 가장 그럴 듯하게, 가장 합리적으로 보이는 해석을 받아들일 수밖에 없다. 근래 과학철학자들이 과학적 자료를 해석함에 있어서 진위를 판별하는 한 가지 방법으로 설득력을 기준으로 삼고 있는 것도 바로 이 때문이다. 씨앗 상태의 우주에서는 오랜 시간이 아니지만 펼쳐진 상태의 우주는 오래 된 듯이 보인다고 말하는 것은 정확하게 오랜 우주를 지지하는 사람들이 주장하는 것이다. 우리가 살고 있는 우주는 씨앗 우주가 아니라 펼쳐진 후의 우주이기 때문에 더더욱 그러하다.

두 번째 가능성은 씨앗 우주 창조론은 보는 관점에 따라 젊은 우주와 오랜 우주 모두를 지지하는 이론이 될 수 있다. 다시 말해서 펴지기 전, 씨앗 우주 상태의 관점에서 본다면 우주는 젊다고 할 수 있지만, 펼쳐진 후, 즉 현재 우주의 관점에서 본다면 우주는 오래되었다고 할 수 있다. 어느 관점에서 보는가에 따라 젊은 우주와 오랜 우주가 동시에 정답일 수 있음을 의미한다. 비록 씨앗 우주 창조론은 젊은 우주 연대에 끼워 맞추기 위해 제시된 어색한 주장이지만, 그리고 씨앗 우주는 정성적이고 순전히 상상의 산물이지만, 우주 창조 연대와 관련된 논쟁과 갈등을 해소할 수 있는 창조과학적 방안이라고 할 수 있다.

씨앗 우주 창조론의 한계

씨앗 우주 창조론은 기존의 우주 창조론들이 설명하지 못하는 여러 가지 문제들에 대해 나름대로의 설명을 제시한다. 하지만 씨앗 우주 창조론은 과학적 입장에서는 원천적인 한계와 문제를 갖고 있다.

첫째, 씨앗 우주 창조론은 과학적으로 증명하는 것이 원천적으로 불가능하다. 씨앗 우주 창조론의 기본적인 가정은 고차원 씨앗 우주의 존재인데, 이는 말 그대로 순수한 가설일 뿐이다. 이의 존재는 3차원 우주에 거주하는 인간으로서는 원천적으로 추적할 수 없다. 실험이 어렵다면 관측이라도 가능해야 하는데, 아니면 기존의 잘 확립된 과학의 법칙으로 설명이라도 할 수 있어야 하는데, 씨앗 우주론의 주장은 연구의 특성상 실험이나 관측 모두가 불가능하다. 포퍼(Karl Popper) 등 현대 과학철학자들의 정의에 의하면, 검증(verification)이나 반증(falsification)이 원천적으로 불가능한 이론은 과학의 범주에 들지 못한다.

게다가 기존의 우주론들에 비해 씨앗 우주 창조론은 아직 아마추어들의 아이디어 단계에 있다고 할 수 있다. 이 이론이 받아들여지기 위해서는 전문학자들의 지속적인 연구를 통해 더 설득력 있는, 체계적인 이론으로 다듬어가야 할 것이다. 다시 말해 현재의 표준 우주모형으로 자리를 잡고 있는 대폭발 이론에 대한 대안이 되기 위해서는 많은 정량적 연구가 뒷받침 되어야 한다. 그런데 씨앗 우주 창조론을 주장하는 사람들은 다른 대부분의 창조과학자들이 그러한 것처럼 하나 같이 우주론이 아니라 다른 분야에 있는 사람들이다.

둘째, 씨앗 우주 창조론으로는 암흑물질(暗黑物質, dark matter)의 존재를 설명할 수 없다. 현대 우주론에서는 오늘날 사람들이 관측할 수 있는 우주는 우주 전체를 구성하는 물질의 4%에 불과한 원자물질(atomic matter)이라고 본다. 그리고 모든 우주 기원 이론들은 이 4%에 대한 관측을 근거로 수립되었다. 하지만 현대 우주론에서는 전자기파, 즉 빛과 상호작용하지 않으면서 질량을 갖는 암흑물질이 우주에 널리 분포되어 있다고 본다.

암흑물질의 존재를 가정하지 않으면, 중력에 의해 항성이나 은하의 운동이 교란되는 것이나 빛의 경로가 굽는 중력 렌즈 효과 등을 설명할 수 없다. 은하의 회전속도도 암흑물질의 존재를 가정하지 않으면 설명할 수 없다. 이 외에도 암흑 물질의 존재는 은하의 총 질량을 계산할 때 광학적 관측을 통해 얻어진 원자물질의 양이 암흑물질을

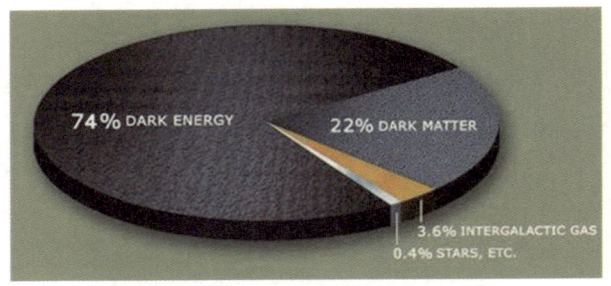

그림 8-3 우주를 구성하는 요소들

포함하는 중력 효과에 비해 현저히 작다는 사실로부터도 유추할 수 있다. 그러므로 아직 암흑 물질이 어떤 입자로 만들어졌는지는 정확하게 알려지지 않았지만, 현대 우주론에서 암흑 물질의 존재는 정설로 인정받고 있으며, 대폭발 이론의 핵심적 요소가 되고 있다. 하지만 씨앗 우주 창조론에서는 암흑물질에 대한 문제들을 설명할 수 없다.

셋째, 대폭발 이론이나 씨앗 우주 창조론은 둘 다 엄밀한 의미에서는 우주 형성의 이론이지 우주의 창조에 대한 이론이 아니다. 진정한 우주 창조론이라고 한다면, 대폭발 이론에서 최초의 대폭발을 일으킨 원물질 아일렘(Ylem)의 기원을 밝힐 수 있어야 할 것이다. 마찬가지로 씨앗 우주 창조론 역시 펼쳐지기 이전의 고차원 씨앗 우주가 어떻게 존재하게 되었으며, 그것이 어떻게 펼쳐지기 시작했는지를 밝힐 수 있을 때 진정한 우주 창조론이라고 할 수 있을 것이다. 다만 하나님이 창조하셨다고 하는 데서 나아가 하나님께서 어떻게 창조하셨는지를 밝히는 노력이 필요할 것이다.

결론적으로 씨앗 우주 창조론은 이론적 근거나 관측에 근거한 모델이 아니라 우주연대가 젊다는 창조과학적 전제에서 출발한 상상의 산물이라고 할 수 있다. 실제로 이 이론을 제시하는 사람들 중에 우주론을 전문적으로 연구하는 사람은 없다. 또한 이 이론의 지지자들이 근거로 삼고 있는 몇몇 성경구절들이 실제로 현대 과학적 의미를 담고 있는지에 대해서는 심각한 성경 해석상의 문제가 생긴다. 대부분의 성경학자들은 씨앗 우주 창조론자들이 제시하는 성경적 근거에 대해 찬성하지 않는다. 아니 성경을 과학 교과서로 보려는 시도 자체가 잘못된 성경관이라고 비판한다.

3. 화이트홀 우주론

씨앗 우주 창조론과 더불어 창조과학자들이 제시하는 또 하나의 우주론으로서는 화이트홀 우주론(White Hole Cosmology)을 들 수 있다. 화이트홀(white hole)은 블랙홀(black hole)의 반대 개념으로서 오직 이론상으로만 존재한다. 블랙홀이 사건 지평선(event horizon)을 지나는 그 어떠한 것이라도 다 빨아들이는 진공청소기와 같은 역할을 하는 반면, 화이트홀은 자신의 사상의 지평선으로부터 물체를 뱉어내는 원천으로써 행동한다. 화이트홀은 '벌레구멍'이라고 부르는 웜홀(worm hole) 때문에 블랙홀의 반대개념으로 생겨난 가상적인 천체이다. 블랙홀이 물질을 빨아들이면 웜홀을 통해 반대편으로 나와야 한다는 생각에서 생겨난 것이 화이트홀이다.

하지만 화이트홀은 블랙홀 자체가 정보를 방출할 수 있다는 호킹(Steven Hawking)의 주장에 의해 힘을 잃었다. 호킹은 블랙홀이 작을수록 정보 방출이 더 잘 일어난다고 하였다. 게다가 화이트 홀의 이론적 수명은 매우 짧아서 태양 크기의 화이트홀이 있다고 해도 그 수명은 1만분의 1초도 되지 않을 것이라고 본다. 그러므로 언젠가 누군가가 화이트홀을 발견하려고 시도해도 그것은 거의 불가능한 일이다. 어떤 사람은 화이트홀은 존재자체가 이론적으로 불가능하다고 주장하기도 한다.

그런데 흥미롭게도 미국 물리학자이자 창조과학자인 험프리스 (David Russell Humphreys, 1942-)는 이 가상적인 화이트홀을 통해 우주가 만들어졌다는 희한한 이론을 제시한다. 이 이론 역시 하나님이 오래지 않은 과거에 매우 오래된 듯이 보이는 우주를 창조했다고 주장하는 창조과학 버전의 우주론이다. 화이트홀 우주론을 이해하기 위해서는 앞에서 설명하였던, 근래 이의 존재가 거의 확실시되고 있는 블랙홀이라는 천체에 대한 간단한 설명이 필요하다.[6]

블랙홀은 가까이 접근하는 물체들을 무엇이든지 빨아들인다. 이때 블랙홀에 어느 정도 가까이 가면 되돌아 올 수 없이 빨려 들어가는 경계선이 있는데, 이것을 사건 지평선이라고 한다. 블랙홀 내부는 중력이 매우 강해서 일반상대성이론의 예측과 같이 시간이 매우 느리게 간다. 만일 두 사람이 각각 블랙홀의 사건 지평선 안쪽과 바깥쪽에 서서 상대방의 시계를 볼 수 있다고 하자. 그러면 중력이 약한 사건 지평선 바깥에 있는 사람이 사건 지평선 안에 있는 사람을 볼 때는 매우 시간이 천천히 가지만 반대로 사건 지평선 안에 있는 사람이 바깥에 있는 사람을 보면 시간이 무진장 빨리 가는 상대론적 효과가 나타나게 된다.

화이트홀은 이의 반대 개념으로서 내부로부터 바깥으로 물질이 방출되는 가상적 천체를 말한다. 화이트홀 우주론 지지자들은 화이트홀에도 사건 지평선이 있으며 이 사건 지평선 안에서의 하루는 밖에서의 수억, 수십억 년이 될 수도 있다고 한다. 험프리스에 의하면 창조 6일이라는 것은 화이트홀 내부에서의 시간이고 바깥으로 나온 우주는 백억 년 이상 된 우주로 나타난다고 했다. 결국 이 이론도 씨앗 우주 창조론에서와 같이 최근에 창조된 우주라도 오래된 듯이 보일 수 있음을 의미한다. 씨앗 우주 창조론이나 화이트홀 우주론은 둘 다 우주의 오랜 연대를 부정할 수 없는, 물리학 배경의 창조과학자들이 고육지책(苦肉之策)으로 제시하고 있는 이론이라고 할 수 있다.

그러면 험프리스의 화이트홀 이론의 문제점은 무엇인가? 이는 크게 다음 네 가지로 요약될 수 있다.

첫째, 화이트홀은 일반 상대성이론에서는 그 존재가 예측되지만, 정말 화이트홀이 존재하는지에 대해서는 전혀 관측되지 않고 있다는 사실이다. 이론적 가능성만 제기될 뿐, 실제 존재하는지에 대해서는 아무런 증거도 없는 화이트홀 개념에 기초한 우주론은 말 그대로 사상누각(砂上樓閣)일 뿐이다.

둘째, 화이트홀에서 방출되는 물질은 소립자 형태로 분해되어 방출되는데, 이렇게 방출된 물질이 우리가 보고 있는 별이나 은하를 만들기 위해서는 여전히 수억, 수십억 년이 필요하다는 점이다. 아이러니컬하게도 화이트홀 우주론 자체가 창조과학자들이 그처럼 완강하게 반대하는 오랜 우주론을 내포하고 있는 셈이다.

셋째, 화이트홀 우주론은 대폭발 이론이 직면하는 열역학적 도전도 고스란히 안고 있다는 점이다. 에너지 보존 법칙은 하나님의 창조를 가정함으로써 해결한다고 해도 우주의 질서도를 다루고 있는 열역학 제2법칙의 문제는 화이트홀 우주론에서도 피할 수 없다.

넷째, 화이트홀 우주론 역시 씨앗 우주 창조론과 같은 이유로 오랜 우주 연대의 근거가 될 수 있다는 점이다. 화이트홀 우주론도 우주는 오래된 듯이 보이지만 실제로는 젊다는 씨앗 우주 창조론의 딜레마를 내포하고 있다.

4. 창세기와 현대 우주론

지금까지 우리는 우주의 창조에 관한 20세기 이론으로서 원시원자 이론, 대폭발 이론, 정상상태 우주론, 씨앗 우주 창조론, 화이트홀 우주론 등을 간략하게 살펴보았다. 이들 중 첫 세 이론은 맞고 틀리고를 떠나 '순수한' 과학적 이론이라고 할 수 있으나, 씨앗 우주 창조론이나 화이트홀 우주론은 종교적 확신에서 출발한 창조과학 버전의 우주론이다. 창조과학 이론들은 (창조과학자들은 성경적 이론이라고 주장할지 모르지만) 비전문가들이 제안한 이론이며, 학문적으로는 해당 분야의 전문 학자들에게 전혀 관심의 대상이 되지 않고 있다. 과학적 이론이라고 하는 정상상태 우주론도 1965년 우주배경복사의 발견으로부터 시작해서 대폭발 이론을 지지하는 여러 증거들이 쌓여가면서 사람들의 관심에서 멀어졌다.

어떤 의미에서 우주의 기원에 관한 진화론이나 창조론은 정도의 차이가 있을 뿐 모두 과학적인 방법으로는 직접 증명할 수 없는 요소들을 내포하고 있다. 오늘날 우리들은 자연계에 남아있는 여러 간접적인 증거들로부터 과거 혹은 태초의 상태를 유추해 볼 수 있을 뿐이다. 우리는 우주가 대폭발을 통해 존재하게 되었는지, 연속적 창조의 과정을 통해 존재하게 되었는지, 혹은 우리가 알지 못하는 제3의 과정, 혹은 초자연적인 과정을 통해 존재하게 되었는지 확정할 수가 없다. 다만 우리는 현재까지 발견된 여러 우주의 증거들에 대한 해석은 우주가 대폭발이라는 사건을 통해 존재하게 되었다는 쪽으로 수렴되고 있다고 말할 수 있다.

대폭발 이론에도 여전히 많은 문제점과 허점들이 존재하지만, 현재로서는 과학적 이론들 중에 대폭발 이론보다 증거들을 더 잘 설명할 수 있는 이론은 없다. 지금까지 언급한 과학적 우주 기원론이 아닌, 초자연적 우주 기원론을 생각할 수도 있지만, 그런 이론은 앞에서 언급한 방법론적 자연주의의 관점에서 과학이라고 할 수 없다. 이러한 우주론은 과학적 연구가 가능하지 않기 때문에 신학자들의 연구 대상은 될 수 있을지 모르지만 과학자들의 연구 대상은 될 수 없다.

대폭발 이론을 포함하여 어떤 우주 기원론을 주장하더라도 이들의 한 가지 공통점은 현재의 우주의 존재를 완전히 설명하기 위해서는 창조주의 존재를 가정해야 한다는 점이다. 이 주장은 자칫 '간격의 하나님'(God-of-the-Gaps)을 주장하는 것이 아니냐는 비판의 가능성이 있지만, 인간이 창조주를 억지로 부정하려 들지만 않는다면 우주의 법칙과 질서로부터 창조주의 증거는 부정할 수 없는 것으로 보인다. 인과율의 관점에서 우주는 존재하는 자체가 유신론적이기 때문에 무신론적 우주론 혹은 자연적 과정으로 우주의 창조를 설명하려면 엄청난 논리적 비약을 감수해야 한다. 그러므로 편협한 성경해석 때문에 바른 과학을 무시하거나 정죄해서도 안 되지만, 유신론적 우주론이라고 하여 무조건 비과학적, 비논리적이라는 선입견을 갖는 것도 잘못된 것이다. 어쩌면 인격적 창조주를 믿는 것보다 자연적 과정 혹은 확률적인 과정을 통해 우주가 저절로 존재하게 되었다고 믿는 것이 더 큰 믿음을 필요로 할 수도 있다.

성경은 하나님이 말씀으로 천지를 창조하셨다고 기록하고 있다.

하지만 '말씀으로'라는 말은 과학적 창조 메커니즘과 대립되는 개념이 아니다. 하나님이 우주의 존재를 말씀으로 명령했을 때 구체적으로 어떤 과학적 메커니즘으로 만들었는지는 아무도 알 수 없다. 이는 성경의 관심사도 아닐뿐더러 실제로 성경은 여기에 대해 어떤 언급도 하고 있지 않다. 또한 하나님이 천지를 말씀으로 창조하셨을 때 그 광경을 직접 관찰한 사람은 아무도 없다. 그러므로 우리는 현재 남아 있는 증거의 파편들을 근거로 하나님의 창조가 어떻게 이루어졌는지를 유추할 수밖에 없다.

그러면 현대 우주론과 성경의 창조기록은 양립할 수 있는가? 창세기에서는 태초에 하나님이 천지를 창조하였다고 기록하고 있다. 창세기 1장에 나오는 엿새 동안의 창조 순서를 살펴보면 매일 매일의 창조 단계는 다음 단계를 위한 준비임을 알 수 있다. 즉 첫째 날 창조된 우주 공간은 넷째 날 창조된 일월성신의 창조를 위한 준비였고, 둘째 날 창조된 대기권과 수권은 다섯째 날 창조된 생물들을 위한 준비였으며, 셋째 날 창조된 암석권과 식물권은 여섯째 날 창조되어 그들을 거처와 음식물로 삼게 될 생물들을 위한 준비였다. 이렇게 하여 창조된 세계와 생물계는 보기에 심히 좋은, 가장 완전한 상태였고 그 후로는 시간이 갈수록 퇴락되어갔다.

이러한 창세기의 창조기사를 다룰 때 우리가 주의해야 할 것은 여기서는 창조주만을 구체적으로 언급하고 있을 뿐 창조의 연대나 방법에 관해서는 명시하고 있지 않다는 사실이다. 그러므로 우리는 창조주가 현대 과학에서 받아들이는 과정을 따라 천지를 창조하였는지, 아니면 다른 제3의 과학적 혹은 초과학적 방법을 사용하여 창조하였는지는 알 수가 없다. 즉 창조주가 대폭발의 과정을 통해 우주를 창조하였는지, 정상상태 우주론에서 말하는 과정을 따라 우주를 창조하였는지, 아니면 이도 저도 아닌 다른 방법으로 창조하였는지는 분명치 않다는 것이다. 다만 지금까지 발견된 많은 증거들은 창조주가 과거 오래 전 언젠가 대폭발이라는 과정을 통해 갑작스럽게 우주를 존재하게 했을 가능성이 높다는 쪽으로 기울고 있다. 자 그렇다면 언제쯤 창조주는 이 우주를 창조하셨을까? 이것이 우리가 마지막으로 살펴볼 주제이다.

토의와 질문

1. 대폭발 이론이나 정상상태 우주론이 씨앗 우주론이나 화이트홀 우주론과 근본적으로 다른 점이 무엇인지 말해보자. 이 이론들의 주요한 주장들을 표로 만들어서 비교해보자. 무엇이 같고, 무엇이 다른가?

2. 저자는 씨앗 우주론이나 화이트홀 우주론은 근본적으로 젊은 우주에 대한 선입견에서 출발했다고 본다. 다시 말해 답을 정해 놓고 그 답에 맞는 이론을 고안했다는 의미이다. 혹 우주론 이외의 다른 분야에서 이와 같이 젊은 우주 혹은 젊은 지구에 대한 선입견에서 출발한 이론들이 있다면 말해보자.

3. 저자는 대폭발 이론이 그나마 지금까지의 관측 결과들을 가장 잘 설명한다고 보지만, 창세기에 창조 방법에 대한 구체적인 언급이 없는 것으로부터 다양한 창조론적 우주론의 가능성을 열어놓고 있다. 이러한 태도의 장점과 단점을 논의해 보자.

제9강

우주의 창조연대

"주는 한결같으시고 주의 연대는 무궁하리이다." - 시편 102:27

오늘날 주류 지질학과 천문학에서는 지구의 연대를 46억 년, 우주의 나이를 138억 년 내외로 잡고 있다. 하지만 창조과학자들과 같이 젊은 우주를 지지하는 사람들은 지금도 지구와 우주의 연대를 6천 년 정도라고 주장하고 있다. 본 강에서는 먼저 창조과학자들이 젊은 우주의 증거라고 주장하는 몇몇 증거들을 살펴보고, 이어 오랜 우주의 증거들을 살펴보고자 한다.

1. 젊은 우주의 증거들?[1]

혜성의 붕괴

젊은우주론자들은 혜성의 존재와 붕괴가 젊은 우주를 증거한다고 주장한다. 태양을 돌고 있는 혜성들은 여러 가지 요인에 의해서 공전할 때마다 일정량의 질량을 잃는 것으로 알려져 있다. 그리고 태양계에는 혜성이 새로 생성된다는 증거는 발견되지 않으므로 창조과학자들은 태양계의 연대를 수십억 년으로 본다면, 오늘날 혜성들의 크기에서 출발한 최초의 크기는 태양보다 수십 배나 커서 혜성 주위를 태양이 돌아야 하는 모순이 생긴다고 주장한다. 만일 처음부터 혜성이 현재와 같은 크기였다면, 수십억 년이 지난 지금은 태양계 내에 혜성이 하나도 없어야 한다. 따라서 젊은 우주 지지자들은 태양계 내에 수백 개의 혜성이 존재한다는 사실은 태양계가 젊다는 것을 증거한다고 주장한다.[2]

그림 9-1 해일-밥(Hale-Bopp) 혜성 (1995)(Wikimedia Commons/E. Kolmhofer, H. Raab)

이 주장은 두 가지 측면에서 문제가 된다. 첫째, 이 주장은 균일설 가정 위에서 제기된 것임을 지적할 수 있다. 즉 현재와 같은 혜성의 붕괴속도나 포인팅-로벗슨 효과(Poynting-Robertson Effect), 수소가 헬륨으로 전환되는 속도를 가정할 때, 다시 말해 균일설의 가정을 받아들일 때 그들로부터 계산한 연대는 의미가 있다. 이 주장은 젊은 우주를 지지하는 사람들이 가장 많이 비판하는 균일설의 가정을 스스로 받아들이는 결과가 된다. 만일 우주의 역사에서 어떤 격변이 일어나서 현재와 전혀 다른 속도로 우주의 역사가 진행된 적이 있었다면, 그러한 균일설 가정 위에 세워진 주장은 의미가 없어진다.

둘째, 태양계 내 혜성들의 기원에 대한 이론은 아직 가설 단계라는 점을 들 수 있다. 젊은우주론자들이 혜성들이 1만 년 후에는 모두 없어질 것이라고 하는 것은 주로 짧은 기간 생존하는 단주기 혜성들이 현재의 궤도에 머무는 시간이 짧다는 의미이다(혜성의 수명이 짧다, 길다고 판단하는 기준은 대체로 200년 정도). 알려진 바와 같이 혜성들은 태양 근처를 지나면서 태양 에너지에 의해 꼬리를 형성하는 많은 물질들을 우주공간으로 날려보낸다. 그리고 현재와 같은 속도로 물질을 우주공간으로 날려 보내게 되면 단주기 혜성들은 수천 년 이상 존재할 수 없는 것은 분명하다.

하지만 태양계에는 1531년 독일 천문학자이자 수학자인 아피아누스(Petrus Apianus, 1495-1552)가 처음 관측했고, 1705년 핼리(Edmund Halley, 1656-1742)가 공전주기를 계산한(다음 출현을 예측한) 핼리 혜성(Comet Halley)과 같이 76년을 주기로 태양 주위를 공전하는 단주기 혜성들도 있지만, 한 번 나타난 후 다시는 나타나지 않거나 수천 년을 주기로 태양을 공전하는 헤일-밥 혜성(Comet

Hale-Bopp)(1995년)이나 햐쿠타케 혜성(Comet Hyakutake)(1996년)같은 장주기 혜성들도 있다. 그러므로 단순히 단주기 혜성의 공전주기만으로 모든 혜성들이 수천 년 내에 사라진다고 주장하는 것은 터무니없는 주장이다.

단주기 혜성들이 그 궤도에 오래 머물 수 없다는 것이 혜성의 연대가 젊다는 것을 보증하지는 않는다. 일단 단주기 혜성의 궤도에 들어오면 그 궤도에 오래 머물 수는 없겠지만, 그 혜성들이 그 궤도에 들어오기 전에 어떤 상태에 있었는지 우리는 잘 알지 못한다. 또한 장주기 혜성들도 단주기 혜성들로 변하기도 한다. 또한 '긴 수명 혜성들의 출현 빈도'(the rate of appearance of long-period comets)를 설명하기 위해 1950년 오르트(Jan H. Oort, 1900-1992)는 '오르트 혜성구름 가설'(Oort Cometary Cloud Hypothesis)을 제안하기도 했다.

단순하지 않은, 그리고 많은 부분이 알려지지 않은 혜성의 기원을 기초로 우주의 연대를 추론하려는 시도는 바르지 않다. 짧은 수명의 혜성이 태양 근처에 오면서 잃어버리는 물질의 양만을 기초로 혜성의 수명, 나아가 태양계나 우주의 연대를 추정하려는, 균일론적 가설에 기초한 젊은우주론 주장은 바르지 않다.[3]

달 표면의 먼지

젊은우주론자들은 달 표면의 먼지가 달이 젊다는 것을 보여준다고 주장한다. 이것은 우주의 연대가 6천 년 내외라고 주장하는 창조과학자들이 젊은 우주의 증거로 사용하는 단골메뉴의 하나이다. 그러면 누가, 어떻게 이런 기가 막힌 주장을 처음으로 하게 되었을까?

영국의 천문학자이며 우주계획의 고문인 리틀톤(Raymond A.

Lyttleton, 1911-1995)은 "… 달 표면은 직사광선에 노출되어 있고 강한 자외선과 X-선은 노출된 암석의 표피층을 파괴하여 일 년에 천분의 수십 인치씩 이들을 먼지로 바꿀 것이다. 비록 이 양은 미세할지라도 달의 나이 동안이라면 달 표면에 수마일 깊이의 먼지가 쌓이기에 충분하다."고 했다.[4]

또한 젊은우주론자들은 달 표면에 비치는 태양광에 의해 자체 생성된 먼지 말고도 우주진으로 인한 먼지도 쌓일 것이라고 했다. 로젠(Meghan Rosen)은 "새로운 분석에 의하면 달 표면의 분말입자는 매 천 년마다 1mm씩 쌓일 것이다."라고 하였다.[5] 이를 외삽하면 45억 년 동안에는 4,500m의 먼지가 쌓일 것이라는 결과가 나온다. 실제로 오스트리아 출신의 미국 천문학자 골드(Thomas Gold, 1920-2004)는 달의 바다(lunar maria)에는 두꺼운 먼지층이 쌓였을 것이라고 제안하였다.[6] 게다가 젊은우주론자들은 달에는 지구와 달리 대기가 없기 때문에 달의 중력에 끌려 달 표면에 쌓인 운석먼지는 풍화되거나 빗물 등에 의해 씻겨 내려가지 않는다고 했다. 그러므로 달 표면에 우주먼지가 유입되는 속도가 달이 생긴 이래 변하지 않았다면, 현재 달 표면

그림 9-2 달 표면에서의 먼지와 발자국(NASA)

에 쌓인 우주먼지로부터 달의 생성연대를 추정해 볼 수 있다고 생각했다.

한 때 젊은우주론자들은 달 표면의 먼지가 예상보다 적다는 사실로부터 달이 최근에 생겼다고 주장하였다. 이들은 이의 증거로 실제로 아폴로 11호가 달 착륙에 사용한 우주선의 다리가 길었음을 지적하였다. 달이 수십억 년 되었다고 믿은 과학자들은 달 표면에 두터운 먼지가 쌓여있으리라 추정했고, 그래서 달에 착륙한 아폴로 11호 우주선에는 긴 삼각다리를 달았다는 것이다. 그러나 막상 도착해 본 결과 달 표면에는 우주인 암스트롱(Neil A. Armstrong, 1930-2012)과 올드린(Edwin E. Aldrin)의 발자국이 겨우 날 정도의 먼지밖에 없었으며, 이것은 달의 나이가 젊다는 것을 말해준다고 하였다.

하지만 이 주장은 부정확한 정보로 인해 제기된 대표적인 주장이라고 할 수 있다. 우선 암스트롱과 올드린이 달에 착륙하기 전인 1964년부터 1968년까지 미항공우주국에서는 이미 무인 우주선을 달에 착륙시켜서 달 표면에 먼지가 별로 없음을 확인하였다.[7] 실제로 근래의 연구에서는 달 표면에 먼지가 쌓이는 속도가 기존에 알려진 속도보다 훨씬 더 느리다는 것이 알려져 있다. 젊은 우주 지지자들이 사용한 달 표면의 먼지가 쌓이는 속도는 부정확하며, 좀 더 최근 데이터에 의하면 이 속도가 훨씬 느리다. 최근 데이터에 의하면, 적어도 달 표면의 먼지가 축적되는 속도만을 근거로 한다면, 달은 오래되었다는 결과가 나온다.[8]

달 표면의 먼지는 더 이상 젊은 우주의 증거로 사용되어서는 안 된다는 주장은 창조과학자들에 의해서도 제기되고 있다. 창조과학자 스넬링(Andrew A. Snelling)과 이전에 창조과학연구소(ICR)의 학생이었던 러쉬(David E. Rush)는 이전에 생각했던 것보다 매년 달이나 지구에 쌓이는 먼지의 양이 훨씬 적음을 밝히고, 따라서 이것이 달의 나이가 적다는 증거로 사용되어서는 안 된다고 제시했다. 그리고 미항공우주국(NASA) 과학자들은 모두 아폴로 우주선이 달에 착륙하기 전에 이미 달 표면에 먼지가 적다는 사실을 잘 알고 있었다. 젊은우주론자들이 사용한 데이터가 정확하지 않다는 것이다. 그러므로 달 표면의 먼지는 매우 설명하기가 쉽고 또한 대중들에게 설득력이 있는 주장이기는 하지만, 더 이상 젊은 우주의 증거로 제시해서는 안 된다.[9]

지구-달 거리

젊은우주론자들은 달의 공전주기와 지구-달 거리도 젊은 우주의 증거라고 주장한다. 서부 텍사스에 있는 맥도날드 천문대(McDonald Observatory)의 와이어트(Jerry Wairt)는 37년 간 지구-달 거리를 레이저 광선으로 측정했다. 그는 아폴로 우주인들이 달 표면에 남겨둔 반사판을 향해 망원경에 달려 있는 레이저 광선을 발사하고, 반사되어 돌아오는 시간을 측정하는 일을 지난 37년간 수행해 왔다. 레이저 광선이 반사되어 돌아오는데 걸리는 시간은 대략 2.5초였다. 그의 측정 결과 흥미롭게도 달은 매년 3.8cm씩 지구로부터 멀어지고 있음이 확인되었다.

지구-달 거리가 해마다 늘어나고 있다는 결과로부터 젊은 우주를 주장하는 사람들은 달의 연대가 몇 십억 년 되었다는 주장은 틀렸다고 주장한다. 과거에는 달이 지구로부터 더 빠른 속도로 멀어졌다고 생각되지만, 현재와 같은 속도로 멀어졌다고 해도 10억 년 전에 달은 지구 표면에 닿아야 한다는 것이다. 또한 만일 원시 지구에 달이 가까이 있었다면 엄청나게 빠른 속도로 공전을 해야 하며, 엄청난 중력이 작용해서 대부분의 지구 대륙들이 달의 공전궤도 평면으로 몰려야 한다. 그런데 오늘날 지구의 육지 분포는 전혀 그렇지 않다. 그러므로 달은 수십억 년 전부터 존재한 것이 아니라 최근에 현재의 궤도에 갑자기 창조되었다고 봐야 한다는 것이다.

하지만 이 주장이 맞으려면 증명되지 않은 가정을 해야 한다. 즉 달과 지구의 역사에서 아무런 격변도 일어나지 않은 채 현재와 같은 속도로 계속 선형적으로 멀어지기만 했다는 가정이다. 하지만 달의 기원에 관한 몇 가지 이론들을 살펴보면, 그런 가정이 바르지 않을 수 있음을 알 수 있다. 달의 기원에 관한 이론들을 살펴보면 ① 원시지구를 돌고 있던 많은 미행성들이 뭉쳐서 동시에 지구와 달을 생성하였다는 동시생성설, ② 지구가 아직 굳지 않았을 때 지금의 대양 부분이 떨어져 나갔다는 분리설, ③ 과거의 달이 지구의 중력에 의해 포획되어 달이 지구 주위를 공전하게 되었다는 포획설, ④ 마지막으로 제시된 이론이 소행성충돌설이다.

여기서 동시생성설은 지구에 비해 달이 철분을 비롯해 무거운 원소들이 부족하다는 점을 설명할 수 없고, 포획설은 달과 지구의 표면 구성 성분이 매우 유사한 것을 설명할 수 없다. 분리설이나 소행성충돌설은 격변을 가정하지 않고는 설명할 수가 없는데, 특히 근래에 달의 기원에 관해 가장 널리 받아들여지고 있는 소행성충돌설이 그러하다.

소행성충돌설에 의하면, 달은 44.6억 년 전에 태양계를 떠다니던 화성 크기(화성 직경은 지구의 절반 정도 되는 6,794km)의 거대한 미행성 테이아(Theia)가 지구와 충돌하였고, 이 때 튀겨 나간 물질들의 일부는 지구에 다시 떨어졌지만 나머지 물질들이 뭉쳐져서 달을 형성했다고 한다.[10] 이 이론이 오늘날 널리 받아들여지고 있는 데는 몇 가지 이유가 있다. 첫째, 월석은 원시 태양계의 물질이 아니라 지구의 표면 암석과 같은 암석으로 이루어져 있다는 점이다. 둘째, 월석의 연대가 지구 표면의 암석들의 연대와 거의 비슷하거나 약간 더 젊다는 점이다. 셋째, 달은 대부분의 행성들이 가진 위성들보다 이상할 정도로 크다는 점이다. 달의 적도 직경은 3,476.2km로서 지구의 0.273배이며, 부피는 지구의 0.020배나 된다.

이 중 달의 연대에 대해 살펴보면, 아폴로 우주계획을 통해 달에서 운반한 암석들은 주로 K-Ar 연대측정법으로 연대를 측정했다. 일부는 사마륨-147(^{147}Sm)이 1,060억 년의 반감기를 가지고 알파붕괴를 통해 네오디뮴-143(^{143}Nd)으로 붕괴하는 것을 이용하여 연대를 측정했다. 이렇게 측정된 달의 연대는 44.6억 년이었다. 이는 연대가 45.6억 년인 지구 연대에 비해 불과 1억 년 정도 더 젊은 것이다.

위 세 가지 증거들은 소행성충돌설로 설명이 된다. 즉 초기에 마그마 바다를 이루고 있던 지구에서 무거운 원소들은 중심으로 가라앉았고, 표면에는 밀도가 낮은 규소나 알루미늄과 같은 원소들이 풍부하게 존재했을 것이다. 그러므로 소행성이 충돌할 때 튀어나간 암석은 주로 지구 표면의 가벼운 암석들이고(월석을 통해 확인), 이들의 연대는 지구보다는 조금 젊지만 크게 다르지 않은 것이다. 또한 적절한 충돌각도(45도 정도)를 생각한다면 현재와 같이 큰 달의 존재를 설명할 수 있다.

이처럼 달의 생성에 관한 격변적 사건을 비롯하여 45억 년에 이르는 달과 지구의 역사에 대해 자세히 알지 못하는 한, 단지 달과 지구의 거리나 달의 공전주기만으로 달의 연대를 유추한다는 것은 너무나 단순한 주장이다.

수소의 양

젊은우주론자들은 우주에서 수소(H_2)의 양도 젊은 우주의 증거로 제시한다. 젊은우주론자들은 수소는 우주 속에서 일정하게 헬륨(He)으로 변하고 있지만, 우주에는 헬륨으로 변환되는 수소량에 해당하는 수소가 다른 원소들로부터 생성된다는 증거가 없다. 수소가 다른 근원으로부터 공급되지 않으면서 헬륨으로 변환되기만 한다면, 현재의 풍부한 우주의 수소를 어떻게 설명할 수 있을까? 젊은 우주 지지자들은 우주의 크기나 우주의 구성 원소에 대한 현재까지의 지식으로 미루어 커다란 수소의 제조원이 없는 한 우주는 젊다고 주장한다.

우주에 수소가 많다는 것과 관련하여 정상상태이론 혹은 연속창조론을 주장한 영국 천문학자 호일(Fred Hoyle)은 수소가 지속적으로 창조되고 있다고 주장하였다. 그는 "우주가 거의 전적으로 수소로만 이루어져 있음은 웬일일까? 만일 우주가 무한히 오래되었다면 이것은 불가능한 일이다. 그러므로 우주는 언제나 지금과 같았으며(연속적) 창조는 피할(dodge) 수 없는 선택이다."라고 했다.[11]

하지만 이 주장은 어떤 근거에서 나온 것인지 확실하지 않다. 오늘날 우주에서 관측된 수소의 양, 수소와 헬륨의 비율 등은 대폭발 이론에서 예측한 값과 잘 일치하고 있다. 아주 먼 우주를 관측하면 초기 우주에 존재하던 수소와 헬륨의 비율을 추정할 수 있다. 이 결과에 의하면 수소 약 74%, 헬륨 약 24%로 대폭발 이론에서 예측한 비율과 거의 일치한다. 수소의 연속창조론을 주장했던 천문학자 호일도 후에 자신이 틀렸음을 시인했다.

큰 별의 존재

젊은우주론자들은 큰 별의 존재가 우주가 젊다는 증거라고 주장한다. 별을 이루고 있는 물질은 별의 중심으로 당기는 중력보다 별로부터 방출되는 복사압이 더 크면 폭발해 버리기 때문에 별은 무한히 클 수 없다. 그런데 오늘날 우주에는 어마어마한 에너지를 방출하면서 타고 있는 거대한 별들이 많이 있다. 이러한 별들은 핵융합 반응을 통해 엄청난 질량결손을 일으키면서 타고 있다. 파울러(William A. Fowler)의 주장에 의하면, 만일 별들이 수십억 년이 아니라 수백만 년만 존재했다고 가정하고 과거에도 오늘날과 같은 속도로 에너지(질량)를 방출했다면, 이 별의 초기 질량은 너무 커서 폭발해 버렸을 것이라고 했다.[12]

이 주장은 창조과학자들이 후에 많이 인용한 결과지만 근거가 불분명하다. 파울러가 그 주장을 제시한 것은 1950년대였고, 지금은 그때에 비해 별의 일생, 즉 항성 진화(stellar evolution)에 대해 매우 자세한 연구들이 이루어져 있다. 별의 일생을 결정하는 가장 중요한 변수는 질량이다. 질량의 크기에 따라 별은 짧게는 수백만 년, 길게는 수천억 년을 살아간다. 별의 수명은 인간의 수명에 비하면 무한대에 가까울 정도로 길기 때문에, 인간이 별의 일생을 지켜보면서 변화를 관찰하기란 불가능하다. 대신 천문학자들은 간접적인 방법이나 컴퓨터 시뮬레이션 등을 통해 별의 일생을 연구하고 있다.

이 연구 결과에 의하면, 오늘날 무거운 별들의 존재는 젊은 우주의 증거로 결코 사용될 수 없다. 지금도 독수리 성운(Eagle Nebula)이나 오리온 대성운(Orion Nebula), 우리 은하계 중심 등에서는 계속해서 새로운 많은 별들이 만들어지고 있고, 동시에 우리와 가장 가까이 있는 초신성 에타 카리네(Eta Carinae)와 같이 폭발해서 없어지는 별들도 있다. 새로운 별이 생겨나고 오래된 별들이 질량에 따라 다양한 형태의 종말을 맞는 것은 창조주의 우주 경영의 한 부분이라고 할 수 있다. 그런데 도대체 어떻게 무거운 별의 존재가 젊은 우주를 증거하는 것인지 이해하기 어렵다.

그림 9-3 독수리 성운, 오리온 대성운, 에타 카리네(NASA)

월석에 짧은 반감기를 가진 원소들 존재

젊은지구론자들은 달에 짧은 반감기를 가진 동위원소가 존재하는 것을 젊은 지구의 증거라고 주장한다. 우라늄-236(^{236}U)과 토륨-230(^{230}Th) 동위원소들은 짧은 반감기를 가지고 있는데, 아직도 달에서 채취한 물질 속에는 이들 원소들이 남아있다고 한다. 젊은우주론자들은 현재 달에는 이러한 짧은 반감기를 가진 원소들이 새롭게 만들어지고 있다는 증거도 없기 때문에 현존하는 ^{236}U과 ^{230}Th 등을 과거 달이 생성될 때 함께 생성된 것으로 보고 이들의 붕괴 속도가 크게 변하지 않았다고 가정하면, 달의 생성 연대가 오래되지 않았음을

알 수 있다고 주장한다.[13]

이러한 창조과학자들의 주장은 부분적으로 사실인 면도 있지만, 전체적으로는 진실을(의도적이든, 아니든) 무시한 것이다. 우선 ^{236}U 과 ^{230}Th은 상대적으로 반감기가 짧고, 지구와 달이 정말 45억 년이 되었다면 태초에 존재했던 이들 동위원소들은 존재하지 말아야 한다는 주장은 사실이다. 하지만 달에 이러한 짧은 반감기를 가진 원소들이 새롭게 만들어지고 있다는 증거가 없다는 말은 다음 두 가지 이유에서 틀렸다.

첫째, ^{230}Th과 ^{236}U은 ^{238}U의 붕괴를 통해 생성될 수 있고, ^{238}U의 반감기는 거의 45억 년에 이르기 때문이다. 이 말은 ^{238}U이 존재하는 한 ^{230}Th과 ^{236}U은 언제라도 존재할 수 있음을 의미한다. 반감기가 2,342만 년인 ^{236}U은 이미 40억 년 전에 지구상에서 완전히 사라졌지만, ^{235}U의 자발핵분열로 인해 생성된 중성자가 추가되어 새로 형성된 ^{236}U은 현재 자연계에서 발견되고 있다. 워낙 극미량이라 자연계에서는 우라늄 동위원소들 중 1조 3000억 분의 1의 비율로 존재하지만, 원자로에서는 대량 생산되는데 핵폐기물로 분류된다.

실제로 주변에 느린 중성자가 충분히 존재하기만 하는 곳이라면, 어느 곳에 있는 우라늄 광석에서도 ^{236}U을 발견할 수 있다. 그러므로 오늘날 달 표면에서 발견되는 ^{238}U의 붕괴계열에서 생성되는 ^{230}Th과 ^{236}U은 ^{238}U의 최근 붕괴로 인해 생긴 것이고, 태초부터 지구에 있던 것들은 아니다. 따라서 이들의 존재가 젊은 지구를 증거하는 것은 아니다.

둘째, 태초 이래 우주선(宇宙線)이 끊임없이 달표면에 충돌하면서 월면 아래 1m 깊이까지 침투하여 반감기가 짧은 동위원소들을 만들어내기 때문이다. 달표면에는 반감기가 긴 우라늄과 토륨의 동위원소들이 존재하고 있음은 잘 알려져 있다. 그렇다면 달표면에 반감기가 짧은 이들 동위원소들이 존재한다는 것은 당연한 것이며, 이는 젊은 지구의 증거와는 아무런 관계가 없다. 젊은 지구를 주장하는 사람들은 이들 동위원소들의 반감기가 짧은 것에만 집중했지, 이들이 반감기가 긴 원소의 붕괴 과정에서 생성될 수 있다는 것은 무시했다.

포인팅-로벗슨 효과

끝으로 젊은지구론자들의 단골 메뉴인 포인팅-로벗슨 효과(Poynting-Robertson Effect)를 살펴보자. 포인팅-로벗슨 효과란 태양계 내의 운석이나 우주진과 같은 미세한 물질들은 태양의 중력에 의하여 태양 속으로 나선형으로 빨려 들어가는 현상을 말한다. 영국의 물리학자 포인팅(John H. Poynting, 1851-1914) 등이 발견한 이 효과에 의하여 태양은 하루에 약 10만 톤에 해당하는 운석을 빨아들이는 진공청소기의 역할을 한다.[14] 그래서 젊은우주론자들은 수십억 년 이상의 태양계의 역사를 가정한다면, 태양 주위에는 작은 운석이 없어야 하지만 아직도 많은 운석이 존재한다는 것은 태양계가 젊다는 것을 암시한다고 주장한다.[15]

하지만 이 주장을 젊은 우주의 증거로 제시하기 위해서는 훨씬 더 많은 연구가 이루어져야 한다. 태양계 내의 많은 입자들은 혜성이나 소행성들의 충돌로 인해 계속 생성되고 있기 때문이다. 또한 포인팅-로벗슨 효과로 센티미터 크기의 입자를 모두 태양으로 빨아들이기 위해서는 수억 년의 시간이 필요하기 때문에 태양계 내에서 입자들의 생성 속도가 그렇게 빠를 필요도 없다. 특히 작은 입자들의 경우에는 포인팅-로벗슨 효과에 반대로 작용하는 태양광의 복사압(radiation pressure)이 있다. 포인팅-로벗슨 효과는 먼지들을 태양으로 빨아들이지만 복사압은 먼지들을 밀어낸다. 이 복사압으로 인해 먼지들이 태양계 내에서 안정된 궤도를 유지하고 있다. 태양계 내 각 행성들의 중력도 작은 입자들을 안정된 궤도에 머물게 하는 데 기여하고 있다.

지금까지 언급한 것처럼 창조과학자들이 젊은 지구의 증거라고 하는 것들은 틀렸음이 분명하다. 물론 그래도 이들은 젊은 지구와 우주에 대한 확신을 포기하지 않을 것이다. 젊은지구론자들은 거의 공통적으로 자신들의 주장과 성경해석은 절대로 틀릴 수 없다고 생각하기 때문이다. 필자가 과학과 성경해석에 있어서 창조과학자들의 경직된 태도가 틀린 주장보다 더 심각하다고 보는 이유가 바로 여기에 있다.

2. 태양의 중력붕괴

한때 창조과학자 모리스(Henry M. Morris, 1918-2006)는 젊은지구론의 증거로 태양이 핵융합이 아니라 중력붕괴(gravitational collapse)로 에너지를 발산하고 있다는 주장을 하였다.[16] 물론 이것은 모리스가 처음 주장한 것은 아니었다. 핵에너지는커녕 원자핵의 존재에 대한 개념이 전혀 없었던 1869년 경, 독일 물리학자 헬름홀츠(Hermann Ludwig Ferdinand von Helmholtz, 1821-1894)가 처음 제안한 것을 창조과학자들이 다시 주장한 것이었다. 헬름홀츠가 처음 이 주장을 할 때는 태양의 중력수축이론(Gravitational Contraction Theory)이 주류 과학 이론이었다. 핵에너지를 모르는 상태에서는 중력수축 외에 엄청난 태양 에너지를 설명할 방법이 없었기 때문이다.

헬름홀츠는 중력수축이론을 통해 태양은 시간 당 1.5m, 연간 13km 정도 수축하고 있다고 보았다. 그는 이런 속도로 태양이 수축되었다면, 10만 년 전에는 태양이 현재보다 두 배 컸기 때문에 지구는 생명체가 살 수 없을 정도로 뜨거웠을 것이고, 2,000만 년 전에는 태양이 지구에 닿을 정도로 컸기 때문에 태양은 아무리 오래 되었다고 해 봐야 2,000만 년을 넘을 수 없다고 생각했다. 하지만 이 이론은 19세기 말에 방사능이 발견되면서 20세기 초에 자연스럽게 폐기되었다.[17] 특히 태양이 수소의 열핵융합 반응에 의해 에너지를 방출하고 있음이 증명된 1930년대 이후에는 태양 에너지의 원천에 대한 다른 주장들은 모두 설 자리를 잃어버렸다. 하지만 이 이론이 다시 젊은지구론자들에 의해 부활한 것은 두 가지 이유 때문이었다.

첫째, 1979년에 천문학자 에디(J.A. Eddy)와 부르난지안(A.A. Boornazian)이 발표한 한 편의 논문 때문이었다.[18] 그들은 학회에서 자신들의 논문을 발표하고 초록을 초록집에 실었다. 이 논문은 바로 그 다음 해인 1980년 4월, 창조과학자 아크리지(Russell Akridge)가 미국 창조과학연구소(ICR)의 Impact 시리즈에 인용하였다.[19] 그리고 얼마 지나지 않아 브라운(Walter Brown), 반즈(Thomas Barnes), 모리스(Henry Morris), 힌더리터(Hilton Hinderliter), 핸슨(James Hanson), 그리고 다른 창조과학자들이 인용하였으며, 수년 후에 모리스는 자신의 책에 이 주장을 포함시켰다. 그리고 중력수축이론은 곧 창조과학자들의 전설이 되었다.

그러면 이 주장의 문제는 무엇일까? 스트랄러(Authur N. Strahler)의 지적에 의하면, 흥미롭게도 태양 직경의 수축을 처음 보고한 천문학자 에디와 부르난지안은 태양의 수축이 지속적으로 일어나는 현상으로 해석하지 않았는데, 아크리지는 무한한 기간 동안 태양의 수축이 일어나는 것으로 해석했다.[20] 많은 연구들은 태양이 계속 수축한다는 어떤 증거도 발견하지 못했지만, 아크리지는 1980년과 여러 연구 결과들을 모두 무시했다. 예를 들면 천문학자 모리슨(Leslie Morrison)은 태양이 수축하고 있다는 어떤 증거도 없다고 결론내리고, 이 사실을 영국 왕립 그리니치 천문대의 공식 학술지인 「제미니」(*Gemini*)에 발표했다.[21]

아크리지만 그런 것이 아니었다. 여러 해 후에 에디와 부르난지안이 처음 제시한 중력수축이론은 완전히 틀렸음이 증명된 후에도[22] 반스, 브라운, 모리스 등 창조과학 지도자들은 이 이론을 계속 인용하였다. 창조과학 대중강사인 호빈드(Kent Hovind)는 1992년 6월 15일, 미주리 대학(University of Missouri) 로열홀(Royal Hall)에서 열린 힐프만(Paul Hilpman)과의 공개논쟁에서 틀렸음이 완전히 밝혀진 이 주장을 젊은 지구의 증거로 제시하였다. 이러한 창조과학자들의 모습을 두고 반틸은 "계속되는 전문적인 연구와 평가로부터 고립되어 창조과학 공동체는 젊은 지구의 과학적 증거로서 부정된 보고서를 근거도 없이 계속 외삽한다."고 비판했다.[23]

둘째, 중성미자 문제 때문이었다.[24] 1960년대 후반, 천체물리학자 데이비스(Raymond Davis, Jr.)와 바칼(John N. Bahcall)은 사우스 다코다주 리드(Lead, South Dakota)라는 곳에서 홈스테이크 실험(Homestake Experiment)이라는 것을 통해(Homestake Gold Mine이라는 광산 갱도를 이용) 중성미자를 측정했다. 그런데 데이비스가 실험으로 측정한 태양 중성미자의 숫자는 바칼이 이론적으로 계산한 숫자에 비해 1/3에 불과했다. 이로 인해 태양이 그동안 생각했던 것처럼 수소 핵융합이 아니라 중력수축으로 인해 에너지를 방출하는 것이라고 생각한 것이었다. 하지만 중성미자 문제는 2002년, 중성미자 물리학에 대한 새로운 이해를 통해 해결되었다.[25] 더 이상 태양이 중력수축으로 에너지를 방출하는 것이 아님이 증명된 것이다.

이 외에도 중력수축모델에서 가정하고 있는 것처럼 태양이 일정한 속도로 수축한다는 주장은 과학적 근거가 없다. 일반적으로 별들은 수축과 팽창을 반복하며 에너지를 방출하고 있는데, 태양도 비슷한 패턴을 따르고 있다. 태양이 수축한다는 주장은 위에서 언급한 1979년에 발표된 한 보고에 기초한 것인데, 1980년 이후 발표된 다른 모든 보고들은 눈에 띌만한 수축현상을 보여주지 않는다. 게다가 수축을 보여준다는 원래의 논문조차 수십 년에 걸친 측정방법들의 차이로 인해 생긴 것으로 보인다.

창조과학자들의 중력붕괴에 대한 복음주의 학자들의 비판으로서는 칼빈대학의 천문학자 반틸(Howard J. Van Till, 1938-)이 제기한 비판을 들 수 있다. 그는 창조과학자들이 주장하는 젊은 우주 연대에 맞추기 위해서는 헬름홀츠가 주장한 태양의 수축 속도보다 태양이 수백 배 빨리 수축해야 한다고 지적하였다.[26] 사실 헬름홀츠의 계산에 의하면, 태양의 크기가 지구궤도보다 더 큰 상태에서 현재의 크기로 수축되는데 걸리는 시간만도 2,000만 년이 넘는다.[27] 그러므로 헬름홀츠가 계산한 수축시간도 창조과학자들이 주장하는 지구와 우주의 나이 1만 년 내외와는 거리가 멀다.

중력수축이론은 전혀 말이 되지 않음을 보여주는 중요한 증거의 하나는 빙하기이다. 이 이론으로는 오래지 않은 과거 지구 역사에서 명백히 존재했던 빙하기를 전혀 설명할 수 없다. 만일 태양이 중력수축으로 에너지를 방출하고 있다면, 과거로 거슬러 올라갈수록 태양은 점점 더 컸을 것이고, 지구는 태양으로부터 점점 더 많은 에너지를 받았을 것이다. 그렇다면 지구역사에서 빙하기라는 것이 존재할 수가 없게 된다. 헬름홀츠의 주장대로 태양이 시간당 1.5m의 속도로 수축했다면, 지구의 마지막 빙하기가 진행되고 있던 2만 년 전 태양은 지금보다 26만km 정도 더 컸을 것이다(선형적인 수축을 했다고 가정하더라도). 이는 태양의 현재 직경 139만km보다 거의 20% 정도 더 컸음을 의미한다. 태양이 현재보다 20% 컸다고 한다면, 지구는 빙하기는 커녕 뜨거워서 아무 생명체도 살 수 없는 행성이 되었을 것이다. 지금은 태양이 중력수축으로 에너지를 방출한다는 주장은 천동설보다 못한, 터무니없는 주장임이 잘 증명되어있다.

3. 올버스의 역설

그렇다면 우주는 언제 창조되었을까? 즉 우주의 나이는 얼마나 될까? 현대 우주론이 등장하기 전까지만 해도 많은 사람들은 우주는 무한히 크고 무한히 오래되었다고 생각했다. 즉 우주는 어느 유행가 가사처럼 '끝도 시작도 없이 아득한' 존재라고 생각했다. 고대 그리스 철학자 에피쿠로스는 "우주는 무한하다."라고 말했고, 조선 중기의 실학자 홍대용도 우주는 무한하다고 믿었다. 20세기에 들어와서도 많은 과학자들은 우주가 무한하다고 믿었다. 대표적으로 상대성원리를 주창했던 아인슈타인이나 정상상태 우주론(Steady State Cosmology)을 주창했던 영국 천문학자 호일(Fred Hoyle)도 우주는 무한하다고 믿었다.

우주가 무한한지, 유한한지의 질문이 일반인들에게는 별로 실감이나지 않을 수 있다. 하지만 생각보다 우리 주변에 우주가 무한히 크고 무한히 오래되지 않았음을 보여주는 간단한 증거가 있다. 그것은 바로 밤하늘이 어둡다는 점이다. 왜 밤하늘은 어두울까? 이 질문에 대해 해가 졌으니 어두워지는 것이 당연하지 않는가라고 답하는 사람은 아직 이 질문의 깊은 의미를 잘 깨닫지 못한 것이다. 그러면 도대체 밤하늘이 어두워지는 것이 어떻게 우주가 무한하지 않음을 증거하는 것일까?

해가 지면 밤하늘은 낮에 비해 어두워지는 것은 사실이다. 하지만 우주가 무한하다고 한다면 우주에는 무한히 많은 별들이 존재할 것이고, 이들의 밝기를 모두 더하면 오늘날 한낮 태양의 밝기보다 더 밝아야 한다. 우주가 무한하고 무한히 많은 별들이 균일하게 분포되어 있다면 어느 방향으로 보더라도 별은 보여야 하며, 이 별빛을 모두 합하면 태양보다 더 밝아야 한다는 의미이다.

물론 멀리 있는 별들은 휘도(brightness, b)가 거리의 역제곱에 비례하기 때문에($b \propto 1/d^2$) 어두워진다. 하지만 별의 각면적(angular area, A)도 거리의 역제곱에 비례하여 작아지기 때문에($A \propto 1/d^2$) 별의 표면휘도(surface brightness), 즉 별의 단위 각면적당 겉보기 휘도는 거리에 무관하고($b/A=$일정), 따라서 밤하늘은 매우 밝아야 한다. 그런데 왜 밤하늘은 어두운 것인가?

이 의문은 케플러나 뉴턴과 같은 훌륭한 과학자들도 생각은 했지만 설명할 수가 없었다. 그러다가 19세기 중엽, 독일 의사이자 천문학자인 올버스(Heinrich Olbers, 1758-1840)에 이르러 비로소 이 질문에는 엄청난 의미가 있음을 깨닫게 되었다. 제1강에서 간단히 소개한 올버스의 역설(Olbers's Paradox)에 의하면, 우주가 무한하다는 종래의 상식은 뒤집어지지 않을 수 없다. 우주가 무한하다면 밤낮을 막론하고 하늘은 엄청나게 밝아야 하는데 그렇지 않은 것이다. 이를 어떻게 설명할 수 있을까?

어떤 사람은 우주에 있는 먼지가 먼 곳에서 오는 별빛을 차단해서 보이지 않을 거라 생각하기도 한다. 하지만 우주가 무한히 오래되었고 무한히 크다면, 그 먼지들은 별빛에 의해 밝게 빛나거나 완전히 증발해버려야 한다. 또 우주에 존재하는 암흑물질 때문에 먼 곳에서 오는 별빛이 보이지 않을 거라고 생각할 수도 있다. 우주가 팽창하고 있기 때문에 아주 멀리 떨어진 별들은 우리의 가시광선 영역을 벗어나게 되고 따라서 보이지 않게 된다는 것도 올버스의 역설을 설명할 수는 없다. 적외선 망원경 등 다른 파장의 빛을 감지할 수 있는 망원경을 통해 관측한 결과와도 맞지 않기 때문이다. 이러한 요소들로는 올버스의 역설을 부분적으로 설명할 수 있을 지는 몰라도 완전히 설명할 수는 없다.

밤하늘이 어두운 것을 설명하기 위한 가장 그럴 듯한 방법은 우주가 무한이 오래되지 않았다는 것, 즉 우주가 비교적 젊다는 것이다. 물론 오늘날 알려져 있는 138억 년 내외의 나이를 두고 젊다고 말하는 것이 이상하지만, 이 연대는 138억 광년보다 멀리 있는 별빛이 지구에 도달하는데 필요한 시간을 주기에는 젊다. 우주가 유한하든지, 아니면 우주가 무한해서 무한히 많은 별들이 있지만 아직 그 별빛이 모두 지구에 도달할 정도로 우주가 오래 되지 않았다고 생각해야 한다.

4. 우주의 나이

그렇다면 우주의 나이는 얼마나 되었을까? 이것은 우주가 창조된 이후, 즉 대폭발을 일으킨 이후 얼마나 오랜 시간이 지났을까 하는 질문과도 같다. 이미 앞에서 우주의 나이를 약 138억 년이라고 했는데 그렇게 추정하는 근거는 무엇인가?

한 가지 분명하게 말할 수 있는 우주의 연대는 우주는 우주를 구성하는 가장 오래 된 천체들보다 더 오래되었어야 한다는 점이다. 자식이 부모보다 나이가 더 많을 수 없듯이 우주를 구성하고 있는 요소들은 우주 그 자체보다 더 오래될 수가 없다. 그렇다면 우주에서 가장 오래된 천체들은 어떤 것일까? 천문학자들은 우주에서 가장 오래된 천체의 하나는 구상성단(球狀星團, globular cluster)이라고 본다. 많은 별들이 구대칭을 이루면서 모여 있는 구상성단의 나이는 대략 120-130억 년 된 것으로 추정된다. 구상성단을 이루고 있는 별들의 형성기간을 약 10억 년 정도로 잡는다면, 우주의 나이는 약 130-140억 년 정도 된 것으로 볼 수 있다.

그렇다면 구상성단의 나이가 120-130억 년이라는 것은 어떻게 알 수 있는가? 이는 별의 온도와 광도(luminosity) 사이의 관계를 그린 H-R도(Hertzsprung-Russell diagram)로부터 추정할 수 있다. 사람도 태어나서 나이가 들다가 늙으면 죽는 것과 같이 별도 그러하다. 별도 태어날 때가 있고, 유년기가 있는가 하면 청년기와 장년기, 노년기를 지나 일생을 마치는 때가 있다. 이것을 도표로 보여주는 것이 바로 H-R도이다. 이 그림으로부터 별들의 일생을 살펴보면, 구성성단을 이루고 있는 별들의 상태에 이르기까지의 기간은 대체로 120-130억 년 정도에 이르는 것으로 알려져 있다.

허블상수와 팽창연대

우주의 연대를 결정하는 또 하나의 방법은 대폭발 이후 우주의 팽창연대(expansion age)를 계산하는 것이다. 오늘날 우리가 관측하는 모든 은하들은(가까이 있어서 중력적 상호작용을 하는 일부 은하들을 제외하고는) 서로로부터 멀어져가고 있다. 그렇다면 이 멀어져가고 있는, 즉 팽창하고 있는 우주의 과거를 거슬러 올라가면 언젠가 우주의 모든 것이 한 '장소'에 고온, 고밀도로 모여 있었던 시기를 계산할 수 있다. 물론 이 '장소'라는 것은 그 자체가 우주이기 때문에 우주의 중심일 필요는 없다!

그러면 우주의 팽창나이는 어떻게 계산할 수 있을까? 허블법칙을 이용하면 우주의 팽창나이는 간단하게 계산할 수 있다. 주어진 은하의 팽창속도 v가 지구로부터의 거리 r에 선형적으로 비례한다면, 우주의 팽창나이 T는

$$r = vT$$

로 쓸 수 있다. 우주의 팽창속도는 거리에 비례한다는 허블법칙에 의하면, 팽창속도 v는

$$v = Hr$$

이다. 여기서 H는 허블상수이다. r을 대입하면

$$v = Hr = HvT$$

가 된다. 양변에서 v를 소거하고 정리하면

$$T = 1/H$$

가 된다. 이는 은하들이 일정한 속도로 멀어지고 있다면, 허블상수의 역수가 곧 우주의 팽창나이가 된다는 의미이다. 허블상수 H가 50km/sec/Mpc라면 우주의 팽창나이 T는 200억 년이 되고, 우주가 두 배 빨리 팽창하여 H가 100km/sec/Mpc라면 T는 100억 년이 된다. 허블상수가 커질수록 우주의 팽창나이는 점점 더 줄어들게 된다.

팽창연대 계산

허블상수의 역수(1/H)를 취하면 우주의 팽창연대(T)가 되는 이유에 대해서는 위에서 다루었고, 여기서는 왜 H=50km/sec/Mpc로 취하면, T=200억 년이 되는지 잠시 살펴보자. 간단한 산수지만 천문학에서만 사용하는 Mpc라는 단위로 인해 암산만으로는 허블상수의 역수를 취해서 T를 구하는 것이 쉽지 않다. 위에서 언급한 것처럼 허블법칙으로부터

$$T = 1/H = 1/(50km/sec/Mpc) = 1/(50km) \times (1sec \times 1Mpc)$$

라고 쓸 수 있다. 여기서

$$1\text{year} = 365\text{day} \times 86{,}400\text{sec/day} = (365 \times 86{,}400)\text{sec}$$이므로

$$1\text{sec} = 1/(365 \times 86{,}400)\text{year}$$로 쓸 수 있고,

$$1\text{Mpc} = 3.26\text{Mega light years} = 3.26 \times 10^6 \text{light years}$$
$$= (3.26 \times 10^6) \times (365\text{day} \times 86{,}400\text{sec/day}) \times (3 \times 10^5 \text{km/sec})$$
$$= (3.26 \times 10^6) \times (365 \times 86{,}400) \times (3 \times 10^5)\text{km}$$

이다. T를 나타내는 위 식에서 1Mpc와 1sec를 각각 대입하면

$$T = 1/H = 195.6억\ 년$$

이 나온다. H=50km/sec/Mpc로 취하면 팽창시간 T가 약 200억 년이 되기 때문에 H=100km/sec/Mpc로 취하면 T는 약 100억 년, H=71km/sec/Mpc로 취하면 T는 약 138억 년이 된다. 간단하게 말해서 허블상수 값의 역수를 취해 10,000을 곱하면, 억 년 단위로 나타낸 팽창시간이 나오는 셈이다.

여기서 우리가 질문해야 할 한 가지 사실이 있다. 과연 우주가 과거에도 지금과 같은 속도로 팽창했을까? 즉 허블상수가 과거나 지금이나 항상 일정했을까? 대폭발의 관점에서 볼 때 우주는 과거에는 현재보다 더 빨리 팽창했다고 할 수 있다.[28] 그렇다면 실제의 팽창나이 (t)는 현재의 속도를 기준으로 계산한 팽창나이(T)보다 젊을 것이다. 일반적으로 천문학자들은 t=2T/3 정도로 본다. 그렇다면 T=200억 년일 때 t≈130억 년, T=100억 년일 때 t≈70억 년 정도라고 할 수 있다.

허블상수에 기초한 우주의 팽창나이는 우주의 연대에 대한 중요한 추정치를 제공한다고 할 수 있다. 여기서 중요한 것은 얼마나 허블상수를 정확하게 측정할 수 있는가 여부이다. 허블상수를 정확하게 측정하기 위해서는 은하까지의 거리를 정확하게 측정해야 하고 이를 위한 중요한 한 가지 방법이 바로 세페이드 변광성을 이용하는 것이다.

5. 허블상수와 세페이드 변광성

허블법칙과 관련하여 우리가 먼저 기억해야 하는 것은 이 법칙은 개별 별들에 대해 성립하는 것이 아니라 은하들에 대해 성립한다는 사실이다. 허블법칙에 의하면 은하들의 팽창속도는 우리 은하로부터 떨어진 거리에 비례하며, 그 비례상수가 바로 허블상수이다. 허블상수는 은하들이 단위거리만큼 멀어질 때 서로로부터 어느 정도의 속도로 멀어지는가를 나타내는 상수이다. 여기서 속도는 우리가 흔히 사용하는 km/sec를 사용하지만, 거리단위는 100만 광년(Mega-light year, Mly) 혹은 100만 파섹(Mega-parsec 혹은 Mpc)를 사용한다. 우주에서의 거리 단위에 대해서는 제3강을 참고하기 바란다.

우주의 나이를 정확하게 측정하기 위해서는 허블상수를 정확하게 측정하는 것이 중요하다. 하지만 허블상수를 정확하게 측정하는 것은 쉽지 않다. 허블상수를 정확하게 측정하려면, 은하가 멀어지는 속도와 그 은하까지의 거리를 정확하게 측정해야 하는데, 둘 다 측정이 쉽지 않기 때문이다. 은하들이 멀어지는 속도를 정확하게 측정하기 위해서는 은하 스펙트럼의 적색편이(red shift)를 정확하게 측정해야 하는데, 이것 역시 쉬운 일이 아니다. 또한 은하까지의 거리를 정확하게 결정하는 것은 더욱 더 어려운 일이다. 은하들의 크기가 천차만별이기 때문에 망원경으로 관측되는 겉보기 크기만으로는 정확한 크기를 알 수가 없다. 실제로 작아서 작게 보이는지, 아니면 큰 은하지만 멀리 있어서 작게 보이는지를 구별하는 것이 어려운 것이다.

그렇지만 은하까지의 거리를 측정하는 것이 전혀 불가능한 것은 아니다. 지난 한 세기 동안 관측기기의 발전과 이를 사용한 연구를 통해 은하까지의 거리를 측정하는 여러 가지 방법이 개발되었다. 거리를 측정하는 한 가지 방법은 알려진 천체의 실제 광도(光度, luminosity)를 가진 천체의 겉보기 휘도(輝度, brightness)를 측정하는 것이다. 광도를 L, 겉보기 휘도를 b라 하면 역제곱 법칙 $b=L/(4\pi d^2)$로부터 천체까지의 거리

$$d=[L/(4\pi b)]^{1/2}$$

를 구할 수 있다. 이 식으로부터 어떤 천체까지의 거리를 정확하게 알기 위해서는 (겉보기 휘도는 망원경으로 직접 측정할 수 있기 때문에) 무엇보다 광도를 정확하게 측정하는 것이 필요하다. 천문학자들은 광도를 정확하게 측정하기 위해 표준촉광(標準燭光, standard candle)이라는 개념을 사용한다. 만일 어떤 천체에 대해서 광도의 값이 항상 같거나 거의 같다면, 그러한 천체는 소위 표준촉광이 될 수 있다.

표준촉광의 개념을 이해하기 위해 어른들의 키를 생각해 보자. 만일 모든 어른들의 키가 175cm정도라고 한다면, 어떤 사람의 겉보기 키를 통해 관측자로부터 그 사람까지의 거리를 측정할 수 있을 것이

다. 같은 키의 사람이라도 멀리 떨어질수록 더욱 더 작게 보이기 때문이다. 즉 겉보기 키와 그 사람까지의 실제 거리는 선형적으로 비례한다. 물론 모든 어른들의 키가 비슷하기는 하지만 똑같지는 않을 것이다. 그러므로 정확한 거리를 아는 것은 불가능하지만, 대략적인 거리는 알 수 있다. 이 때 어른들의 키는 거리를 측정할 수 있는 좋은 '표준촉광'이 될 수 있다. 이것이 표준촉광을 이용한 거리 측정의 원리이다.

역사적으로 가장 유명한 표준촉광은 세페이드 변광성(脈動變光星, Cepheid variable)이다. 세페우스 델타성(Delta Cephei)을 대표로 하는 이 맥동변광성은 밝기가 극소에서 극대로 급속히 변화하는데, 변광주기는 5.37일, 변광범위는 3.6~4.3등성이다.[29] 이런 종류의 변광성에 속하는 별의 변광주기는 1일 미만에서 50일 정도에 이르는데, 변광주기가 긴 변광성일수록 절대등급이 크기(밝기) 때문에 주기-광도 관계를 비교적 정확하게 알 수 있다.

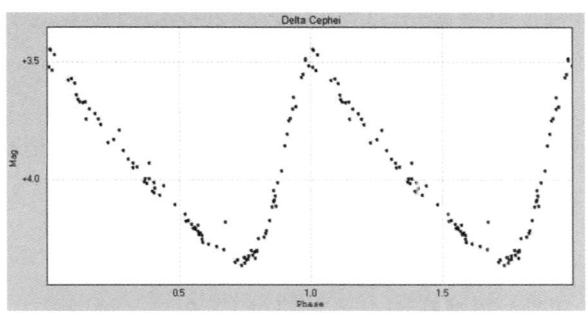

그림 9-4 세페우스 델타성의 주기(phase)와 밝기(magnitude)의 관계(Wikimedia Commons/ThomasK Vbg)

세페이드 변광성의 주기-광도 사이에 일정한 관계가 있다는 놀라운 사실을 처음 발견한 것은 하버드 천문대의 탁월한 여성 천문학자리비트(Henrietta Swan Leavitt, 1868-1921)였다.[30] 리비트는 소마젤란 성운(Small Magellanic Cloud)에 있는 수천 개의 변광성들을 조사하였으며 그 결과를 1908년에 발표하였다.[31] 리비트는 1912년 25개의 세페이드 변광성을 더 발견하고 그 결과를 발표하였다.[32] 여기서 나아가 1915년에 섀플리(Harlow Shapley, 1885-1972)는 외부 은하에 있는 세페이드 변광성에도 주기-광도 관계가 성립함을 확인하였다.[33]

그림 9-5 리비트(Henrietta Swan Leavitt, 1868-1921)와 섀플리(Harlow Shapley, 1885-1972)

일단 세페이드 변광성의 주기를 정확하게 측정하면 변광성의 주기-광도 관계로부터 평균 광도(L)를 구할 수 있다. 그러면 평균 광도 L과 망원경으로 관측한 세페이드 변광성의 겉보기 휘도 b를 위 식에 대입하여 변광성까지의 거리 d를 구할 수 있고, 나아가 그 변광성이 속한 은하까지의 거리를 구할 수 있다. 세페이드 변광성의 주기-광도 관계는 맥동변광성의 연구뿐만 아니라 은하의 구조 연구에도 많은 도움을 주었다.[34]

6. 우주 팽창의 나이

세페이드 변광성을 표준촉광으로 사용하여 은하까지의 정확한 거리를 알고, 은하 스펙트럼의 적색편이로부터 은하의 멀어지는 속도를 알게 되면 허블상수를 결정할 수 있다. 하지만 1970년대와 1980년대를 지나면서 많은 천문학자들이 허블상수를 정확하게 측정하기 위해 노력했지만 사람들마다 값이 달랐다. 허블상수를 결정하는 데 필요한 값들을 정확하게 측정하는 것이 쉽지 않았기 때문에 논쟁이 오래 지속되었다. 그 논쟁의 중심에 바로 프랑스 태생의 미국 천문학자 드보쿨레(Gérard de Vaucouleurs, 1918-1995)와[35] 미국 천문학자 샌디지(Allan Rex Sandage, 1925-2010)가 있었다.[36]

드보쿨레는 관측을 통해 H=100km/sec/Mpc 근처의 허블상수를 얻었는데, 이 값에 의하면 우주의 최대 나이 T는 (앞에서 언급한 T=1/H의 관계식에 의해) 100억 년 정도였다. 하지만 이 값은 당시 구상성단의 나이가 이미 140-170억 년이라는 값이 알려져 있었기 때문에 맞지 않았다. 그의 결과는 후에 구상성단의 나이를 좀 더 정확하게 측정하여 얻은 120-130억 년의 나이와도 맞지 않았다. 반면에 드보쿨레의 맞수 샌디지는 허블상수를 측정하기 위해 여러 가지 방법을 사용했는데, 그가 얻은 값은 50km/sec/Mpc였다. 이 값의 역수를 취해 우주의 팽창나이를 계산하면 200억 년이 되는데, 이는 당시 가장 오래된 구상성단의 나이를 설명하는 것도 문제가 되지 않았다.[37] 이들의 논쟁을 통해 20세기 후반 대부분의 사람들은 허블상수가 대략 50-90km/sec/Mpc 영역에 있을 것이라고 추정했다.[38]

이렇게 넓은 영역에 걸쳐 있는 허블상수 값의 문제는 1990년대 후반 대폭발 우주론의 표준모형에 해당하는 람다-CDM(ΛCDM) 모델의 도입으로 부분적으로 해결되었다. ΛCDM 모델은 우주상수 람다(Lambda)와 차가운 암흑물질(Cold Dark Matter, CDM)을 포함하는 우주모델로서 마이크로웨이브 우주배경복사(CMBR), 은하들의 분포에서 나타나는 거대구조(large-scale structure), 우주에서 수소, 헬륨, 리튬 등이 풍부한 것, 먼 은하와 초신성에서 오는 빛에서 관찰되는 우주의 가속적 팽창 등을 가장 간단하게 설명할 수 있는 모델이다.[39] 이 모델에서 제시하는 허블상수는 약 70km/sec/Mpc였다.[40]

이 허블상수 수치가 의미하는 바는 무엇일까? 이 말은 지구에서 1Mpc, 즉 100만 파세크(326만 광년)씩 멀어질수록 팽창하는 속도가 초속 70km씩 더 빨라짐을 의미한다. 지구로부터 2Mpc 떨어진 은하는 초속 140km로, 3Mpc 떨어진 은하는 초속 210km로 멀어진다는 말이다. 멀리 떨어진 은하일수록 더욱 더 빨리 멀어진다는 의미이다.

이러한 허블상수 값의 측정은 근래 우주선의 도움을 받으면서 정확성을 한 단계 더 향상시켰다. 1990년에 발사된 허블우주망원경은 비교적 먼 거리에 있는 은하들의 세페이드 변광성의 주기-광도 관계를 측정하여 은하들의 거리를 정확하게 측정하려는 것이 주목적 중 하나였다.[41] 실제로 허블우주망원경은 1994년에 처음으로 몇몇 은하들에 있는 세페이드 변광성을 측정했고, 그 결과에 기초하여 허블상수를 잠정적으로 80km/sec/Mpc라고 했다. 이는 드보쿨레의 결과(100km/sec/Mpc)보다는 작았고, 샌디지의 결과(50km/sec/Mpc)보다는 컸다. 허블우주망원경으로 측정한 허블상수의 역수를 취하면, 우주의 팽창나이는 125억 년이었다. 하지만 이때는 아직 구상성단의 나이를 140-170억 년으로 추정하고 있었기 때문에(후에 120-130억 년으로 수정) 이 값은 구상성단의 나이와 양립할 수 없었다. 가장 정확하리라고 생각했던 허블우주망원경의 결과가 구상성단의 나이와 양립할 수 없다는 것은 당시 천문학계의 충격이었다.

카네기 천문대(Carnegie Observatories)의 프리드만(Wendy L. Freedman)을 중심으로 수행된 허블 키 프로젝트(Hubble Key Project)에서도 허블우주망원경으로 허블상수를 측정하였다.[42] 이 프로젝트에서는 2001년 5월, 가장 정밀하게 광학적인 방법으로 허블상수를 측정하는 데 성공했는데, 여기서 얻은 값은 72±8km/sec/Mpc였다. 이 허블상수로부터 계산한 우주의 팽창나이는 139억 년이었다.[43]

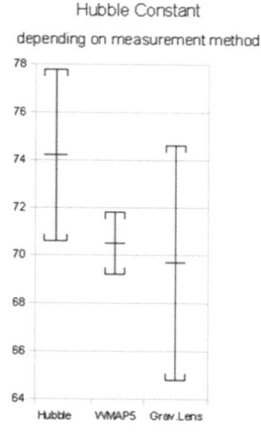

그림 9-6 측정방법에 따른 허블상수와 측정오차(Wikimedia Commons/Alexander, stohr)

가장 정밀하게 측정한 허블상수는 WMAP 인공위성을 이용하여 측정한 값이었다. WMAP으로 우주배경복사를 이용하여 측정한 허블상수는 2003년에 71±4km/sec/Mpc, 2006년에 70.4+1.5,-1.6,km/sec/

Mpc,[44] 2008년에 71.9+2.6,-2.7km/sec/Mpc, 2010년에 71.0±2.5km/sec/Mpc, 2012년에는 거리보정을 한 후에 74.3±2.1km/sec/Mpc이었다.[45] 이들 값으로부터 우주의 팽창나이를 계산하면 대략 135-142억 년이 된다.

이처럼 가장 정밀한 관측이 가능한 우주망원경을 사용해도 허블상수를 정확하게 측정하는 것은 어렵다. 가장 큰 문제는 먼 은하들에 위치한 세페이드 변광성들은 너무 희미해서 우주망원경으로도 밝기의 변화를 정확하게 측정하는 것이 어렵다는 점이다.

가까운 은하들에 속한 세페이드 변광성들은 비교적 쉽게 관측할 수 있다.[46] 우리 은하계가 속한 국부 은하군(Local Group)이나 처녀자리 은하단(Virgo Cluster)의 멤버 은하들은 가까이 있기 때문에 중력이 작용하여 멀리 있는 은하들처럼 '정상적인' 속도로 멀어지지 않는다는 문제가 있기는 하지만, 이는 은하단 내의 은하들의 궤도운동을 고려하면 해결될 수 있다. 이 은하들의 질량은 정확하게 알지는 못하지만, 이들의 궤도운동을 통해 중력적 상호작용이 얼마나 되는지, 이로 인해 얼마나 속도가 느려지고 있는지를 알 수 있다.

허블상수를 정확하게 측정하기 위해서는 다른 은하들과 중력적 상호작용을 하지 않는, 그래서 은하들의 후퇴속도가 대부분 우주의 팽창에 의한 것이라고 할 수 있는 먼 은하들에 대해 측정해야 한다. 하지만 그렇게 먼 은하들에 속한 세페이드 변광성들은 표준촉광으로 사용하기에는 너무 희미하다. 그래서 천문학자들은 좀 더 밝은 표준촉광을 찾기 위해 노력했는데, 바로 I형 초신성이 그 대안의 하나였다.

7. I형 초신성

초신성(超新星, supernova)이란 별의 일생의 마지막 단계에서 폭발하면서 엄청난 에너지를 순간적으로 방출하여 그 밝기가 평소의 수억 배에 이르렀다가 서서히 어두워지는 별을 말한다. 초신성은 1920년대 허블(Edwin Hubble, 1889-1953)에 의해 안드로메다 은하가 우리 은하 밖에 있는 또 다른 은하임이 알려질 때까지 그 존재가 정확하게 알려지지 않았다. 그러다가 1931년대 스위스 태생의 미국 천문학자 즈위키(Fritz Zwicky, 1898-1974)가 캘리포니아 공과대학(Caltech) 강의에서 초신성(supernova)이라는 용어를 처음 사용하였다.[47] 그 후 1933년에 미국물리학회(American Physical Society) 모임에서 공식적으로 초신성이라는 말이 사용되기 시작했다. 그 이후 초신성에 대한 체계적인 연구가 진행되었으며, 근래에는 1년에 20여 개 이상의 초신성이 외부은하에서 발견되고 있다.[48]

초신성은 밝기가 최대로 되었을 때의 스펙트럼을 분석하여 I형(type I supernovae)과 II형(type II supernovae)으로 분류한다. I형 초신성에서는 수소에 의한 흡수선 또는 방출선이 전혀 관측되지 않으며, II형 초신성에서는 수소선이 관측된다. 또한 폭발 후 시간에 따르는 광도의 변화도 서로 다르게 나타난다. I형 초신성은 매우 표준적인 광도곡선의 특성을 보인다. 최근의 연구에 따르면, I형은 백색왜성(白色矮星, white dwarf)으로의 물질유입이 일어나 질량이 찬드라세카르 한계(Chandrasekhar Limit)인 태양질량의 1.44배를 넘음으로써 정역학적으로 불안정해져 생기는 열핵폭발현상으로 설명한다.[49]

여기서 찬드라세카르 질량한계란 백색왜성이 안정된 상태를 유지하기 위한 최대 질량을 의미한다. 이 한계보다 질량이 더 커지면, 백색왜성은 중력이 너무 강하기 때문에 붕괴하여 중성자성(neutron star)이나 블랙홀(black hole)이 되는 것으로 알려져 있다.[50] 이 한계는 앤더슨(Wilhelm Anderson)과 스토너(E.C. Stoner)가 처음 제안했으나, 인도계 미국 천체물리학자 찬드라세카르(Subrahmanyan Chandrasekhar, 1910-1995)가 1930년, 불과 19세의 나이로 그 계산의 정밀도를 높였다. 지금은 정밀도가 더욱 높아져서 찬드라세카르 한계는 태양질량의 1.44배(2.864×10^{30}kg)로 알려져 있다.[51]

I형 초신성은 다시 Ia형, Ib형, Ic형 등 세 가지로 나누어지는데, 이들 중 발광 스펙트럼 파장 615.0nm(1nm=10^{-9}m)에서 강력한 규소 흡수선이 나타나는 Ia형 초신성이 표준촉광으로서 사용될 수 있다.[52] 이 초신성의 최대 광도는 태양의 100억 배에 달할 정도로 밝기 때문에 아주 멀리서도 쉽게 관측할 수 있다. 또한 Ia형 초신성은 백색왜성이 찬드라세카르 질량한계에서 폭발하는 것이기 때문에 모든 Ia형 초신성들은 대체로 비슷한 질량, 비슷한 광도를 갖고 있고, 따라서 표준촉광으로 사용할 수 있다.

물론 모든 Ia형 초신성들이 완전히 똑같은 광도를 갖는 것은 아니지만, 그 차이는 폭발하는 초신성의 스펙트럼을 자세히 분석해 보면 대체로 원인을 알 수 있다. 예를 들어 광도가 더 높은 초신성들은 더 많은 방사성 니켈을 분출하는데, 이 방사성 니켈이 붕괴하면서 방출하는 열이 기체들을 더욱 뜨겁게 만들어서 바깥으로 나가지 못하게 막는다. 그래서 초신성으로부터 에너지가 방출되는 시간, 즉 초신성이 어두워지는 시간을 길게 만든다.[53]

때로는 주변에 있는 먼지나 스모그로 인해 초신성의 광도가 낮아질 수도 있다. 하지만 먼지나 스모그로 인해 초신성의 광도가 낮아질 때는 전체 스펙트럼이 붉은 색으로 이동하는데, 이는 우주의 팽창으로 인해 일어나는 적색편이와는 전혀 다른 현상이다. 초신성의 스펙트럼이 붉은 색으로 이동하는 정도로부터 초신성의 먼지나 스모그의 정도를 추정할 수도 있다.

이러한 요소들을 모두 고려해서 Ia형 초신성을 표준촉광으로 사용하게 되면 멀리 있는 은하들의 거리를 놀라울 정도로 정확하게 측정할 수 있으며, 따라서 허블상수, 나아가 우주의 팽창나이를 정확하게 계산할 수 있다. 초신성을 이용하여 측정한 허블상수는 72±7km/sec/Mpc이고, 여기서 유도한 우주의 팽창나이는 138억 년 정도이다.[54] 이 나이는 우주 내에 있는 가장 오래된 천체인 구상성단의 나이 120-130억 년을 설명하는 데도 문제가 없다.

8. 결론

그렇다면 현재까지 측정된 가장 정확한 우주의 나이는 얼마나 될까? 현재까지 알려진 가장 정밀한 우주의 나이는 137.9억 년±6천만 년이다. 이는 2014년에 유럽우주국(ESA)에서 쏘아올린 플랑크(Planck) 우주선이 마이크로파 우주배경 복사(CMBR) 온도와 중력 렌즈 포텐셜의 파워 스펙트럼(Gravitational Lensing Power Spectrum)을 정밀하게 측정한 데이터에 근거한 결과이다.[55] 천문학 분야의 권위 있는 학술지 *Astronomy and Astrophysics*에 발표된 이 연구에는 전 세계의 106개 대학과 연구기관에 소속된 266명의 저명한 과학자들이 참여하였다.

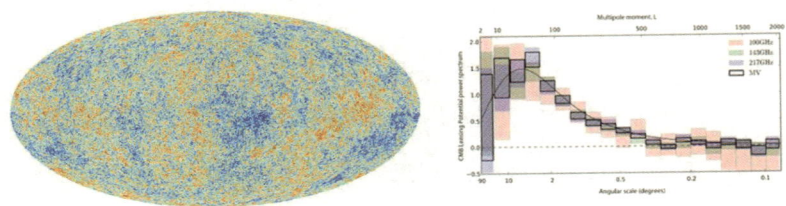

그림 9-7 플랑크 우주선이 측정한 우주배경복사(좌)와 중력 렌즈 포텐셜의 파워 스펙트럼(ESA)

지금까지 살펴본 것과 같이 학자들은 앞으로도 더 정확한 우주의 연대를 측정하기 위해 많은 노력을 기울일 것이다. 하지만 어떤 경우라도 138억 년 내외의 우주 연대가 6천 년 내외로 바뀔 가능성은 거의 없다고 할 수 있다. 일부 근본주의적인 기독교인들 중에는 성경이 젊은 우주연대를 지지한다고 주장하는 사람들이 있다. 하지만 구원의 계시를 담고 있는 성경은 우주의 연대에 대해 어떤 구체적인 얘기도 하지 않는다. 성경이 젊은 우주연대를 보여준다고 주장하는 것은 성경에 대한 자의적 해석에서 나온 것일 뿐이다. 성경은 6천 년도, 138억 년도 언급하고 있지 않다. 창세기 초반부는 다만 고대 이스라엘 사람들의 우주관을 반영할 뿐이다.[56]

그렇다면 우주의 연대에 대한 옵션은 단 하나뿐이다. 그것은 바로 창조주가 세상 곳곳에 남겨둔 흔적을 연구함으로써 우주의 연대를 발견하는 것이다. 지금까지 우리가 살펴본 것과 같이 하나님의 창조세계를 전문적으로 연구하는 모든 학자들은 우주의 연대가 오래되었다는 데 의견이 일치하고 있다. 거꾸로 말해서 우주가 6천 년 내외라고 주장하는 사람들은 거의 대부분 해당 분야를 전문적으로 연구하는 사람들이 아니다. 하나님이 신실하신 분이라면, 그 분의 창조세계에 남아 있는 흔적을 성실하게 연구한 학자들이 공통적으로 도달한 우주의 연대가 하나님의 실제 창조 시기와 가장 가까운 연대라고 할 수 있을 것이다.

토의와 질문

1. 젊은우주론을 주장하는 사람들 중에는 천문학이나 우주론에서 주장하는 오랜 우주 연대도 일종의 해석이라고 주장하는 사람들이 있다. 이들에 대해 뭐라고 답변할 수 있는가?

2. 태양의 중력붕괴는 젊은우주론의 잘못된 선입견이 어떤 결과를 낳을 수 있는지를 보여주는 대표적인 예라고 할 수 있다. 이 외에도 우주 연대 논의에 있어서 선입견으로 인해 잘못된 증거를 제시하거나 잘못된 해석을 제시한 경우가 있다면 예를 들어보자.

3. 지금까지 저자가 인용한 허블상수나 우주연대는 (최신 데이터조차도) 학자들마다 조금씩 다름을 볼 수 있다. 이것이 과학적 연구의 본성에 대해 말해주는 바는 무엇인가?

제10강

무지한 말로
이치를 가리는 자

"무지한 말로 이치를 가리는 자가 누구니이까? 나는 깨닫지도 못한 일을 말하였고 스스로 알 수도 없고 헤아리기도 어려운 일을 말하였나이다." - 욥기 42:3

지금까지 우주론의 간단한 역사로부터 시작하여 현대 우주론의 주류라고 할 수 있는 대폭발 이론에 대해 살펴보았다. 그리고 대폭발 이론에 근거하여 이루어지고 있는 중요한 몇몇 연구들을 소개하였다. 더불어 대폭발 이론에 대한 복음주의 진영의 논리들을 소개하는 동시에 대폭발 이론에 대해 비판적인 근본주의 진영의 논리들, 특히 창조과학자들의 주장들을 살펴보고, 끝으로 우주의 연대 문제를 살펴보았다.

1. 창조방법과 과학의 한계

이제 우주의 기원, 혹은 우주의 창조에 대한 강의를 마감하면서 우리는 다음 몇 가지 사항을 염두에 두어야 할 것이다.

우선 과학의 범위와 한계를 명확하게 하는 것이 필요하다. 우주론은 학문의 성격상 다른 분야들보다 추론이 많이 들어갈 수밖에 없다. 하지만 그런 추론들은 이성적으로 설명할 수 있는, 다시 말해 과학적으로 가능한 추론이어야 한다. 하나님께서 현재와 같은 우주를 순간적으로 창조하셨다거나 하나님께서 지구를 마그마 바다에서 갑자기 식혔다는 등 우리가 이미 알고 있는 과학의 기본 원리로 설명할 수 없는 것들은 일단 배제해야 한다. 다시 말해 방법론적 자연주의를 받아들이자는 말이다.

물론 이것이 하나님이 기적적인 방법으로 역사하시는 것 자체를 부정하는 것은 아니다. 하나님은 전능하신 분이기 때문에 우리가 흔히 기적이라고 부르는 것들을 얼마든지 일으키실 수 있다. 그러나 하나님은 우리가 이해할 수 있는 방법으로만 역사하시지도 않지만, 그렇다고 우리가 이해할 수 없는 방법으로만 역사하시지도 않는다. 자연과 초자연의 영역이 모두 하나님의 창조의 영역이며, 과학과 기적은 모두 이 세상을 운행하시는 하나님의 방법이다. 문제는 기적으로밖에 설명할 수 없는 것을 구태여 과학의 방법으로 설명하려고 하거나(동정녀 탄생, 부활, 신유 등), 과학으로 얼마든지 설명할 수 있는 것을 구태여 기적인 것처럼 주장하는 것이다.

우주의 창조와 관련하여 살펴보자면, 하나님은 우리가 전혀 과학으로 설명하지 못하는 초자연적인 방법으로 온 우주를 창조하셨을 수 있다. 그렇다면 과학자들은 애초부터 과학으로 설명할 수 없는 그 창조의 방법을 알기 위해 노력할 필요가 없다. 하지만 하나님께서 현대과학으로 설명할 수 있는 방법으로 우주를 창조하셨다면, 그 방법을 찾기 위해 노력하는 것은 하나님을 섬기는 것이다.

그렇다면 하나님은 자연적 방법과 초자연적 방법 중 어떤 방법으로 우주를 창조하셨을까? 이 질문에 대해 우리는 모른다고 말할 수 있다. 성경은 우주의 창조에 대해 구체적인 내용을 말하고 있지 않다. 말할 필요도 없이 성경은 우주의 창조 방법을 설명하기 위해 주어진 책이 아니기 때문이다.

그렇다면 모르기 때문에 우리는 아무것도 하지 말아야 할 것인가? 그렇지 않다. 우리는 하나님께서 어떤 방법으로 우주를 창조하셨는지 모르기 때문에 혹 하나님이 과학적인 방법으로 우주를 창조하셨다면 이런 방법으로 창조하지 않으셨을까 추론할 수 있다. 그리고 그 추론이 맞는지 여부를 알기 위해 다양한 증거와 실험을 할 수 있는 것이다. 이 추론을 과학철학에서 사용하는 용어로 표현하자면, 작업가설(working hypothesis)이라고 부를 수 있다. 작업가설이란 적절한 이론을 만들 것을 기대하면서 연구의 기초로서 잠정적으로 받아들이는 가설을 말한다.[1]

본서에서 소개한 대폭발 이론은 일종의 작업가설이라고 할 수 있다. 만일 하나님께서 우리가 알 수 있는 과학적 방법으로 우주를 창조하셨다면, 현대의 대폭발 이론에서 예측하는 방법으로 창조하셨을 가능성이 높다. 물론 대폭발 이론에도 문제가 많이 남아있고, 아직 해결해야 할 과제들이 많지만, 현재로서는 이보다 더 나은 과학적 작업가설도 없다. 대폭발 이론의 현대적인 틀이 제시된 지난 1950년대 이후 이론과 관측 연구를 통해 대폭발 이론은 점차 더 설득력 있는 작업가설로 다듬어지고 있다.

2. 과학의 이데올로기화

또한 우리는 과학이 이데올로기화되지 않도록 유의해야 한다. 학문을 하는 사람들이 가장 경계해야 하는 태도는 자신의 주장을 절대화하고, 다른 사람들의 주장에 대해 눈을 감는 것이다. 특히 우주론과 같이 직접적인 연구나 실험이 상대적으로 제한되는 분야의 연구일수록 개인의 편견이 게재되기 쉽고, 이데올로기화될 가능성이 높아진다. 개인의 세계관이나 한 시대의 패러다임과 관련된 이데올로기들이 개입될 여지가 많다.

예를 들면 유물론(唯物論)은 모든 과학적 활동을 오염시킬 수 있는 대표적인 이데올로기라고 할 수 있다. 세계의 근본적 실재는 정신이나 관념이 아니라 물질(또는 자연)이라고 주장하는 유물론에서는 모든 정신 현상도 물질의 작용이나 그 산물이라고 이해한다. 하지만 그런 주장은 전혀 증명된 것이 아니며, 그에 반하는 많은 증거들이 있다. 그럼에도 불구하고 물질의 세계를 다루는 과학의 영역에서는 자칫 유물론이 과학으로 변장해서 사람들을 혼동시킬 수 있다. 과학은 물질세계만을 주로 다루지만 우주는 물질로만 이루어진 것이 아니다. 따라서 과학적 활동은 우주의 실재들의 일부만을 반영하는 것일 뿐이다.

또한 과학주의도 과학적 활동을 오염시킬 수 있는 주요한 이데올로기로서, 이는 과학적 방법만이 진리를 추구하는 유일한 방법이며, 과학적 세계관이나 과학적 지식만이 우주에 대한 바른 이해라고 주장하는 것이다. 하지만 과학적 방법은 반성의 여지가 없는 무생물이나 물질적 세계를 연구할 때 훌륭한 방법이기는 하지만, 모든 연구방법이 과학적 방법으로 환원되어서는 안 되며, 그렇게 될 수도 없다. 각 학문의 분야마다 나름대로의 연구방법이 있고, 나름대로 진리에 이르는 길이 있음을 알아야 한다.

지난 반세기 동안의 창조론 논쟁을 살펴볼 때, 과학적 논쟁에 개입된 이데올로기적 오염들을 쉽게 볼 수 있다. 도킨스(Richard Dawkins)와 같은 진화론자들은 물론 창조론자들 중에서도 그런 경우를 볼 수 있다. 특히 창조과학의 경우에는 성경의 무오교리를 잘못 해석해서 마치 성경이 과학책인 것처럼, 창세기가 현대 지질학이나 천문학, 우주론의 교과서인 것처럼 착각하는 것을 볼 수 있다. 성경의 권위가 과학적 증명에 기초하고 있는 것처럼 주장하는 것은 과학주의라는 이데올로기에 함몰된 증거라고 할 수 있다. 성경 본문에 대해 현대과학적 설명을 해서는 안 된다는 것을 주장하면서 위튼대학 구약학 교수인 왈톤(John H. Walton)은 이렇게 말한다.

> 문제는 우리가 그들[고대 이스라엘 사람들]의 우주론을 우리들의 우주론으로 번역할 수 없고, 해서도 안 된다는 것이다. … 만일 우리가 그것을 현대 우주론으로 전환시키려 한다면, 텍스트가 결코 말하지 않았던 어떤 것을 말하게 만들고 있는 것이다. 그것은 단순히 의미를 추가하는 사례가 아니라(더 많은 정보가 가능하게 되므로) 의미를 변경하는 사례이다.[2]

왈톤은 고대 이스라엘 사람들은 우주에 대한 '과학적' 이해를 갱

신하거나 수정하도록 어떤 계시도 받지 않았음을 분명히 하면서 현대 독자들이 성경 본문이 결코 의도하지 않았던 어떤 것으로 의미를 변경시켜서는 안 된다고 경고한다.[3] 그는 성경 전체를 통틀어 하나님은 고대 이스라엘의 문화나 과학, 세상에 대한 상식 이상으로 과학을 계시한 예가 한 군데도 없다고 지적하면서, 성경의 메시지는 그 배경 문화를 초월하지만 메시지가 박혀 있는 형태는 고대 문화에 완전히 물든 것이라고 말한다. 그는 "이것이 하나님의 계획인데, 우리는 위험을 무릅쓰고 그것을 무시한다."고 말한다. 오늘날의 과학으로 성경을 해석하는 것은 하나님이 전혀 의도하지 않았던 것이며, 성경 본문을 왜곡하는 것이라는 왈톤의 지적은 성경을 현대 과학의 교과서라고 주장하는 창조과학자들에게 주는 시사점이 크다.[4]

현대 과학의 많은 연구들과 같이 우주론 역시 다양한 영역의 연구들이 간학문적으로(interdisciplinary) 협력하여 진행되고 있다. 이러한 연구들을 보면서 우리는 그런 연구들이 다양한 이데올로기들에 의해 오염되지 않도록 극히 유의해야 한다. 하지만 동시에 "모든 진리는 하나님의 진리"이며, 칼빈(John Calvin, 1509-1564)의 주장처럼 "모든 진리는 하나님으로부터 나온다."는 점도 염두에 두어야 한다.[5]

이러한 진리에 대한 하나님 중심의 관점은 네덜란드 개혁주의 조직신학자 바빙크(Herman Bavinck)에 의해서도 되풀이되고 있다. "그분은 절대적 완전함에 있어서 진리다. 그러므로 그 분은 일차적이고 원천적인 진리이고 진리의 근원이고 모든 진리의 진리다. … 하나님은 모든 삶의 영역에서 진리의 지식의 원천이자 기원이다."[6]

무슨 말인가? 비록 불신자들이 발견한 진리라 할지라도, 아무런 종교적인 냄새가 나지 않는 영역에서 발견한 진리라 할지라도 우리는 그 진리의 주인은 하나님이심을 유념해야 한다. 성경과 직접적인 연관성이 드러나지 않는 연구라고 해도 하나님이 만드신 피조세계를 바르게 관리하고 이웃의 복리를 증진시킬 수 있는 연구라면 하나님을 기쁘시게 하는 연구임을 기억해야 한다. 우리는 인간의 작은 틀 속에 하나님을 제한하고 진리를 사유화(私有化)하는 오류를 범하지 말아야 한다.

3. 욥의 회개, 우리의 회개

본서를 마감하면서 우리는 욥기서 마지막 장에서 욥이 여호와께 고백한 회개의 기도를 살펴볼 필요가 있다. 일단 욥기서가 언제 기록되었는지, 욥기의 저자가 누군지 등 성서비평학의 이슈들은 제쳐두자. 욥이 어떤 인물인지는 확실하지 않지만, 욥기서 전체에 나타난 내용으로 미루어 적어도 욥은 인간의 고난 문제에 매우 예민하고, 여호와 하나님에 대한 믿음이 분명한 사람으로 보인다. 또한 욥기서가 세계 문학의 걸작 중 걸작으로 평가되고 있다는 점에서 욥은 대단한 문학성을 가진 자이고, 동시에 당대의 뛰어난 지성인이었을 것이다.

욥은 인생의 가장 밝은 곳과 가장 어두운 곳을 오가는 삶을 살았다. 특히 그는 극한의 고난 가운데서도 하나님을 원망하기보다 하나님께서 자기 고난을 대신 말해주시고, 중재해 주시기를 원했다. 하지만 하나님은 욥이 기대했던 것과는 전혀 다르게 인간이 당하는 고난에 대해서 설명하지 않으시고, 오히려 욥에게 많은 질문을 던지셨다. 하나님은 욥에게 자신이 창조하신 만물의 이치에 대해서 70개가 넘는 질문을 던지셨다. 그 질문에는 하늘의 별자리에서 땅의 진토에 이르기까지, 인간의 삶으로부터 짐승과 새에 이르기까지 다양한 주제가 포함되었다. 하지만 대단한 문학가요 당대의 지성이었던 욥조차 그 같은 하나님의 질문에 단 하나도 대답하지 못했다.

그러면 왜 하나님은 욥이 고난에 대해 질문하는 것에 대해 대답해 주시지 않았을까? 이는 인간의 할 일은 하나님의 섭리를 신뢰하는 것이지, 하나님이 인간에게 자신의 일들을 보고할 필요는 없다는 의미이다. 사실 욥은 하나님이 제기하신 질문에 대해 하나도 대답할 수 없다는 사실로부터 자신이 하나님과 변론할 힘이 없음을 깨닫게 되었다. 하지만 욥은 하나님의 질문에 대답하지는 못했지만, 하나님을 대면할 수 있었고, 이를 통해 욥은 다시 힘을 회복할 수 있었다. 동서고금을 막론하고 모든 사람들의 삶은 욥의 인생 스펙트럼 속에 포함된다고 할 수 있다. 그 다양한 인생 스펙트럼을 소개하면서 욥기 저자는 주권적으로 역사하시는 하나님을 소개하고 전능하신 하나님을 찬양하고 있다.

그러면 왜 하나님은 욥에게 숨 쉴 틈도 주지 않으시고 이렇게 많은 질문을 던지셨을까? 이는 욥의 대답을 듣고자 함이 아니라 하나님이 온 세상의 운행에 대해 얼마나 세밀한 관심과 계획을 가지고 계시는가를 가르쳐 주기 위함이었다. 그리고 이것은 만물에 대해 이렇게 세밀한 관심과 계획을 가지신 하나님이라면, 어찌 사람과 그의 인생에 대해 관심을 갖지 않으시겠는가 하는 것을 간접적으로 표현하는 것이었다. 그러므로 인간은 단지 하나님이 하시는 일에 대해서 신뢰하고 따르기만 하면 된다. 인간이 하나님을 경배하는 것은 하나님의 모든 섭리와 뜻을 알 수 있기 때문이 아니라 하나님의 신실하심을 믿고 신뢰하기 때문이다.

욥이 하나님께 던졌던 질문과 하나님이 욥에게 던졌던 질문, 그리고 욥기서 마지막 장에서 욥의 회개의 기도는 우주론에 대한 긴 논쟁을 마감하기에 적절한 말씀으로 생각된다.

"욥이 여호와께 대답하여 이르되, 주께서는 못 하실 일이 없사오며 무슨 계획이든지 못 이루실 것이 없는 줄 아오니 무지한 말로 이치를 가리는 자가 누구니이까? 나는 깨닫지도 못한 일을 말하였고 스스로 알 수도 없고 헤아리기도 어려운 일을 말하였나이다. 내가 말하겠사오니 주는 들으시고 내가 주께 묻겠사오니 주여 내게 알게 하옵소서. 내가 주께 대하여 귀로 듣기만 하였사오나 이제는 눈으로 주를 뵈옵나이다. 그러므로 내가 스스로 거두어들이고 티끌과 재 가운데에서 회개하나이다."(욥 42:1-6)

우주론과 관련된 논의를 마치면서 우리도 모두 전능하신 하나님 앞에서 '무지한 말로 이치를 가리는 자'가 되지 말자. 이제는 깨닫지도, 알 수도, 헤아리기도 어려운 것을 말하는 것을 그치고 "주여, 내게 알게 하옵소서."라고 겸손히 무릎을 꿇자. 그럴 때 우리는 귀로만 들어왔던 하나님을 눈으로 뵙게 될 것이다!

토의와 질문

1. 저자는 우리가 과학의 시대에 살지만 과학적 방법을 적용할 수 있는 영역과 그렇지 않은 초자연적, 혹은 기적의 영역을 구분할 것을 요청하고 있다. 이러한 구분이 가져올 수 있는 유익과 위험성을 말해 보자.

2. 본 강에서는 과학연구를 오염시킬 수 대표적인 이데올로기로 유물론과 무신론, 과학주의를 들고 있다. 혹 그 외 과학연구를 오염시킬 수 있는 이데올로기들이 있다면 말해보자.

주

시리즈 서문

1. 엄밀한 의미에서 우주론(Cosmology)은 우주의 구조에 대한 연구를 말하고, 우주의 역사에 대한 연구는 우주생성론(Cosmogony)이라고 부른다. 이 두 연구 분야는 상당 부분 중첩되기는 하지만, 엄밀한 의미에서는 구분된다. 하지만 본서에서는 특별히 구별해야 할 필요가 있는 경우를 제외하고는, 이 두 용어를 구분하지 않고 대부분 우주론이라는 말로 통일해서 사용하려한다.

제1강 우주론의 역사

1. "FlammarionWoodcut" by Anonymous - Camille Flammarion, L'Atmosphere: *Météorologie Populaire* (Paris, 1888), 163.

2. 고대로부터 알려진 황도대 12궁(宮)은 다음과 같다. Aries(백양), Taurus(황소), Gemini(쌍둥이), Cancer(큰게), Leo(사자), Virgo(처녀), Libra(천칭(天秤)), Scorpio(전갈), Sagittarius(궁수), Capricorn(염소), Aquarius(물병), Pisces(물고기).

3. 플라톤이 지은 철학적 대화편(기원전 360년경)으로서 플라톤의 우주창조론이 실려 있으며, Socrates, Timaeus of Locri, Hermocrates, Critias 등이 대화에 등장한다.

4. "Timaeus trans calcidius med manuscript" by Calcidius - ibiblio.org (Reg. lat. 1308 fols. 21 verso - 22 recto).

5. N. Max Wildiers, *The Theologian and His Universe* (New York: Seabury Press, 1982).

6. 유사 디오니시우스는 500-600년경에 살았으며, 저작은 532년 이전에 기록된 것으로 본다. 그는 시리아인으로 추정되는데, 그의 저작은 *Corpus Areopagiticum* 혹은 *Corpus Dionysiacum*이라 부른다.

7. John Byl, *God and Cosmos: A Christian View on Time, Space, and the Universe*

(Edinburgh, UK: The Banner of Truth Trust, 2001), 22.

8. https://ko.wikipedia.org/wiki.

9. C.S. Lewis, *The Discarded Image* (Cambridge: The University Press, 1964), 140. Byl, *God and Cosmos*, 24에서 재인용.

10. Byl, *God and Cosmos*, 24.

11. Herbert Butterfield, *The Origins of Modern Science, 1300-1800* (1949) - 한국어판: 차하순 역,『근대과학의 기원-1300년부터 1800년에 이르기까지』(탐구당, 1980).

12. Nicolaus Copernicus, *De revolutionibus orbium coelestium* (1543.5.24.) - 한국어판: 민영기, 최영재 공역,『천체의 회전에 관하여』(한국과학문화재단 시리즈, 1998). 한국어판에서 책 제목을 "천체의 회전에 관하여"라고 번역한 것은 오역이며, "천구의 회전에 관하여"라고 번역되었어야 한다. 많은 과학사가들이 코페르니쿠스를 근대 천문학의 시조로 보는 것을 주저하는 가장 큰 이유는, 그가 천구 개념을 벗어나지 못했기 때문이라고 본다. 그는 천체가 움직이는 것이 아니라 아리스토텔레스나 프톨레마이오스와 같이 여전히 천구가 회전한다고 보았다.

13. Isaac Newton, *Philosophiae Naturalis Principia Mathematica* (자연철학의 수학적 원리) (1687).

14. "Galileo Galilei" and "Galileo Telescope" in Wikipedia (2015.12.13).

15. Arthur Koestler, *The Sleepwalkers* (Harmondsworth: Penguin Books, 1968), 454.

16. 갈릴레오는 조수간만의 차이도 지구자전의 증거로 제시했지만, 현대과학의 입장에서 보면, 이는 명백히 틀린 증거였다. 조수의 차이는 달과 태양, 그리고 지구의 중력적 상호작용 때문에 생기며, 지구의 자전과는 별 관계가 없다.

17. Koestler, *The Sleepwalkers*, 462. Byl, *God and Cosmos*, 29에서 재인용.

18. Byl, *God and Cosmos*, 42-44.

19. Edgar Allan Poe, *Eureka-A Prose Poem* (1848). http://xroads.virginia.edu/~hyper/poe/eureka.html에 이 글의 전문이 게재되어 있다(2015.7.1.).

20. '상상의 승리'라는 말은 『상상의 승리-기독교 문학 입문서』(*Triumphs of the Imagination: Literature in Christian Perspective*)(1979)라는 Leland Ryken의 저서 이름이다. Ryken은 일리노이주 위튼대학 영문학 교수이다.

제2강 우주의 신비

1. Albert Einstein: "The eternal mystery of the world is its comprehensibility … the fact that it is comprehensible is a miracle." is usually quoted as 'The most incomprehensible fact about the universe is that it is comprehensible' in "Physics and Reality," *Franklin Institute Journal* (1936.3.).

2. John N. Moore, *How to Teach Origins (Without ACLU Interference)* (Milford, MI: Mott Media, 1983), 61에 실린 것을 수정하였다.

3. 2006년 8월 24일, 체코 프라하에서 열린 국제천문연맹(International Astronomical Union) 회의에 모인 424명의 과학자들은 직경 1,160km의 명왕성(Pluto)이 행성이 아니라고 최종적으로 결정하였다. 이로 인해 1930년 1월, 미국 애리조나 로웰천문대(Lowell Observatory)의 톰보(Clyde Tombaugh, 1906-1997)가 마지막 행성으로서 명왕성을 발견하여 9개의 행성을 가졌던 태양계가 이제는 8개의 행성을 가지게 되었다. 일리노이 태생의 유니테리언(Unitarian-Universalist) 신자인 클라이드 톰보는 명왕성 이외에도 여러 개의 태양계 왜행성을 발견하였다.

4. http://www.esa.int/Our_Activities/Space_Science/Rosetta (accessed on 2014.11.12.).

5. AU(Astronomical Unit): 천문단위. 1천문단위는 지구와 태양의 거리, 즉 1억 5천만km를 말한다.

6. "Earth's Location in the Universe (JPEG)" by Andrew Z. Colvin - Own work. Licensed under CC BY-SA 3.0 via Commons - PDF 참조할 것 - https://commons.wikimedia.org/wiki/File:Earth%27s_Location_in_the_Universe_(JPEG).jpg#/media/File:Earth%27s_Location_in_the_Universe_(JPEG).jpg.

7. 우주의 상대적 크기를 10배 단위로(43단계로 나누어) 묘사한 고전적인 단편 다큐멘터리 영화로는 1968년(1977년에 다시 출시)에 Charles and Ray

Eames 부부가 제작한 〈Power of Tens〉가 있다. cf. 〈Power of Tens〉의 아이디어에 기초하여 좀 더 현대적으로 설명한 것으로는 Univ. of California-Berkeley 천문학 교수 Alex Filippenko의 "Scale Models of the Universe," *Understanding the Universe: An Introduction to Astronomy* 2nd edition (The Teaching Company, 2007), Lecture 18을 보라.

8. 허블(Edwin Powell Hubble, 1889-1953): 미국의 천문학자. 1929년 은하들의 스펙트럼선에 나타나는 적색편이(red shift)를 도플러효과에 의해 후퇴하는 속도라 해석하고, 후퇴속도가 은하의 거리에 비례한다는 '허블법칙'을 발견하여 우주팽창설에 대한 기초를 세웠다.

9. 메시에 목록(Messier catalogue): 프랑스 천문학자 메시에(Charles Messier, 1730-1817)에 의해 1771년까지 작성된 혜성과 혼동하기 쉬운 성운, 성단의 목록이다. 메시에에 의해서 103번까지 작성되었으나, 후에 110번까지 확장되었다. M1, M51과 같이 숫자 앞에 대문자 'M'을 표기하여 구분한다.

10. "On the Means of Discovering the Distance, Magnitude, of the Fixed Stars, in Consequence of the Diminution of the Velocity of Their Light, in Case Such a Diminution Should be Found to Take Place in any of Them, and Such Other Data Should be Procured from Observations, as Would be Farther Necessary for That Purpose." - John Michell, *Philosophical Transactions of the Royal Society* 74 (0), 35 – 57 (1784).

11. Kip S. Thorne, *Black Holes and Time Warps* (Norton, W. W. & Company, 1994), 123-4.

12. 하지만 흥미롭게도 블랙홀의 이론적 가능성을 제기한 아인슈타인 자신은 블랙홀은 실재하지 않을 것이라고 생각했다. 그런데 일방상대성이론이 발표된 지 불과 수개월 후에 아인슈타인의 장방정식(Einstein Field Equation)은 슈바르츠쉴트(Karl Schwarzschild, 1873-1916), 드로스테(Johannes Droste) 등에 의해 풀렸으며, 이들은 빛조차 탈출할 수 없는 무한 중력의 천체, 즉 블랙홀의 존재를 이론적으로 예측했다.

13. 사건 지평선의 반경은 다른 말로 슈바르츠쉴트 반경(Schwarzschild radius)이라고도 하며, 태양의 질량을 M_{sun}, 항성의 질량을 M_{star} 라고 하면, 슈바르츠쉴트 반경은 대략 $2.95 \times (M_{star}/M_{sun})$km로 주어진다. 본문에서는 블랙홀의 반경이 아니라 직경을 표기했기 때문에 슈바르츠쉴트 반경에 2를 곱하면 된다.

14. 은하계 중심부의 초거대 블랙홀에 대해서는 많은 논문이 발표되어 있다. cf. R. Schödel1, et al, "A star in a 15.2-year orbit around the supermassive black hole at the centre of the Milky Way," *Nature* 419, 694-696 (2002).

15. Scott A. Hughes, *Astronomy*, 62 (2009.1.).

16. 예를 들면 Ghez가 발표한 다음과 같은 몇몇 논문들을 참고하라: Andrea M. Ghez, "Proving the Galactic Black Hole and Its Environment with the Orbits of Stars Experiencing Their Closest Approaches," *Proceedings of 4th Cologne-Bonn-Zermatt-Symposium: The Dense Intellar Medium in Galaxies* (Zermatt, Switzerland: 2004); Andrea M. Ghez, S. Salim, S.D. Hornstein, A. Tanner, M. Morris, E.E. Becklin, G. Duchene, "Stellar Orbits around the Galactic Center Black Hole," *The Astrophysics Journal* 620 (2005), 744; Andrea M. Ghez, "Massive Young Stars in the Vicinity of Our Galaxie's Supermassive Black Hole: A Paradox of Youth," *Massive Stars in Interacting Binaries* ed. by T. Moffat (ASP Conference Series, 2005).

제3강 팽창하는 우주

1. 프리드만(Alexander Alexandrovich Friedmann, 1888-1925): 러시아 생 페테르부르크(Saint Petersburg) 출신의 우주론자이자 수학자; 르매트르 (Monsignor Georges Henri Joseph Édouard Lemaître, 1894-1966): 벨기에의 로마 가톨릭 사제이자 루뱅 가톨릭대학(Catholic University of Louvain)의 물리학 및 천문학교수; 슬라이퍼(Vesto Melvin Slipher, 1875–1969): 미국 인디애나 출신의 천문학자; 허블(Edwin Powell Hubble, 1889–1953): 미국 천문학자. 우리 은하 이 외의 은하가 존재한다는 것을 처음으로 발견했으며, 천체로부터 오는 빛의 도플러 효과로부터 우주가 팽창한다는 것을 증명하였다.

2. 도플러(Christian Andreas Doppler, 1803–1853): 오스트리아 수학자이자 물리학자. 파원(波源)과 관측자의 상대적인 속도에 따라 파의 진동수(파장)가 변한다는 도플러 효과를 발견했다.

3. http://physics.weber.edu/carroll/expand/redshift.htm.

4. 1nm: 1 나노미터(nanometer)는 10^{-9}m에 해당한다.

5. Scott Dodelson, "Seeing the Red Limit," *Astronomy* (May 2007), 40-43.

6. F. Zwicky, "On the Red Shift of Spectral Lines through Interstellar Space," *Proc. Natl. Acad. Sci.* 15, 773-779 (1929).

7. G. Goldhaber, "Timescale Stretch Parameterization of Type Ia SupernovaB-Band Light Curves," *The Astrophysical Journal* 558 (1), 359-368 (2001); E.L. Wright, *Errors in Tired Light Cosmology*; P.J.E. Peebles, "The Standard Cosmological Model," in *Rencontres de Physique de la Vallee d'Aosta* (1998) ed. M. Greco, 7; Charles Seife (28 June 2001). "'Tired-Light' Hypothesis Gets Re-Tired," *ScienceNow* (retrieved 2011-10-20). "Measurements of the cosmic microwave background put the theory firmly on the fringe of physics 30 years ago; still, scientists sought more direct proofs of the expansion of the cosmos".

8. Timothy Ferris, *Coming of Age in the Milky Way* (New York: William Morrow, 1988), 206-7.

9. 미국 위스콘신 주 윌리엄스 베이에 있는 여키스천문대는 1897년 시카고대학 천문학과 교수로 취임한 헤일(George Ellery Hale)이 시카고 부호 여키스(C.T. Yerkes)를 설득하여 창설되었다. 여키스는 당시 세계 최대인 구경(口徑) 102cm의 굴절망원경을 갖춘 천문대 창설을 후원하였고, 천문대는 여키스의 이름을 붙여 부르게 되었다. 후에 헤일은 보다 큰 망원경이 필요함을 역설하여 1904년 카네기재단의 도움을 얻어 윌슨산천문대를 세우고 초대대장이 되었으며, 1928년에는 록펠러재단을 설득하여 팔로마산천문대를 창설하고, 지름 508cm 반사망원경을 제작하기 시작하였다. 이 망원경은 제2차 세계대전의 발발로 그가 죽은 후인 1948년에야 완성되었다.

10. 현재 팔로마산천문대는 카네기재단과 캘리포니아공과대학이 공동 운영하며, 이웃 윌슨산천문대와 더불어 헤일천문대(Hale Observatory)라고 부른다. 아직까지 세계에서 가장 큰 반사망원경의 하나를 갖고 있는 팔로마산천문대에는 지름 508cm의 반사망원경과 122cm 및 46cm의 2대의 슈미트카메라를 갖추고 있다.

11. Ferris, *Coming of Age in the Milky Way*, 208-9.

12. 퀘이사(quasar)는 발견 당시에 은하처럼 넓게 퍼져 보이는 천체가 아니

라 별과 같은 점광원으로 보였기 때문에, '항성과 비슷하다'는 뜻에서 준성(準星, Quasi-stellar Object) 또는 준성전파원(準星電波源, Quasi-stellar Radio Source)이라고 불렀다. 하지만 퀘이사는 전파뿐 아니라 거의 모든 전자기파 대역에서 매우 강한 에너지를 내기 때문에 현재는 그냥 퀘이사라고 한다.

13. $z=1,089$라는 적색변이 값은 Charles L. Bennett, "Cosmology from start to finish," *Nature* vol.440 (27 April 2006), 1126-1131을 보라. In 2009, Hinshaw(2009)는 http://adsabs.harvard.edu/abs/2009ApJS에 실린 초록에서 $z=1,090.88$라는 값을 제시했다.

14. Sloan Digital Sky Survey(SDSS): 전체 하늘의 1/4 이상에 걸쳐 2,000만 개의 천체들의 이미지를 만드는 천문학 프로젝트 이름으로서 아직도 분석이 진행되고 있다.

15. Dodelson, "Seeing the Red Limit," *Astronomy* (May 2007), 43.

16. Chris J. Willott, Philippe Delorme, Alain Omont, Jacqueline Bergeron, Xavier Delfosse, Thierry Forveille, Loic Albert, Celine Reyle, Gary J. Hill, Michael Gully-Santiago, Phillip Vinten, David Crampton, John B. Hutchings, David Schade, Luc Simard, Marcin Sawicki, Alexandre Beelen, Pierre Cox, "Four quasars above redshift 6 discovered by the Canada-France High-z Quasar Survey," *Astron. Journal* 134, 2435-2450 (2007). cf. arXiv:0706.0914 [astro-ph].

17. John D. Barrow, *The Origin of the Universe* (New York: Brockman, 1994) - 한국어판: 최승언, 이은아 역, 『우주의 기원』(동아출판사, 1995), 22-3.

18. G. Lemaître, "Un Univers homogène de masse constante et de rayon croissant rendant compte de la vitesse radiale des nébuleuses extra-galactiques," *Annales de la Société Scientifique de Bruxelles* (in French) 47, 49 (April 1927).

19. Barrow, 『우주의 기원』, 25-6.

20. Barrow, 『우주의 기원』, 25.

21. 예를 들면 Jason Lisle, "Big Problems with the Big Bang" Answers Academy DVD 강의 (Hebron, KY: Answers in Genesis, 2005); Danny Faulkner, "Creation & Cosmology" DVD 강의 (Hebron, KY: Answers in

Genesis).

22. Gérard Henri de Vaucouleurs (1918-1995): 프랑스 태생의 천문학자. 소르본느 대학을 졸업한 후 영국, 호주, 미국 등에서 연구하였으며, 텍사스대학(Austin) 교수를 역임했다.

23. 시차를 이용한 거리측정에 관해서 가장 탁월한 책으로는 Alan W. Hirschfeld, *Parallax: The Race to Measure the Cosmos* (W.H. Freeman, 2001)을 보라.

24. E. Hog, C. Fabricius, V.V. Makarov, S. Urban, T. Corbin, G. Wycoff, P. Schwekendiek, A. Wicenec, "The Tycho-2 Catalogue of the 2.5 million brightest stars," *Astronomy & Astrophysics* v.355, L27-L30.

25. 예를 들어 2010년 탈콧(Richard Talcott)은 허블상수가 70.6km/sec/Mpc라고 보고하였다: Richard Talcott, "Answering an Age-old Question," *Astronomy* (2010.7.), 19.

26. 2013년 플랑크 팀(Planck Collaboration)은 허블상수가 67.80 ± 0.77km/sec/Mpc라고 보고하였다: Planck Collaboration, "Planck 2013 results. XVI. Cosmological parameters," arXiv:1303.5076.

27. *Proc. Natl. Acad. Sci.* 112 (11), 3173-3175 (2015).

28. 은하단 내에 있는 은하들은 다른 은하들의 중력에 속박된 채 움직이기 때문에 특이한 운동 상태를 보여준다. 하지만 이러한 중력에 의한 특이 운동의 요소를 제거하면 은하들은 허블법칙에서 예측한 것과 같은 속도로 팽창한다.

제4강 대폭발 이론과 우주의 창조

1. George Lemaître, quoted in *The New York Times Magazine*, February 19, 1933.

2. "솔베이 물리학회"(Solvay Conferences, Conseils Solvay): 벨기에 실업가 솔베이(Ernest Solvay)가 당시 최고의 물리학자들만 한정적으로 초청하여 당면한 물리학의 문제들을 토의하게 한 첫 국제 물리학회. 1911년 가을에 개최된 첫 "솔베이 물리학회"는 네덜란드의 로렌츠(Hendrik A. Lorentz)가 의장을 맡았으며, 가장 유명한 "솔베이 물리학회"는 1927년 10월에 모인 제5회 모임이었다. 바로 이 모임에서 아인슈타인은 르매트르의 논문을 읽고 조언했다.

3. "Vos calculs sont corrects, mais votre physique est abominable"(Your calculations are correct, but your physics is abominable). 이것은 Andre Deprit, *Monsignor Georges Lemaître* in Berger, 1985, 370에서 인용한 것이다.

4. 원문을 소개하면 "In the beginning of everything we had fireworks of unimaginable beauty. Then there was the explosion followed by the filling of the heavens with smoke. We come too late to do more than visualize the splendor of creation's birthday." *Los Angeles Times*, January 12, 1933; Ferris, *Coming of Age in the Milky Way*, 212에서 재인용.

5. "the most beautiful and satisfying interpretation I have listened to," *The New York Times*, January 12, 1933; *Los Angeles Times*, January 12, 1933. Ferris, *Coming of Age in the Milky Way*, 212에서 재인용.

6. Moore, *How to Teach Origins (Without ACLU Interference)*, 123에 실린 것을 수정.

7. Ferris, *Coming of Age in the Milky Way*, 211.

8. George Gamow, *Mr. Tompkins in Wonderland* (1940). 본서는 원래 1938년, 영국 *Discovery* 매거진을 통해 연재되었던 내용이었다.

9. 본서에서는 주관심사가 아니기 때문에 자세한 설명을 할 수 없지만, 여기 등장하는 현대물리학의 기본개념들은 대부분 학부 수준의 현대물리학 교재들이 잘 소개하고 있다.

10. R.A. Alpher, H. Bethe, G. Gamow, "The Origin of Chemical Elements," *Physical Review* 73 (7), 803–804 (April 1, 1948). 흥미롭게도 오랜 시간이 지난 후에 베테는 이 논문이 헬륨 핵의 충돌단면적이 작아서 더 이상의 핵융합은 일어나지 않는다는 사실을 고려하지 않았기 때문에 정확하지 않다고 했다. 사실 헬륨보다 계속 더 무거운 원소로 핵융합이 일어나려면, 헬륨 핵의 충돌단면적이 커서 다른 핵들과 반응할 수 있어야 한다. - 2004 BBC와의 Bethe 인터뷰를 http://en.wikipedia.org/wiki/George_Gamow#cite_ref-23에서 재인용.

11. "Cosmic microwave background" or "Discovery of cosmic microwave background radiation" in Wikipedia (2014.10.5.).

12. Stephen G. Brush, "How Cosmology Became a Science," *Scientific American* 267 (2), 62–60 (August 1992).

13. H. Kragh, *Cosmology and Controversy: The Historical Development of Two Theories of the Universe*(1999). 또한 R.H. Dicke, et al., "Atmospheric Absorption Measurements with a Microwave Radiometer," *Physical Review* 70 (5–6), 340–348 (1946)을 보라.

14. George Gamow, *Cosmology and Controversy: The Historical Development of Two Theories of the Universe* (Courier Dover Publications, 2004), 40. 원 논문은 1961년에 발표하였다.

15. H. Kragh, *Cosmology and Controversy: The Historical Development of Two Theories of the Universe* (1999), 132.

16. G. Gamow, *Kongelige Danske Videnskabernes Selskab*, 39 (1953); H. Kragh, *Cosmology and Controversy: The Historical Development of Two Theories of the Universe* (1999).

17. A.G. Doroshkevich and I.D. Novikov, "Mean Density of Radiation in the Metagalaxy and Certain Problems in Relativistic Cosmology," *Soviet Physics Doklady* 9 (23), 4292 (1964).

18. 이 발견은 학술지를 통해 그 다음해인 1965년에 발표되었다: Arno A. Penzias and Robert W. Wilson, "A Measurement Of Excess Antenna Temperature At 4080 Mc/s," *Astrophysical Journal Letters* 142, 419–421 (July 1965); Arno A. Penzias and Robert W. Wilson, "A Measurement of the Flux Density of CAS A At 4080 Mc/s," *Astrophysical Journal Letters* 142, 1149–1154 (October 1965).

19. 흑체(黑體, 영어: black body, 독일어: Schwarzer Körper)란 진동수와 입사각에 관계없이 입사하는 모든 전자기 복사를 흡수하는 이상적인 물체를 말한다. 흑체복사란 열평형 상태에 있는(즉, 온도가 일정한) 흑체가 방출하는 전자기 복사를 말한다. 흑체복사는 물체의 모양이나 구성요소가 아닌, 흑체의 온도에 의해서만 결정되는 스펙트럼을 갖고 있다.

20. Barrow, 『우주의 기원』, 35.

21. R.A. Sunyaev and Ya. B. Zel'dovich, "Small-Scale Fluctuations of Relic Radiation," *Astrophysics and Space Science* 7, 3 (1970); R.A. Sunyaev and Ya. B Zel'dovich, "Microwave background radiation as a probe of the

contemporary structure and history of the universe," *Annual review of astronomy and astrophysics*, 18 (1), 537-560 (1980).

22. Barrow, 『우주의 기원』, 37.

23. Moore, *How to Teach Origins (Without ACLU Interference)*, 123에 실린 것을 수정.

24. "In the beginning there was nothing. It was a nothing so profound. It defies human comprehension. A long, long time ago, there was no matter, and no radiation. More importantly space did not exist; time did not flow. Our story begins 'once upon a time' - when there was no space, and there was no time, from nothing a tiny speck of brilliant light appeared. It was almost infinitely hot. Inside the fireball was all space. With the creation of space came the birth of time. The energy in the fireball was so concentrated that matter spontaneously started to appear: 'a distant ancestor of the matter that would later become the building blocks of stars, planets and galaxies. The infant universe hit the ground running. As soon as the fireball appeared, it started expanding - not into anything, but throughout, because the Universe was, and is, everything, everywhere'" from Heather Cooper and Nigel Henbest, *Big Bang: The Story of the Universe* (DK Publishing, 1997) 1st American edition, 8-10.

25. John Boslough, *Masters of Time-Cosmology at the End of Innocence* (New York: Addison-Wesley Publishing Company, 1992), 56.

26. Boslough, *Masters of Time-Cosmology at the End of Innocence*, 223. NASA의 매더 (John Mather)에 의하면, 그는 우주배경복사의 요동(주름)이 발견된 후 지금은 대폭발 이론을 비판하지 않는다 - Heeren, *Show Me God*, 222에서 재인용.

27. 휴 로스가 쓴 대중적인 저술로는 다음과 같은 책들이 있다. Hugh Ross, *Genesis One: A Scientific Perspective* (Sierra Madre, CA: Wiseman Productions, 1983); *The Fingerprint of God*, 2nd ed. (Orange, CA: Promise Publishing, 1991); *Creation and Time* (Colorado Springs, CO: NavPress, 1994); *The Creator and the Cosmos*, 2nd ed. (Colorado Springs, CO: NavPress, 1995); *Beyond the Cosmos*, 2nd ed. (Colorado Springs, CO: NavPress, 1999); *The Genesis Question* (Colorado Springs, CO: NavPress, 1998). 대폭발 이론에 대한 로스의 입장을 가장 잘 정리한 글로는 휴 로스가 대표로 있는 Reasons

to Believe의 홈페이지에 실린 Hugh Ross, "A Beginner's-and Expert's-Guide to the Big Bang: Sifting Facts from Fictions" (2000)를 보라.

28. Danny Faulkner, "The dubious apologetics of Hugh Ross," *Technical Journal* (now *Journal of Creation*) 13(2), 52–60 (November 1999). cf. Danny Faulkner, *Creation & Cosmology*, DVD (Hebron, KY: Answers in Genesis); Jason Lisle, *Big Problems with the Big Bang*, DVD (Hebron, KY: Answers in Genesis, 2005).

제5강 대폭발 이론의 문제들

1. http://www.seehint.com/hint.asp?md=402&no=12892에 소개된 예이다 (Accessed on Dec. 7, 2015).

2. "What is the Ultimate Fate of the Universe?" in http://map.gsfc.nasa.gov/universe/uni_fate.html (Retrieved on Dec. 10, 2015).

3. 플랑크 시간(Planck time)이란 플랑크 단위로 알려진 시간 단위로, 광자가 빛의 속도로 플랑크 길이를 지나간 시간을 말하며, 물리적으로 의미가 있는 측정할 수 있는 최소의 시간단위로서 $(5.39106 \pm 0.00032) \times 10^{-44}$ 초이다. cf. Peter J. Mohr, Barry N. Taylor and David B. Newell, "CODATA Recommended Values of the Fundamental Physical Constants: 2010," *Reviews of Modern Physics* 84 (4), 1527–1605 (2010.1.13).

4. 쿼크(quark): 물질을 이루는 근본 입자. 쿼크가 결합하여 원자핵을 이루는 양성자나 중성자와 같은 입자가 된다.

5. Alan H. Guth, "Inflationary universe: A possible solution to the horizon and flatness problems," *Physical Review D* 23 (2), 347–356 (1981).

6. 위상속도(phase velocity)란 파동에서 어느 한 위상이 이동하는 속도이다. 즉 파동의 마루면 마루, 골이면 골이 이동하는 속도를 말한다. 파동에서 파속 혹은 파다발(wave packet)이 이동하는 군속도(group velocity)는 광속을 넘을 수 없지만, 개별 파동이 이동하는 위상속도는 광속보다 더 클 수 있다.

7. Fred Heeren, *Show Me God: What the Message from Space Is Telling Us About God*, 2nd revised edition, (Day Star Productions, 2004) - 한국어 초판: 최치남 역,

『하나님을 내게 보이소서』 (생명의 말씀사, 1998), 195-7.

8. 구스(Alan Guth)의 초기 급팽창 모형 이후에도 초기 급팽창 모형의 소위 '우아한 퇴장 문제'(graceful exit problem)를 해결하기 위하여, 린데(Andrei Linde), 앨브렉트(Andreas J. Albrecht), 스타인하트(Paul J. Steinhardt) 등이 제안한 신 급팽창(new inflation) 모형, 1차 · 2차 상전이를 필요로 하는 구 · 신 급팽창 모형들과 달리 아예 상전이를 가정하지 않는 혼돈 급팽창(chaotic inflation) 모형, 새로운 스칼라 장을 도입하여 하나의 스칼라 장이 느리게 구르는 급팽창에 대응하고, 다른 스칼라 장이 급팽창의 종료를 유도한다는 혼합 급팽창(hybrid inflation) 모형 등 여러 모형들이 제시되고 있다.

9. 대통일장 이론이란 약한 상호작용, 강한 상호작용(핵력), 전자기력, 중력 등 네 가지 기본 상호작용(힘)을 만물의 근원적인 힘으로 보고, 이 네 가지 힘들을 통일한 이론을 말한다.

10. 암흑물질(dark matter): 빛을 반사하지도, 방출하지도 않아 눈에 보이지 않는 물질이며, 다만 눈에 보이는 물질들에 대한 중력작용을 하는 것을 통해 그것의 존재가 짐작되고 있을 뿐이다.

11. Camille M. Carlisle, "Planck Upholds Standard Cosmology," *Sky & Telescope* (February 10, 2015)

12. 예를 들면 Scott Dodelson, *Modern Cosmology* (Academic Press, 2003); Andrew Liddle and David Lyth, *Cosmological Inflation and Large-Scale Structure* (Cambridge University Press, 2000); T. Padmanabhan, *Structure formation in the universe* (Cambridge University Press, 1993); P.J.E. Peebles, *The Large-Scale Structure of the Universe* (Princeton University Press, 1980) 등을 보라.

13. 우주의 거대구조에 대한 좀 더 많은 그림과 설명은 위키백과(https://ko.wikipedia.org/wiki/은하_필라멘트)의 '은하 필라멘트'를 참고하기 바란다.

14. Werner Heisenberg, "Über den anschaulichen Inhalt der quantentheoretischen Kinematik und Mechanik," *Zeitschrift für Physik*, 43, 172-198 (1927).

15. WMAP(Wilkinson Microwave Anisotropy Probe) 우주선을 우리말로 번역하면 '윌킨슨 극초단파 이방성 탐색선'이라고 할 수 있다. WMAP는 2001년 6

월 30일 우주배경복사 온도의 미세한 차이를 측정하기 위해 발사한 위성으로서 이는 RELIKT-1, COBE에 이은 세 번째 우주배경복사 관측 위성이다.

16. Robert R. Caldwell, Marc Kamionkowski and Nevin N. Weinberg, "Phantom Energy and Cosmic Doomsday," *Physical Review Letters* 91, 071301 (2003.8.13.). 다른 두 공저자 카미온콥스키와 와인버그는 캘리포니아 공과대학(California Institute of Technology)에 근무하고 있다.

17. Saul Permutter, et al., "Discovery of a Supernova Explosion at Half the Age of the Universe and its Cosmological Implications," *Nature* 391, 51-54 (1998); Saul Perlmutter, et al., "Measuring of Omega and Lambda from 42 High-redshift Supernovae," *Astrophysical Journal* 517, 565-586 (1999); Adam G. Riess, et al., "Observational Evidence from Supernovae for an Accelerating Universe and a Cosmological Constant," *Astronomical Journal* 116, 1009-1038 (1998).

18. 무거운 원소들의 기원에 대해서는 이미 Fred Hoyle, "On nuclear reactions occurring in very hot stars: the synthesis of the elements from carbon to nickel," *Astrophysical Journal Supplement* 1, 121-146 (1954) 등 여러 사람들이 1950년대 이론을 제시했다.

19. Heeren, 『내게 하나님을 보이소서』, 201.

20. William A. Dembski, *Design Inference: Eliminating Chance through Small Probabilities* (Cambridge: Cambridge University Press, 1998) and *No Free Lunch: Why Specified Complexity Cannot Be Purchased Without Intelligence* (Lanham, Md.: Rowman and Littlefield, 2002). William A. Dembski, "Specification: The Pattern That Signifies Intelligence," (2005) in http://designinference.com/documents/2005.06.Specification.pdf.

21. 물리학에서 플랑크시간(Planck time)은 플랑크상수(h), 중력상수(G), 광속(c)을 사용해서 $(hG/c^5)^{1/2}$로 정의하는데 5.39×10^{-44}초를 말한다.

22. Edward Milne, cited by Robert Jastrow, *God and the Astronomers*, 2nd edition (New York & London: W.W. Norton & Company, 1992), 104.

23. http://www.physicsoftheuniverse.com/topics_bigbang_accelerating.html.

24. Barrow, 『우주의 기원』, 38-9.

25. Jason Lisle, "Big Problems with the Big Bang Theory," https://www.youtube.com/watch?v=gs_PXxBAnsM (Uploaded on Jan 15, 2011)를 통해 볼 수 있으며, https://archive.org/details/BigProblemsForTheBigBangTheory-JasonLisle에서 다운로드 받을 수도 있다. 이 강의는 DVD로도 제작되어 보급되고 있다.

26. 양승훈,『창조에서 홍수까지』(서울: CUP, 2014), 제2, 3장 참고.

27. 생물의 기원에 대해서는 양승훈,『창조와 진화』(서울: SFC, 2012)을 참고.

28. 양승훈,『창조에서 홍수까지』(서울: CUP, 2014), 제4장 참고.

29. WMAP 우주선을 통한 연구에서는 허블상수가 69.32 ± 0.80 km/sec/Mpc이며, 지금도 정밀하게 허블상수를 측정하기 위한 연구가 계속되고 있다.

30. 생명의 기원에 대한 다양한 견해와 이에 대한 평가는 양승훈,『생명의 기원과 외계생명체』(서울: SFC, 2011)를 참고.

31. 양승훈,『창조에서 홍수까지』(서울: CUP, 2014), 제3장 참고.

32. 오늘날 표준모델에서 가장 중요한 문제 중 하나는 우주에서 물질이 반물질보다 우세하다는 것, 즉 우주 전체적으로 양의 중입자수가 더욱 많아 보인다는 것이다. 오늘날 우리가 볼 수 있는 입자를 같은 물리학적 과정을 통해서 생성시킬 경우 일반적으로 물질과 반물질이 같이 생성되어 전체 중입자수는 0이 되어야 하는데 그렇지 않다는 것이다.

제6강 대폭발 이론과 힉스입자

1. 양승훈, "힉스입자, 창조에 말을 걸다-새로운 과학적 발견에 대한 그리스도인의 자세,"「창조론 오픈포럼」6(2), 59-74(2012)에 게재된 논문에 근거하고 있다. 본 강의 내용을 이해하기 위해서는 현대물리학에 대한 기본적인 이해가 있어야 한다.

2. F. Englert, R. Brout, "Broken Symmetry and the Mass of gauge Vector Mesons," *Physical Review Letters* 13 (9), 321-323(1964); P.W. Higgs, "Broken Symmetries and the Masses of gauge Bosons," *Physical Review Letters* 13 (16), 508-509(1964); G.S. Guralnik, C.R. Hagen, T.W.B. Kibble, "Global Conservation Laws and Massless Particles," *Physical Review Letters* 13 (20),

585-587(1964); G.S. Guralnik, "The History of the Guralnik, Hagen and Kibble development of the Theory of Spontaneous Symmetry Breaking and gauge Particles," *International Journal of Modern Physics* A 24 (14), 2601-2627(2009).

3. Benjamin W. Lee, C. Quigg, H.B. Thacker, "Weak interactions at very high energies: The role of the Higgs-boson mass," *Physical Review* D 16 (5), 1519-1531(1977). 힉스보손이라 명명한 것은 한국계 미국 이론물리학자 이휘소 박사로 알려져 있다. 경기고, 서울대를 거쳐 펜실베니아 대학(University of Pennsylvania)에서 박사학위를 받은 이휘소 박사는 젊은 나이에 교통사고로 요절하기까지 20세기 후반 표준모형이 개발되는데 중요한 이론적 기여를 했다 - http://en.wikipedia.org/wiki/Benjamin_W._Lee.

4. GeV는 기가 전자볼트(Giga electron Volt)라 읽으며 10^9eV를 말한다. eV(electron volt)란 물리학에서 사용하는 에너지의 가장 작은 단위로서 1.602×10^{-19}줄(joule)에 해당한다. 1eV란 하나의 전자가 1볼트의 전위차가 있는 곳에서 얻게 되는 에너지의 양으로 정의한다.

5. CP-위반은 입자물리학의 전문용어로서 가상적인 CP-대칭, 즉 전하공액대칭(電荷共軛對稱, charge conjugation symmetry)과 패리티대칭(parity symmetry)의 결합이 깨어지는 현상을 말한다. 순우리말로 켤레라고 번역하는 공액(共軛)은 '함께(共) 멍에(軛)를 맨 두 마리의 말'이라는 뜻으로서 멍에를 맨 두 마리의 말처럼 항상 붙어 다니는 한 쌍의 항목(복소수, 근, 쌍곡선, 축)을 의미한다. 말 두 마리의 자리를 바꾸어도 끄는 힘에 변화가 없듯이, 공액 관계에 있는 한 쌍의 항목은 서로 위치를 바꾸어 놓아도 그 성질에 변화가 없을 경우에, 그 둘의 관계를 공액 관계 혹은 켤레 관계라고 한다. 켤레는 신, 양말, 버선 따위의 짝이 되는 두 개를 한 벌로 세는 단위이다.

6. Fermilab은 CERN 발표 이틀 전인 2012년 7월 2일에 Tevatron에서 힉스 입자를 발견했다고 주장했다. "Updated Combination of CDF and DØ's Searches for Standard Model Higgs Boson Production with up to 10.0 fb-1 of Data," "Evidence for a particle produced in association with weak bosons and decaying to a bottom-antibottom quark pair in Higgs boson searches at the Tevatron," *Tevatron New Phenomena & Higgs Working Group* (2012.6.) Retrieved August 2, 2012.

7. Leon M. Lederman, *The God Particle: If the Universe Is the Answer, What Is the Question?* (Dell Publishing, 1993).

8. "Religious interpretations of the Big Bang theory" from Wikipedia.

9. 코비는 1989년 11월 18일, NASA가 우주론 연구, 특히 우주의 Cosmic Microwave Background Radiation을 조사하기 위한 목적으로 발사하였다.

10. M. White, "Anisotropies in the CMB," *Proceedings of the Los Angeles Meeting* (DPF 99. UCLA. 1999).

11. 람다 CDM 모델은 ΛCDM(Lambda Cold Dark Matter)이라고도 불리며, 흔히 대폭발우주론의 표준모형이라고 불리는 모델이다. 람다(그리스어로 Λ)는 우주상수로서 대폭발우주론에서 파라메타들을 결정하는 것을 말하며, 암흑물질과 차가운 암흑물질(Cold Dark Matter, CDM)과 연관되어 있다. cf. P. Kroupa, B. Famaey, K.S. de Boer, J. Dabringhausen, M. Pawlowski, C.M. Boily, H. Jerjen, D. Forbes, G. Hensler, M. Metz, "Local-Group tests of dark-matter concordance cosmology. Towards a new paradigm for structure formation," *A&A* 523, 32 (2010).

12. *Guinness World Records 2010: Thousands of new records in The Book of the Decade!*, 7.

13. 앞에서 언급한 우주배경복사(CMBR)가 마이크로웨이브 영역이었던 것과는 다르다.

14. P. Harrison, *The Cambridge Companion to Science and Religion* (Cambridge University Press, 2010), 9.

15. G. Lemaître, "Un univers homogène de masse constante et de rayon croissant rendant compte de la vitesse radiale des nébuleuses extragalactiques," *Annals of the Scientific Society of Brussels* 47A, 41 (1927). 원 논문은 불어로 발표되었으며, 1931년에 영어로 번역되었다: G. Lemaître, "A Homogeneous Universe of Constant Mass and Growing Radius Accounting for the Radial Velocity of Extragalactic Nebulae," *Monthly Notices of the Royal Astronomical Society* 91, 483-490 (1931). 르매트르의 다른 논문은 G. Lemaître, "The Evolution of the Universe: Discussion," *Nature* 128 (3234), 699-701 (1931); G. Lemaître, "The Beginning of the World from the Point of View of Quantum Theory," *Nature* 127 (3210), 706 (1931).

16. T. Ferris, *Coming of age in the Milky Way* (Morrow, 1988), 274. It cites A. Berger, *The Big bang and Georges Lemaître: proceedings of a symposium in honour of G. Lemaître fifty years after his initiation of big-bang cosmology* (Louvainla-Neuve, Belgium, 1984) 10 – 13 October 1983. D. Reidel. 387.

17. R.J. Russell, *Cosmology: From Alpha to Omega* (Fortress Press, 2008). "Conservative Protestant circles have also welcomed Big Bang cosmology as supporting a historical interpretation of the doctrine of creation."

18. James F. Harris, *Analytic Philosophy of Religion* (Dordrecht, Netherlands: Kluwer Academic Publishers, 2002), 129. "Both theists and physicists have seen the big bang theory as leaving open such an opportunity for a theistic explanation."

19. Eric J. Lerner, *The Big Bang Never Happened: A Startling Refutation of the Dominant Theory of the Origin of the Universe* (Vintage Books). "From theologians to physicists to novelists, it is widely believed that the Big Bang theory supports Christian concepts of a creator. In February of 1989, for example, the front-page article of the New York Times Book Review argued that scientists and novelists were returning to God, in large part through the influence of the Big Bang."

20. George F.R. Ellis (2007-08-08). "Issues in the philosophy of cosmology," *Philosophy of Physics*, 1183 – 1285; Vilenkin Alexander (1982-11-04). "Creation of universes from nothing," *Physics Letters* B 117 (1 – 2), 25 – 28.

21. N.A. Manson, *God and Design: The Teleological Argument and Modern Science* (Routledge, 1993). ISBN 978-0-415-26344-3. "The Big Bang theory strikes many people as having theological implications, as shown by those who do not welcome those implications."

22. 정상상태 우주론은 영국 캠브리지대학의 천문학자 호일(Fred Hoyle, 1915-2001)이 지지했던 이론이다. 흥미롭게도 '대폭발'(Big Bang)이란 말은 이 이론을 강력하게 반대했던 호일이 대폭발 이론을 경멸하기 위해 만든 말이다.

23. H. Kragh, *Cosmology and Controversy* (Princeton, NJ: Princeton University Press, 1996).

24. Peter Harrison, *The Cambridge Companion to Science and Religion* (Cambridge University Press, 2010), 9. "One reason for initial resistance to the Big Bang theory was that, unlike the rival Steady-State hypothesis, it proposed that the universe has a beginning - a proposition that for some had unwelcome religious implications."

25. H. Kragh, *Entropic Creation* (Ashgate Publishing, 2008), 226. "Another failure of the 'theory' in question consists in the fact that it brings us to the idealistic attitude of assuming the world to be finite."

26. C. O'Luanaigh, "New results indicate that new particle is a Higgs boson," *CERN* (14 March 2013).

27. Karl Popper, *The Logic of Scientific Discovery* (1934) (as *Logik der Forschung*, English translation 1959),

28. 손봉호, "과학적 지식은 잠정적," 「월드뷰」 185호 (기독교세계관학술동역회, 2015.11.), 12.

29. "All Truth is God's Truth"라는 말은 Wheaton 대학 철학과 명예교수인 Arthur Holmes의 책 제목이면서 어거스틴의 말을 인용한 것으로 보인다. "선하고 진실한 그리스도인이라면 진리가 어디에서 발견되든지, 심지어 이방 문헌에서 발견된다 할지라도, 미신적인 무익함을 배격하고 하나님을 알되 그 분을 하나님으로 영화롭게 하지 않는 사람들을 개탄하며 피하기만 한다면 진리는 하나님께 속해 있음을 깨달아야 한다." - Augustine, *On Christian Teaching*, II.75.

제7강 대폭발 이론과 중력파

1. 본 강의 내용은 제15회 창조론 오픈포럼에서 발표한 양승훈, "중력파와 빅뱅, 그리고 기독교 신앙(Gravitational Wave, Big Bang, and Christian Faith)," 「창조론 오픈포럼」 8(2), 61-80(2014) 논문을 수정, 보완한 것이다.

2. BICEP는 Background Imaging of Cosmic Extragalactic Polarization의 약자

이다. 구태여 이름을 번역하자면, "우주의 외계은하에서 오는 편광의 배경 이미지 처리"라고 할 수 있다.

3. "First Direct Evidence of Cosmic Inflation". http://www.cfa.harvard.edu. Harvard-Smithsonian Center for Astrophysics. 17 March 2014. Retrieved 17 March 2014.

4. 전파망원경에서 사용하는 주파수는 대체로 다음과 같다. 미국 United States National Radio Quiet Zone에서는 608-614MHz를, 많은 전파망원경에서는 21cm 라인으로 알려진 수소라인(Hydrogen line) 1420.40575177MHz를, 세계 최대의 안테나 직경을 자랑하는 푸에르토리코의 아레시보 천문대(Arecibo Observatory)에서는 1-10GHz를, 마이크로파 우주배경복사를 측정하는 WMAP(Wilkinson Microwave Anisotropy Probe) 우주선에서는 23, 33, 41, 61, 94GHz 등 다섯 주파수대를 사용하고 있다. 1GHz는 10억 Hz를 의미한다.

5. 맥동전파원(脈動電波源)이라고도 불리는 맥동성(pulsar)은 고도로 자기화되어 있으며, 관측 가능한 전파의 형태로 전자기파를 방출하며 자전하는 중성자별이다. 맥동성은 1.5×10^{-3}초에서 8.5초 사이의 주기로 광선을 방출한다. 방출 빔이 지구를 향할 때만 맥동성의 복사 활동을 관측할 수 있기 때문에 맥동성의 활동을 등대효과라고 부르며, 마치 맥박이 뛰는 같다고 하여 맥동성 혹은 펄사로 명명되었다. 중성자별은 매우 밀도가 높은 천체이기 때문에 자전 주기가 빠르고 일정하며, 따라서 전파를 발사하는 맥동이 매우 규칙적이다. 일부 맥동성들은 원자시계와 비교될 수 있을 정도로 맥동이 정확하다.

6. 퀘이사(quasar)는 지구로부터 매우 멀리 떨어져 있으면서 강력한 에너지를 방출하는 활동은하핵이다. 발견 당시에 은하처럼 넓게 퍼져 보이는 천체가 아니라, 별과 같은 점광원으로 보였기 때문에, '항성과 비슷하다'는 뜻에서 준성(準星, Quasi-stellar Object) 또는 준성전파원(準星電波源, Quasi-stellar Radio Source)이라고 명명하였다. 퀘이사는 전파와 가시광선을 포함한 거의 모든 전자기파 대역에서 매우 강한 에너지를 내며, 매우 큰 적색편이를 나타낸다.

7. Dave Finley, "Einstein's gravity theory passes toughest test yet: Bizarre binary star system pushes study of relativity to new limits." in http://phys.org/news/2013-04-einstein-gravity-theory-toughest-bizarre.html.

8. 블랙홀(black hole)이란 중력장이 너무 커서 그 경계인 사건의 지평선(event horizon) 내부로부터는 아무 것도 빠져나올 수 없는 천체, 혹은 시공간 영역을 의미한다. 어원은 영어로 '검은 구멍'이라는 뜻으로 어느 것도 빠져 나오지 못해 검게 보일 것이라는 추측에서 비롯되었다.

9. 편광(偏光, polarization)이란 전자기파(태양광이나 라디오파 등)와 같이 진행방향과 진동방향이 수직인 횡파(橫波, transverse wave)가 진행할 때, 파를 구성하는 전기장이나 자기장이 특정한 방향으로만 진동하는 현상을 가리킨다. 전자기파는 모든 방향으로 진동하는 빛이 혼합된 상태를 말하지만, 특정한 광물질이나 광학필터를 통과하게 하면 편광된 상태의 빛을 얻을 수 있다.

10. "BICEP2 finds first direct evidence of cosmic inflation" (March 17, 2014). http://physicsworld.com/cws/article/news/2014/mar/17/bicep2-finds-first-direct-evidence-of-cosmic-inflation.

11. 비록 좀 오래되기는 했지만, 대형 파동간섭계나 인공위성 등을 이용하여 중력파를 검출하려는 연구에 대해서는 Michele Maggiore가 잘 요약하였다: Michele Maggiore, *Phys. Rept.* 331 (2000), 283-367; Gravitational Wave Experiments and Early Universe Cosmology (http://arxiv.org/abs/gr-qc/9909001) (Retrieved on April 24, 2014).

12. 중성자별(中性子星, neutron star)은 무거운 항성이 항성 진화의 마지막 단계에서 초신성(대폭발) 단계를 겪은 후에 남게 되는 핵이 중력 붕괴를 거치면서 만들어진다. 중력 붕괴 과정에서 원자 내 전자들이 원자핵으로 붕괴되기 때문에(그래서 핵의 모든 양성자들이 중성자로 변하기 때문에 중성자별이라 부름) 중성자별의 밀도는 원자핵의 밀도와 맞먹는 $8 \times 10^{13} g/cm^3 \sim 2 \times 10^{15} g/cm^3$ 수준이다. 일반적인 중성자별은 태양 질량의 1.35배에서 2.1배에 해당하는 질량을 갖지만, 직경은 불과 20-40km에 불과하며, 지구 중력의 2×10^{11}배에서 3×10^{12}배에 이른다. 또한 중성자별은 원래의 별이 지니고 있던 각운동량의 대부분을 유지하면서 중력으로 인해 직경이 매우 작아진 상태이므로 1.07초에서 30초 정도의 매우 빠른 자전 주기를 갖는다.

13. 백색왜성(白色矮星, white dwarf)은 작은 질량을 가진 항성이 죽어가며 생성하는 천체이다. 이러한 종류의 항성은 상대적으로 가볍기 때문에 중심핵에서 수소를 헬륨으로 핵융합을 마친 이후에는 탄소 핵융합을 일으킬 만큼 충분한 온도에 도달하지 않는다. 대신, 헬륨 연소 과정 동안 적색거성이 된

다음에, 외부 대기는 우주공간으로 방출되며 행성상 성운을 형성하고, 대부분 탄소와 산소로 이루어진 핵만이 남아 백색왜성을 형성하게 된다. 일반적으로 별의 질량이 태양의 약 3배 이내이면 중성자별, 3배를 넘어가면 블랙홀이 된다고 알려져 있다. 백색왜성은 매우 흔하며, 전체 항성 가운데 6% 정도를 차지하고 있다.

14. 쌍성(雙星, binary star)은 1802년, 독일의 허셜(Frederick William Herschel, 1738-1822)이 처음 도입한 개념으로서 연성(連星)이라고 불린다. 쌍성으로 이루어진 쌍성계에서 밝은 별을 주성(主星)이라그 하며, 주성보다 어두운 다른 별을 동반성(同伴星), 반성(伴星) 또는 짝별이라 부른다. 쌍성은 광학적 이중성(optical binaries, optical pairs)과는 다른데, 이중성은 지구에서 보았을 때 서로 가까워 보이는 것으로, 중력으로 묶여있지 않을 수 있다. 두 별이 매우 가까이 붙어있는 것을 근접쌍성이라고 한다. 가장 유명한 광학적 이중성의 예로는 큰곰자리(북두칠성)의 미자르와 알코르가 있다.

15. http://www.nobelprize.org/nobel_prizes/physics/laureates/1993/hulse-facts.html에 실린 Prize motivation.

16. LIGO에서의 중력파 관측은 2002년에 시작했다가 2010년에 종료되었다. 그 기간 동안 뚜렷이 중력파라고 할 수 있는 신호는 감지하지 못했다. 현재 원래의 검출 장비는 분해되었고, 현재 더 나은 장비(Advanced LIGO라고 불리는)로 대체하였다. cf. www.ligo.org.

17. LIGO Scientific Collaboration; Virgo Collaboration (2012). "Search for Gravitational Waves from Low Mass Compact Binary Coalescence in LIGO's Sixth Science Run and Virgo's Science Runs 2 and 3," *Physical Review* D85: 082002.

18. Arkansas Oklahoma Astronomical Society 홈페이지 www.aoas.org 참고.

19. Laboratoire AstroParticule et Cosmologie(APC) 홈페이지 www.apc.univ-paris7.fn 참고.

20. 마이컬슨 레이저 간섭계(Michelson laser interferometer)는 레이저 빔이 반투명한 거울로 된 가르개(beam splitter)를 지나면서 서로 수직인 두 갈래로 갈라졌다가 다시 합쳐질 때 두 빛이 통과한 광로의 차이가 생기면 간섭무늬가 생기는 것을 이용하여 우주에 에테르가 존재하지 않는다는 것을 증명한

장치이다.

21. "Gravitational wave" and "Evolved Laser Interferometer Space Antenna" in Wikipedia.

22. S.W. Hawking, and W. Israel, *General Relativity: An Einstein Centenary Survey* (Cambridge: Cambridge University Press, 1979), 98.

23. Kip S. Thorne, "Gravitational Waves," (Cornell University Library, 1995).

24. 급팽창은 우주적 급팽창(cosmic inflation), 우주론적 급팽창(cosmological inflation), 혹은 단순히 급팽창(just inflation)으로 불린다.

25. Alan H. Guth, "Inflationary universe: A possible solution to the horizon and flatness problems," *Physical Review D* 23 (2), 347-356 (1981).

26. Andrei Linde, "A new inflationary universe scenario: A possible solution of the horizon, flatness, homogeneity, isotropy and primordial monopole problems," *Physics Letters B* 108 (6), 389-393 (1982).

27. Andreas Albrecht and Paul Steinhardt, "Cosmology for Grand Unified Theories with Radiatively Induced Symmetry Breaking," *Physical Review Letters* 48 (17), 1220-1223 (1982).

28. 이들이 제시한 급팽창이론의 핵심은 가짜 진공상태(최저에너지를 갖지 않은 진공상태로 대폭발이 일어나던 순간에 우주가 있었을 것으로 추정하는 상태)에서 생성된 하나의 기포가 충분한 크기로 자라나면, 그로부터 균일한 우주가 생성될 수도 있다는 것이다. 즉 우주가 급팽창 기간 동안 초기 부피의 10^{26}배까지 팽창되었다면, 하나의 기포만으로 지평선 문제, 평탄성 문제, 그리고 자기 홀극 문제 등을 한꺼번에 해결할 수 있다는 것이다. 하지만 이 주장의 가장 큰 문제는 도대체 어떤 힘이 작용했기에 우주가 초기에 무려 10^{26}배까지 팽창된 것인가 하는 의문이다. 소위 '우아한 탈출 문제'라고 부르는 이 문제에 대해서는 아직 아무도 이렇다 할 답을 제시하지 못하고 있다. 구스의 급팽창이론은 자기 홀극 문제, 지평선 문제, 평탄성 문제를 해결하기는 했지만, 그 우주 팽창을 유도한 후 그것을 멈추게 한 요인에 대해서는 아무도 이렇다 할 해답을 제시하지 못하고 있다.

29. http://wmap.gsfc.nasa.gov/media/990293/990293_1024B.jpg.

30. "The swirly B-mode pattern of polarization is a unique signature of gravitational waves,"

31. DASI(Degree Angular Scale Interferometer) 망원경은 미국 과학재단(U.S. National Science Foundation)이 만든 남극 아문젠-스콧기지(Amundsen-Scott South Pole Station)에 설치한 망원경이다.

32. 중력 렌즈 효과(gravitational lensing)란 아주 먼 천체에서 나온 빛이 중간에 있는 거대한 천체에 의해 휘어져 보이는 현상을 의미하며, 일반상대성이론의 증거 중 하나이다. 1937년, 즈위키(Fritz Zwicky)가 은하무리가 중력 렌즈의 역할을 한다고 주장한 이래 1979년, '이중준성'라고 불리는 SBS 0957+561 천체의 관측을 통해 사실임이 밝혀졌다.

33. 허셜우주망원경은 2009년 유럽우주국(ESA)이 발사한 주경 직경 3.5미터급 우주 망원경이다.

34. 원래 BICEP 프로젝트는 캘리포니아공과대학(칼텍)의 복(Jamie Bock)과 지금은 세상을 떠난 칼텍의 랑(Andrew Lange)의 공동 연구로부터 출발했다. BICEP2 프로젝트는 주 연구자 4명(칼텍의 븍(Jamie Bock), 하버드대학의 코백(John Kovac), 스탠포드대학의 쿠오(Chao Lin Kuo), 미네소타대학의 프릭(Clem Pryke))과 캘리포니아대학(University of California at San Diego), UBC(University of British Columbia), 미국표준국(National Institute of Standards and Technology), 토론토대학(University of Toronto), 카딥대학(Cardiff University), 원자력 에너지 위원회(Commissariat à l'energie atomique)의 학자들이 연구에 참여했다. 미국국립과학재단(National Science Foundation), 켁재단(The W. M. Keck Foundation), 미항공우주국(NASA), 제트추진연구소(JPL), 고든-베티 무어 재단(Gordon and Betty Moore Foundation) 등이 후원했다.

35. "The South Pole is the closest you can get to space and still be on the ground," … "It's one of the driest and clearest locations on Earth, perfect for observing the faint microwaves from the Big Bang."

36. Cynthia Eller, "BICEP2 Discovers First Direct Evidence of Inflation and Primordial Gravitational Waves" – See more at: http://www.caltech.edu/content/bicep2-discovers-first-direct-evidence-inflation-and-primordial-gravitational-waves#sthash.GCiX2Cjb.dpuf (March 17, 2014).

37. Ron Cowen, "No evidence for or against gravitational waves – Two analyses suggest signal of Big Bang ripples announced in March was too weak to be significant." from Nature doi:10.1038/nature.2014.15322. Cf. http://www.nature.com/news/no-evidence-for-or-against-gravitational-waves-1.15322 (29 May 2014).

38. "Based on what we know right now… we have no evidence for or against gravitational waves," from M.M. Mortonson and U. Seljak, preprint at http://arxiv.org/abs/1405.5857 (2014).

39. http://www.esa.int/spaceinimages/Images/2015/02/Polarisation_of_the_Cosmic_Microwave_Background.

40. R. Flauger, J.C. Hill, D.N. Spergel, preprint at http://arxiv.org/abs/1405.7351 (2014).

41. "We're not giving the answer. We are opening the door to an Eldorado where scientists can seek the nuggets that will lead to deeper understanding of how our Universe came to be and how it works now. The image itself and its remarkable quality is a tribute to the engineers who built and have operated Planck. Now the scientific harvest must begin." – http://www.esa.int/Our_Activities/Space_Science/Planck/Planck_unveils_the_Universe_now_and_then (retrieved on 2014.11.11.).

42. Adrian Cho, "Evidence for cosmic inflation wanes," *Science* 345(6204), 1547 (26 September 2014).

43. 손봉호, "과학적 지식은 잠정적," 「월드뷰」(기독교세계관학술동역회, 2015.11.) 2-3. 간단하지만 과학적 지식의 잠정성을 잘 요약하였다.

44. 아일렘(Ylem)은 대폭발을 일으켰으리라 생각하는 원초 물질로서 1940년대 콜로라도대학 물리학과 가모브(George Gamow) 그룹의 알퍼(Ralph Alpher)가 만든 말이다.

45. Barbara Forrest, "Methodological Naturalism and Philosophical Naturalism: Clarifying the Connection," *Philo* Volume 3(No. 2), 7-29 (Fall-Winter 2000); Nick Matzke, "On the Origins of Methodological Naturalism," *The Pandas Thumb* (March 20, 2006).

제8강 성경적 우주론

1. "Local physical laws are determined by the large-scale structure of the universe." in Stephen W. Hawking and George Francis Rayner Ellis, *The Large Scale Structure of Space–Time* (Cambridge University Press, 1973), 1.

2. Moore, *How to Teach Origins (Without ACLU Interference)*, 123에 실린 것을 수정.

3. Gregory A. Shields, "A Brief History of AGN," *The Publications of the Astronomical Society of the Pacific* 111 (760), 661–678(1999); Thomas A. Matthews and Allan R. Sandage, "Optical Identification of 3c 48, 3c 196, and 3c 286 with Stellar Objects," *Astrophysical Journal.* 138, 30–56(1963).

4. http://www.eso.org/public/images/eso1122a/

5. 이하 내용은 권진혁, "씨앗 우주 창조론-창조와 시간의 해답을 찾아서,"「창조」140호 (2004년)에 근거한 것이다.

6. Russell Humphreys, *Starlight and Time : Solving the Puzzle of Distant Starlight in a Young Universe* (El Cajon, CA: Master Books, 1994).

제9강 우주의 창조연대

1. http://www.talkorigins.org/faqs/faq-meritt/age.html#moon.

2. R.A. Littleton, *Mysteries of the Solar System* (Oxford : Clarendon, 1968), 147.

3. Strahler, *Science and Earth History* (New York: Prometheus, 1987), 143

4. Raymond A. Lyttleton, *The Modern Universe* (New York: Harper & Brothers, 1956), 72.

5. Meghan Rosen, "Moon Dust Gathers Surprisingly Fast," *Science News* 185, 6 (2014.1.11.).

6. Thomas Gold, "The Lunar Surface," *Monthly Notices of the Royal Astronomical Society of London* 115, 585-604 (1955).

7. Paul D. Ackerman, *It's a Young World After All* (Grand Rapids: Baker Book House, 1986), 19.

8. 이 내용에 대한 자세한 비판을 위해서는 Howard J. Van Till, Davis A. Young and Clarence Menninga, "Footprints on the Dusty Moon," *Science Held Hostage* (Downers Gorve, IL : IVP, 1988), Ch.4; Ross, *Creation and Time*, Chs. 4 and 10을 참고하라.

9. Andrew A. Snelling and David E. Rush, "Moon Dust and the Age of the Solar System," *Creation Ex Nihilo Technical Journal* vol. 7 (1993), 2-42.

10. 테이아(Theia)의 이름은 그리스 신화에 등장하는 여신의 이름에서 따 온 말로, 달의 여신 셀레네(Selene)의 어머니이다. 셀레네는 로마 신화에서 루나(Luna)에 해당한다.

11. Fred Hoyle, *The Nature of the Universe* (New York: Harper, 1960), 125.

12. W.A. Fowler, "Formation of the Elements", *Scientific Monthly* 84 (1957), 84.

13. *Proceedings of the Second Lunar Science Conference* 2 (1971), 1571; *Proceedings of the Third Lunar Science Conference* 2 (1972), 1636; *Lunar Science* IV (1973), 239; 좀 더 많은 참고문헌을 보려면 J. Read's Presentation to the California State Board of Education, May 8, 1975 - 이 내용은 *Bible-Science Newsletter* 13 (1975), 5에 다시 게재되었다.

14. G. Abell, *Exploration of the Universe* (New York : Holt, Rinehart and Winston, 1969), 364; J. Poynting, "Radiation Pressure", *Nature* 71 (1905), 377; R. Semec, "Effect of Radiation on Micrometeoroids, and Existence of Micrometeoroids as Evidence of a Young Solar System", *Creation Research Society Quarterly* 12 (June, 1975), 7.

15. Walt Brown, *In the Beginning: Compelling evidence for creation and the Flood* (Phoenix, AZ: Center for Scientific Creation, 1995), 20, 30.

16. Henry M. Morris, *Scientific Creationism* (Green Forest, AR: Master Books, 1985), 169.

17. "Looking Inside the Sun," *Astronomy* (March 1989).

18. J.A. Eddy and A.A. Boornazian, "Secular Decrease in the Solar Diameter, 1863-1953," *Bulletin American Astronomical Society* 11, 437 (1979).

19. Russell Akridge, "The sun is shrinking," *ICR Impact* 82 (1980). http://www.icr.org/index.php?module=articles&action=view&ID=165

20. Arthur N. Strahler, *Science and Earth History* (Buffalo, NY: Prometheus, 1987).

21. Leslie Morrison, *Gemini* no.18, 6-8 (Royal Greenwich Observatory, 1988.1.).

22. H.J. Van Till, "The Legend of the Shrinking Sun" (Excerpts quoted by the editor of …) *Creation/Evolution Newsletter* (NCSE Reports), 6(4) (Berkeley, CA: National Center for Science Education, Jul/Aug 1986), 17.

23. "Isolated from the corrective of continuing professional investigation and evaluation, the 'creation-science' community continues to employ this unwarranted extrapolation of a discredited report as 'scientific evidence' for a young Earth." from Van Till, *Creation/Evolution Newsletter* (NCSE Reports), 17.

24. 중성미자 문제와 관련해서는 Sverker Johansson, "The Solar FAQ: Solar Neutrinos and Other Solar Oddities," (1998-2003) in http://www.talkorigins.org/faqs/faq-solar.html#_Toc430357875.

25. http://www.talkorigins.org/faqs/faq-meritt/age.html#sun.

26. Howard J. Van Till, Davis A. Young and Clarence Menninga, *Science Held Hostage* (Downers Grove, IL: IVP, 1988); Howard J. Van Till, "The legend of the shrinking sun -- A case study comparing professional science and 'creation science' in action," *Perspectives on Science and Christian Faith* 38(3), 164-174 (1986). http://www.asa3.org/ASA/topics/Astronomy-Cosmology/PSCF9-86VanTill.html.

27. William J. Kaufmann III, *Universe* 4th edition (New York: W. H. Freeman and Company, 1994).

28. 근래 우주의 팽창 속도가 미세하나마 점점 더 빨라지고 있다는 개념은 대폭발 직후에 급팽창했다는 급팽창이론이나 대폭발 초기의 팽창속도가 현재보다 빨랐다는 개념과 충돌하지 않는다.

29. 세페우스 자리(Cepheus) 델타성(星)은 1784년에 발견된 최초의 세페우스형(型) 변광성(變光星)이다.

30. 리비트(Henrietta Swan Leavitt, 1868-1921): 미국 매사추세츠 랭커스터 출신의 여성 천문학자. 1892년 하버드를 졸업한 후, 1902년 남아메리카 페루의 하버드천문대 부속관측소의 사진자료를 근거로 소마젤란 은하의 32개 세페이드 변광성을 연구하고, 그 '주기-광도 관계'를 발견하였다. 그 후 헤르츠스프룽(Ejnar Hertzsprung)과 섀플리(Harlow Shapley) 등의 연구에 의해 세페이드 변광성의 변광주기에 대한 절대등급의 값이 확정되어 은하계 밖의 천체에 대한 거리측정의 기준으로 이용되고 있다.

31. Henrietta S. Leavitt, "1777 variables in the Magellanic Clouds," *Annals of Harvard College Observatory* 60, 87 (1908).

32. Henrietta S. Leavitt and Edward C. Pickering, "Periods of 25 Variable Stars in the Small Magellanic Cloud," *Harvard College Observatory Circular* 173, 1 (1912).

33. 섀플리(Harlow Shapley, 1885-1972): 미조리 내쉬빌 출신의 미국 천문학자. 프린스턴(Princeton University) 대학원에서 천문학을 공부했으며, 1918년 거문고자리 변광성(RR Lyrae)를 이용하여 처음으로 은하계의 크기를 측정했으며, 오늘날 거주가능대(Habitable Zone)의 전신인 'Liquid Water Belt' 개념을 처음으로 제안했다.

34. "세페이드변광성 Cepheid variable," 이석형, 『지구과학 용어사전』(신원문화사, 2002)

35. 드보쿨레(Gérard Henri de Vaucouleurs, 1918-1995): 파리에서 태어나 소르본(Sorbonne)을 졸업한 드보쿨레는 후에 미국으로 건너와 텍사스대학(University of Texas at Austin) 천문학과 교수가 되었다. 한평생 그는 은하 거리 측정에 집중했으며, 특히 여러 가지 다양한 방법으로 측정한 값을 평균해서 오차의 가능성을 줄이자는 소위 'spreading the risks' 방법을 제창했다.

36. 샌디지(Allan Sandage, 1925-2010): 일리노이주립대학(Urbana-Champaign)을 졸업한 샌디지는 CalTec(California Institute for Technology)에서 대학원 과정을 공부하는 중 허블(Edwin Hubble)의 조교로서 일했

다. 그는 허블상수를 측정한 것 외에도 처음으로 퀘이사(quaser)를 발견했다. 후에 샌디지는 그리스도인이 되었으며("Allan Sandage," *The Telegraph*, 21 November 2010, Retrieved 26 August 2011.), 과학과 신앙에 관한 책을 발표하기도 했다: *Science and the Spiritual Quest: New Essays by Leading Scientists*, Routledge, 2002. ISBN 978-0415257671.

37. Dennis Overbye, *Lonely Hearts of the Cosmos: The Scientific Quest for the Secret of the Universe* (Harper-Collins, 1991).

38. "Hubble's Law" in Wikipedia.

39. "Lambda-CDM model" in Wikipedia.

40. "Hubble's Law" in Wikipedia.

41. Alex Filippenko, *Understanding the Universe: An Introduction to Astronomy*, 2nd edition, Lecture 80.

42. 프리드만(Wendy Laurel Freedman, 1957-): 캐나다 태생의 미국 천문학자. 허블상수 측정으로 널리 알려졌으며, 캘리포니아 파사데나(Pasadena, California)와 칠레 라스꼼빠냐(Las Campanas, Chile)에 있는 카네기 천문대(Carnegie Observatories) 대장이다.

43. W. L. Freedman, B. F. Madore, B. K. Gibson, L. Ferrarese, D. D. Kelson, S. Sakai, J. R. Mould, R. C. Kennicutt, Jr., H. C. Ford, J. A. Graham, J. P. Huchra, S. M. G. Hughes, G. D. Illingworth, L. M. Macri, P. B. Stetson, "Final Results from the Hubble Space Telescope Key Project to Measure the Hubble Constant," *The Astrophysical Journal* 553 (1), 47–72(2001).

44. D. N. Spergel et al. "Three-year Wilkinson Microwave Anisotropy Probe (WMAP) Observations: Implications for Cosmology," *Astrophysical Journal Supplement Series* 170 (2), 377–408(2007).

45. Wendy L. Freedman et al. "Carnegie Hubble Program: A mid-infrared calibration of the Hubble constant," *Astrophysical Journal* 758 (1), 24(2012).

46. 크기가 5400만 광년에 이르는 처녀자리 은하단(Virgo Cluster)에는 약 1500개 정도의 멤버 은하들로 이루어져 있으며, 이 은하단은 더 큰 처녀자리 초은하단(Virgo Supercluster)의 일부이다. 우리 은하계가 속한 국부 은

하군(Local Group)은 60여 멤버 은하들로 이루어져 있으며, 처녀자리 초은 하단의 외곽 멤버이다. cf. 'Virgo Cluster' and 'Local Group' in Wikipedia.

47. 즈위키(Fritz Zwicky, 1898-1974): 스위스 태생의 미국 천문학자. 초신성의 발견을 포함한 그의 대부분의 연구는 캘리포니아 공과대학(California Institute of Technology)에서 이루어졌다.

48. 근래에 발견된 은하계 밖의 주요 초신성들 중에는 1987년 2월 23일 대마젤란은하에서 폭발한 초신성 1987A, 1993년 3월 28일 외부은하 M81(NGC3031)에서 발견된 SN1993J, 1994년 4월 6일 외부은하 M51(NGC5194)에서 발견된 SN1994I 등이 있다.

49. 백색왜성이란 중간 이하의 질량을 지닌 항성이 수소에서 헬륨으로 핵융합을 마친 후에 도달하는 별이다. 핵융합을 거의 마쳐갈 때쯤, 항성은 적색거성으로 변하게 되며, 거의 모든 외부 대기의 물질을 행성상 성운을 형성하며 방출한 후에 100,000도 이상의 뜨거운 핵만이 남게 되는데 이를 백색왜성이라 부른다. 일반적인 백색왜성은 태양 질량의 절반 정도이며, 지름은 지구보다 약간 더 큰 정도이다. 밀도는 10^9 kg/m^3 정도이며, 이 밀도보다 높은 밀도를 지니는 것은 중성자별, 블랙홀, 가상적인 쿼크별이다.

50. Sean Carroll, *Dark Matter, Dark Energy: The Dark Side of the Universe* (The Teaching Company, 2007) Guidebook Part 2, 44.

51. 찬드라세카르(Subrahmanyan Chandrasekhar, 1910-1995): 인도계 미국 천체물리학자. 시카고대학(The University of Chicago) 물리학과에 근무하는 동안 거대항성의 진화에 대한 연구로 1983년 파울러(William A. Fowler)와 노벨물리학상을 공동수상했다. 1930년에 라만산란(Raman Scattering)으로 노벨물리학상을 수상한 라만(Sir Chandrasekhara Venkata Raman)의 조카이기도 한다.

52. M. Montes, "Supernova Taxonomy," US Naval Research Laboratory(2002-02-12). 'Supernova' in Wikipedia에서 재인용.

53. Alex Filippenko, *Understanding the Universe: An Introduction to Astronomy*, 2nd edition, Lecture 80.

54. 여기서 제시한 허블상수의 값은 앞에서 제시한 값과 조금씩 다르다. 이는 측정방법이 다르기 때문이다. 은하의 적색편이를 이용하여 계산한 허블상수

와 WMAP로 측정한 허블상수 크기는 조금씩 달랐다.

55. Planck Collaboration, "Planck 2013 Results. XVI. Cosmological Parameters," *Astronomy and Astrophysics* Vol. 571 (November 2014), article number A16; G. Hinshaw, et al., "Nine-Year Wilkinson Microwave Anisotropy Probe (WMAP) Observations: Cosmological Parameter Results," *Astrophysical Journal* Supplement 208 (October 2013), id. 19.

56. 창세기 1장을 어떻게 읽어야 하는가에 대해서는 위튼대학 구약학 교수인 왈톤의 다음 책을 참고하기 바란다: John C. Walton, *The Lost World of Genesis One* (IVP, 2009) - 한국어판: 김인철 역,『창세기 1장의 잃어버린 세계 - 고대 우주론과 기원에 관한 논쟁』(그리심, 2011).

제10강 무지한 말로 이치를 가리는 자

1. "Working Hypothesis," in *Oxford Dictionary of Sports Science & Medicine* 3rd revised edition (Oxford University Press, 2007).

2. John C. Walton, *The Lost World of Genesis One* (IVP, 2009) - 한국어판: 김인철 역,『창세기 1장의 잃어버린 세계 - 고대 우주론과 기원에 관한 논쟁』(그리심, 2011), 26.

3. Walton,『창세기 1장의 잃어버린 세계』, 25-26.

4. Walton,『창세기 1장의 잃어버린 세계』, 28-32.

5. "All truth is from God," *Calvin's Commentaries, Vol. 43: Timothy, Titus, and Philemon*, 디도서 1장 12절에 대한 주석

6. "He is the truth in its absolute fullness. He, therefore, is the primary, the original truth, the source of all truth, the truth in all truth. … God is the source and origin of the knowledge of truth in all areas of life …" from Herman Bavinck, *Reformed Dogmatics* 2, 209-10.

내용 색인

⟨A-Z⟩

67P/추류모프-게라시멘코'(67P/Churyumov-Gerasimenko) 73

BICEP2 220, 230, 235-241, 243-249, 251, 252, 348, 351

B-모드 편광(B-mode polarization) 235-238, 245-247

CP-위반(Charge Parity Violation) 198, 343

DASI(Degree Angular Scale Interferometer) 235, 351

E-모드 편광(E-mode polarization) 235

H-R도(Hertzsprung-Russell diagram) 299

Ia형 초신성(Type Ia supernova) 118-120, 312, 313

ICR Impact 355

LIGO(Laser Interferometer Gravitational-Wave Observatory) 230-232, 349

SOHO(Solar and Heliospheric Observatory) 181

Theory of Almost Everything 195

VIRGO 천문대 231

WMAP 인공위성 309

WMAP(Wilkinson Microwave Anisotropy Probe) 149, 167, 179, 180, 183, 204-206, 209, 234, 309, 340, 342, 347, 350, 357, 359

WMAP(Wilkinson Microwave Anisotropy Probe) 위성 149

W-보손 196, 197

Z-보손 196, 197

αβγ 논문 132

⟨ㄱ⟩

가속링(accelerating ring) 200

가속팽창(accelerating universe) 167, 178, 179

가이아나 우주센터(Guiana Space Centre) 242

가짜진공(false vacuum) 160, 161

간격의 하나님(God-of-the-Gaps) 273

갈릴레오 재판 51, 53-55

감마선(gamma ray) 165, 166, 222

거대강입자가속기(Large Hadron Collider: LHC) 194, 198, 202

검증(verification) 159, 233, 236, 267

게이지 보손(gauge boson) 195-197

경입자(lepton) 195-197

과학적 자연주의(scientific

naturalism) 249

과학혁명 48, 49, 126

광년(光年, light-year) 75, 76, 78–80, 83, 100, 104, 106, 114–116, 118, 120, 123, 150, 151, 158, 230, 261, 262, 298, 303, 308, 357

광도(光度, luminosity) 102, 116–118, 299, 304–306, 308, 311–313, 356

광양자, 광자 131, 132, 195, 197, 341

광피로(light fatigue) 99, 100, 110

광학망원경 84, 227

교황청과학원(Pontifical Academy of Science) 208

구상성단 30, 111, 118, 119, 299, 307–309, 313

국부 은하군(Local Group) 77, 80, 121, 310, 357

권품천사(Principatus) 46

그룹(Cherubim) 46, 57, 136, 352

근대 과학의 기원 48

글루온(gluon) 195, 197

금서목록위원회 전체회의(General Congregation of the Index) 55

금성 47, 54, 55, 73, 79

급팽창단계(inflation phase) 156

급팽창이론(急膨脹理論, inflation theory) 151, 152, 155, 156, 158–162, 173, 185, 186, 189, 220, 133–239, 245, 261, 350, 355

〈ㄴ〉

나선형 은하(spiral galaxy) 77, 79

남극망원경(South Pole Telescope) 236

내부선형조합법(Internal Linear Combination: ILC) 204

느리게 구르는 급팽창(slow-roll inflation) 모델 234, 340

능품천사(Potestates) 46

〈ㄷ〉

닫힌 우주(closed universe) 153, 167, 177, 178

대소동(big noise) 128, 129

대수축(big crunch) 152, 154, 178

대원(大圓, deferent) 43, 44

대통일장 이론 160, 342

대폭발 이론(大爆發理論, Big Bang theory) 14, 21, 24–27, 61, 64, 86, 112, 129, 130, 131, 133, 137, 140–146, 148, 149, 152, 155, 158, 159, 162, 166, 167, 169, 170, 171, 173, 175, 177, 180–192, 198, 202–210, 213, 215, 220, 233, 238, 250, 254–256, 258, 259, 261, 263, 264, 267, 268, 271–273, 276, 287, 318, 320, 321, 338, 345

대폭발 핵융합(Big Bang Nucleosynthesis, BBN) 170

대폭발(big bang) 23, 25, 26, 85, 86, 106, 108, 119, 128, 129, 132, 133, 136, 137, 140–142, 144, 146, 148–158, 160,

161, 165–167, 169, 170, 173, 175, 177, 178, 180, 186, 188, 191, 198, 199, 201, 203, 204, 206, 209, 211, 213, 220, 222, 225–227, 233–236, 238, 242, 249, 251, 254, 268, 272–295, 299, 300, 302

대형 전자 양전자 충돌기(Large Electron Positron collider, LEP) 201

데미우르게(Demiurge) 40

도구주의(Instrumentalism) 45

도플러효과(Doppler effect) 95, 96, 258, 331

독수리 성운(Eagle Nebula) 288, 289

동시심(equant 혹은 equant point) 43, 44

동적 우주론 61, 64, 94, 95

등속원운동 39, 41, 42, 51

디락 상수(Dirac Constant) 163, 164

디지털이미지센서(CCD) 168

〈ㄹ〉

람다-CDM(ΛCDM) 모델 163, 308

레이저간섭 우주안테나(Laser Interferometer Space Antenna, LISA) 231

로웰천문대(Lowell Observatory) 98, 332

로제타(Rosetta) 73

르네상스 48, 49

르우뱅 대학(Catholic University of Louvain) 208

〈ㅁ〉

마이컬슨 레이저 간섭계(Michaelson laser interferometer) 231, 349

마이크로파배경복사(microwave background radiation) 134, 135

마하 원리(Mach's Principle) 255

만유인력법칙 51

매개입자(gauge particle, force) 195, 196

맥도날드 천문대(McDonald Observatory) 284

맥동성(脈動星, pulsar) 222, 228, 229, 349

먼 우주(deep space) 75, 83, 162, 225

명왕성 72, 75, 79, 330

목동자리(Bootes) 97

목성(Jupiter) 48, 54, 73, 79, 379

무에서 창조(creatio ex nihilo) 209

무질서도 60, 174

물질파 132

뮤온(muon) 195

미국물리학회(American Physical Society) 311

미세구조상수(fine-structure constant) 132

미세조정의 문제(fine-tuning problem) 155

미항공우주국(NASA) 30, 137, 179, 231, 283, 284, 351

〈ㅂ〉

바다뱀자리(Hydra) 97

반실재주의(Anti-realism) 45

발광 스펙트럼 312

방법론적 자연주의(methodological naturalism) 143, 187, 249, 250, 252, 273, 319

방사능연대측정법(radioactive dating technique) 71, 81

방황하는 별들(wandering stars) 42

백색왜성(白色矮星, white dwarf) 119, 228, 230, 311, 312, 348, 349, 358

백조자리 X-1(Cygnus X-1) 87

벌레구멍, 웜홀(worm hole) 269

베텔기우스(Betelgeuse) 118, 119

벨 연구소(Bell Laboratory) 135, 136

보손(boson) 194

보텀 쿼크(bottom quark) 195

복사기(bolometer) 237

복사압(radiation pressure) 288, 292

본질(substance) 42

분광기(spectroscope) 71, 81

불규칙 은하(irregular galaxy) 77

불확정성 원리(不確定性原理, Uncertainty Principle) 77, 163, 165, 175

브뤼셀과학협회연보(Annals of the Brussels Scientific Society) 108

블랙홀(black hole) 83, 85–90, 207, 225, 227, 228, 258, 269, 270, 312, 331, 348, 349, 358

비정적 해(non-static solutions) 131

빅립(Big Rip) 167

빵데옹(Pantheon) 55

뿔형(horn shape) 안테나 136

〈ㅅ〉

사건 지평선(event horizon) 88, 269, 270, 331

산업혁명 58, 59

삼각측량(triangulation) 112, 113, 115, 123

상상의 승리 64, 330

상전이(相轉移, phase transition) 156, 340

성간먼지(interstellar dust) 225, 243

성년 창조론(Mature Creation Theory) 261

세계혼(World Soul) 39

세페우스 델타성(Delta Cephei) 305

세페이드 변광성(-變光星, Cepheid variable) 76, 101, 117–119, 303, 305–308, 310, 356

소마젤란 성운(Small Magellanic Clouds) 306

소용돌이 은하(Whirlpool Galaxy) 83, 84

소행성 73, 285, 286, 291, 381

솔베이 물리학회(Solvay Conferences on Physics) 128, 335

솜브레로 은하(Sombrero Galaxy) 98, 99, 105

수정천구 42, 44

스랍(Seraphim) 47

슬로안 프로젝트(Sloan Digital Sky Survey, SDSS) 106

시선속도(視線速度) 103

시차(視差) 112, 114, 115, 150, 335

신 급팽창(new inflation) 모델 234, 340

신곡(Divine Comedy) 47

신성(nova) 38, 50, 118

쌍성계(binary star system) 225, 228, 230, 349

씨앗 우주 창조론(Seed Cosmological Creationism) 259-269, 271, 272, 353

씨앗 우주(seed universe) 260-264, 267, 268

⟨ㅇ⟩

아일렘(Ylem) 133, 141, 249, 268, 352

아토몬(Atomon) 38

아페이론(apeiron) 37

안드로메다 은하(Andromeda Galaxy) 76, 108, 121, 311

알마게스트(Almagest) 43

암흑물질(暗黑物質, dark matter) 164, 342, 346, 154, 162, 163, 185, 205-207, 263, 267, 268, 298, 308

암흑시대 209, 225-227

암흑에너지(dark energy) 154, 185, 198, 206

압축된(compressed) 우주배경복사 235

약력(weak interaction) 161

양자요동(quantum fluctuation) 163, 165, 175, 184

어둔 밤 하늘 역설(Dark Night Sky Paradox) 62

에너지 보존 법칙 59, 60, 165, 171, 172, 173, 256, 264, 271

에너지-물질 등가 원리 132

에리다누스(Eridanus) 85

에코 위성(Echo balloon satellites) 135

에타 카리네(Eta Carinae) 83, 84, 289

에테르(ether) 41, 351

엑스선(X-ray) 222

엔트로피 증가법칙 59, 171, 174, 264

엔트로피(entropy) 60, 174, 264

여키스천문대(Yerkes Observatory) 101, 333

역대서(Liber Chronicarum) 47

역품천사(Virtus) 46

역행운동 42

연속적 창조(continuous creation) 256, 272

연주시차(年周視差, parallax) 112, 113, 116, 123

열린 우주(open universe) 153, 167, 177, 178

열역학 30, 58, 59, 60, 61, 151, 171, 172, 174, 175, 264, 271

열역학 제1법칙 59, 171-173, 264

열역학 제2법칙 59, 60, 61, 171, 174, 264

열잡음(thermal noise) 237

열적 복사(thermal radiation) 136

열적 죽음(heat death 혹은 thermal death) 61, 184

영구기관 60

예수회 54

오르트 혜성구름 가설(Oort cometary cloud hypothesis) 281

오리온 대성운(Orion Nebula) 289

오리온자리 118, 119

오실로스코프(oscilloscope) 81

올버스의 역설(Olbers's Paradox) 62, 296-298

왕관자리(Corona Borealis) 97

우라늄-236(U-236) 289

우주론적 원리(Cosmological Principle) 255

우주배경복사(cosmic microwave background radiation, CMBR) 106, 109, 133-139, 141, 144, 149-151, 154, 156, 158, 165, 179, 180, 203-206, 209, 220, 222, 225, 226, 232, 234, 235, 237-239, 242-244, 246, 247, 257, 258, 264, 272, 308, 309, 314, 338, 341, 344, 347

우주복사장(cosmic radiation field) 135

우주상수 93, 94, 161, 163, 206, 308, 344

우주선(宇宙線) 23, 73, 75, 79, 1129, 163, 167, 234, 239, 243, 283, 284, 290, 308, 313, 314, 340, 342, 347

우주의 온도(the temperature in the Universe) 134, 141, 161

우주의 임계밀도 178

우주의 팽창나이(expansion age) 300, 301, 303, 307-310, 313

우주의 평균밀도(average density) 153, 154

우주적 거미줄(cosmic web) 164

우주적 확률 한계(universal probability bound) 176

원소구(elementary spheres) 47

원시 핵융합(Primordial Nucleosynthesis) 170

원시수퍼원자(primeval super atom) 208

원시원자 이론(hypothesis of the primeval atom) 127-129, 131, 141, 272

원시원자(primeval atom) 128, 129

원시원자가설(hypothesis of the

primeval atom) 207

원자론자 38

원자물질(atomic matter, baryonic matter) 205, 267

원적외선측광기(Far-InfraRed Absolute Spectrophotometer: FIRAS) 204

월상구(superluner sphere) 41, 42

월하구(subluner sphere) 41

위대한 체계(The Great System) 43

위치에너지 59, 172

윌리엄 앤드 메리 대학(College of William and Mary in Virginia) 209

윌슨산천문대(Mount Wilson Observatory) 75, 76, 101, 103, 128, 333

유럽우주국(European Space Agency, ESA) 30, 73, 115, 180, 231, 240, 241, 242, 248, 313, 351

유럽입자물리연구소(Conseil Européen pour la Recherche Nucléaire, CERN) 194

유레카(Eureka) 62, 64

유령 암흑 에너지(phantom dark energy) 167

유사 디오니시우스(Pseudo-Dionysius) 46, 328

유신론 57, 171, 172, 175, 186, 192, 209, 273

유용한 허구 45

은하 먼지(galactic dust) 239–242, 245, 246

은하계 57, 73, 75–80, 85, 88, 102, 108, 121, 140, 162, 166, 168, 204, 237, 289, 310, 332, 356–358

은하단(cluster of galaxies) 77, 80, 108–121, 151, 162, 163

이상한 나라로의 여행(Mr. Tompkins in Wonderland) 131

이신론자(理神論者, deist) 214

이심(eccentrics 혹은 eccentric point) 44

이오니아 학파 37

인간의 유래(Descent of Man) 58

인과율(因果律, causality) 171, 256, 273

일반상대성이론 93, 94, 122, 127, 223, 229, 245, 260, 270, 351

임계밀도(critical density) 153, 154, 177, 178

임의적인 가정들(ad hoc hypotheses) 189

입자-파동 이중성 132

〈ㅈ〉

자기단극 문제(Magnetic Monopole problem) 159, 189, 234

자연철학의 수학적 원리 48, 331

작업가설(working hypothesis) 21, 26, 129, 142, 183, 191, 213, 245, 250, 320, 321

잠정성(tentativeness) 212, 352

적색거성(赤色巨星, red giant) 118, 119, 348, 358

적색편이(赤色偏移, redshift) 94–100, 103, 105, 106, 109, 110, 116, 122, 127, 129, 133, 137, 140, 141, 166, 167, 256, 258, 264, 303, 307, 313

적색편이값(redshift value) 99, 105, 106

전개설(展開說) 262

전기에너지 59, 172

전문화(professionalization) 246

전성설(前成說, Preformation Theory) 261, 262

전자기력 161, 342

전자-양전자 가속기(Large Electron-Positron Collider) 196

전파망원경(radio telescope) 84, 222, 227, 347

전파천문학(radio astronomy) 222

점성술(astrology) 70

정상상태 우주론(正常狀態宇宙論, Steady State Cosmology) 129, 174, 210, 254–259, 272, 275, 276, 296, 345

정적 우주론 93–95

제5의 물질 41

제기랄 입자(The Goddamn Particle) 201

제도화(institutionalization) 246

제미니(Gemini) 294

존재론적 자연주의(ontological naturalism) 249

종교개혁 48

종교재판소(Holy Office) 53

종의 기원(On the Origin of Species) 58, 183, 185

좌품천사(Ophanim) 46

주기동자 41

주전원(周轉圓, epicycle) 43, 44, 50

주품천사(Dominationes) 46

준성(準恒星, Quasi-stellar Object), 준항성 84, 257, 336, 347

준항성전파원(準恒星電波源, Quasi-stellar Radio Source) 257

중간구(intermediary spheres) 42

중력 렌즈 포텐셜의 파워 스펙트럼(Gravitational Lensing Power Spectrum) 313, 314

중력렌즈 235, 234

중력방정식 131

중력법칙 51, 56, 188

중력복사(重力輻射, gravitational radiation) 224, 225, 228, 229

중력붕괴(gravitational collapse) 292, 295, 316

중력상수 132, 341

중력수축이론(Gravitational Contraction Theory) 292–295

중력적 상호작용(gravitational interaction) 108, 121, 150, 300, 310,

329

중력파(gravity wave) 223

중력파(重力波, gravitational wave) 24, 159, 220, 223–240, 242–247, 250–252, 346, 348, 349

중성미자 우주배경복사(cosmic neutrino background) 206

중성미자 진동(neutrino oscillation) 198

중성미자(neutrino) 166, 195, 200, 206, 294, 295, 355

중성자성(neutron star) 228, 230, 312

중입자수(重粒子數, baryon number) 188, 342

중형 블랙홀(Intermediate-mass black hole) 88

지구중심설 49, 52, 55

지평선 문제(Horizon problem) 149, 152, 159, 189, 234, 350

진행적 창조론자(Progressive Creationist) 192

진화론 58, 146, 272, 330

질량-에너지 등가원리(mass-energy equivalence) 172

〈ㅊ〉

차가운 암흑물질(Cold Dark Matter, CDM) 163, 205, 206, 308, 344

찬드라세카르 한계(Chandrasekhar Limit) 311, 312

창조과학박물관(Creation Museum) 145

창조과학연구소(ICR) 259, 283, 293

처녀자리 은하단(Virgo Cluster) 120, 121, 310

처녀자리(Virgo) 97, 98, 105

천구(heavenly spheres) 39–42, 46, 56, 85, 329

천구의 회전에 관하여 48, 49, 329

천사(Angelus) 46, 47

천사장(Archangelus) 46

천상계 41, 42, 51

청색편이(靑色偏移, blue shift) 95, 97, 99

초거대 블랙홀(Supermassive black hole) 88, 332

초신성(超新星, supernova) 118–120, 132, 142, 168–170, 228, 289, 308, 311, 312, 131, 332, 348, 358

초은하단(supercluster of galaxies) 77, 80, 151, 162, 163, 357, 358

최고천(empyrean heaven) 47, 48

〈ㅋ〉

카네기 천문대(Carnegie Observatories) 309, 357

칸트-라플라스 성운설(Kant-Laplace Nebular Hypothesis) 57, 92

캘리포니아 공과대학(Caltech) 311, 341, 358

캘리포니아 대학 버컬리 분교(University of California, Berkeley) 168, 239

켁 천문대(W.M. Keck Observatory) 88

켄타우로스 알파성(Alpha Centauri) 79, 114

켄타우로스 프록시마성(Proxima Centauri) 75

코비(Cosmic Background Explorer, COBE) 137, 138, 179, 203, 204, 206, 344

코페르니쿠스(Nicholas Copernicus) 49, 50–54, 56, 57, 67, 329

콤프턴(Arthur Holly Compton) 효과 131

쿼크(quark) 156, 195, 196, 339

퀘이사(quasi-stellar radio source, quasar) 84, 85, 106, 121, 122, 222, 257, 258, 333, 334, 347, 357

큰곰자리(Ursa Major) 97, 349

〈ㅌ〉

타우 중성미자(tau neutrino) 195

타원형 은하(elliptical galaxy) 77

태양계 성운(solar nebula) 92

태양중심설 49, 50, 52

테바트론(Tevatron) 200

토륨-230(Th-230) 289

톱 쿼크(top quark) 195

특이점(特異點, singular point, singularity) 128, 140, 188, 189

특정화된 복잡성(specified complexity) 176

티마이오스(Timaeus) 39, 40

티코 카탈로그(Tycho Catalogue) 115

티코-2 카탈르그(Tycho-2 Catalogue) 115

〈ㅍ〉

파세크(parsec, pc) 113–115, 120, 140, 303, 308

팔로마산천문대(Mount Palomar Observatory) 333

팽창연대(expansion age) 111, 300, 301

팽창우주론 93, 130, 140, 156

페르미국립가속기연구소(Fermi National Accelerator Laboratory, 페르미랩) 200, 201

페르미온(fermion) 194

편광(偏光, polarization) 226, 232, 235, 237–241, 243–246, 347, 348

폐쇄계(closed system) 60

포인팅-로벗슨 효과(Poynting-Robertson Effect) 280, 291, 292

표면휘도(surface brightness) 297

표준모형(Standard Model), 표준우주모델 140, 191, 195–198, 202, 205, 212, 308

표준촉광(標準燭光, standard candle) 117–119, 123, 304, 305, 307, 310, 312, 313

푸코 진자(Foucault's pendulum) 55

플랑크 상수(Planck Constant) 132, 163–165

플랑크 시간(Planck time) 155, 198, 339

플랑크 우주선(Planck spacecraft) 163, 239, 240–243, 314

플랑크 팀(Planck Collaboration) 335

플레마리온 판화(Flammarion engraving) 36

필레(Philae) 73, 74

〈ㅎ〉

하늘의 거대 코사인(The Great Cosine in the Sky) 139

하이젠베르크(Werner Heisenberg) 163, 165

항성 블랙홀(Stellar black hole) 88

항성 진화(stellar evolution) 288, 348

항성구 41, 42

항성진화론(stellar evolution) 133

항성천구 39, 48

헤일-밥(Hale-Bopp) 혜성 279

핵력(nuclear interaction) 161, 342

핵융합 반응 73, 142, 169, 288

행성천구 39

허블 울트라 딥 필드(Hubble Ultra Deep Field) 85

허블 키 프로젝트(Hubble Key Project) 309

허블먼우주(Hubble Deep Field) 189

허블법칙(Hubble's law) 94, 102–107, 109–112, 116, 118, 120–123, 126, 140, 258, 300, 301, 303, 331, 335

허블상수(Hubble Constant) 104, 105, 110, 1111, 116, 120–122, 185, 205, 300–303, 307–310, 313, 316, 335, 342, 357–359

허블우주망원경(Hubble Space Telescope, HST) 82–85, 87, 308, 309

허셜우주망원경(Herschel Space Observatory) 236

헐스-테일러(Hulse–Taylor) 쌍성계 228

형이상학적 자연주의(metaphysical naturalism) 187, 249

혜성 50, 73, 74, 257, 279–281, 291, 331, 381

홈스테이크 실험(Homestake Experiment) 294

화로자리(Fornax) 85

화성(Mars) 48, 73, 79, 85, 285

화이트홀 우주론(White Hole Cosmology) 269–272, 276

화이트홀(white hole) 269–272

황금비(Golden ratio) 39

황도대(Zodiac) 35, 328

후성설(後成說, Epigenesis Theory) 262

후퇴속도(後退速度) 103, 104, 107, 122, 140, 310, 329

휘도(輝度, brightness) 116, 117, 297, 304, 306

흑체복사 스펙트럼(blackbody radiation spectrum) 136, 137, 204

흑체복사(黑體輻射, black body thermal radiation) 135, 337

히파르코스 카탈로그(Hipparcos Catalogue) 115

히파르코스(Hipparcos) 115

힉스(Peter Higgs) 194, 199, 215, 216

힉스보손(Higgs boson), 힉스입자 191, 194-202, 207, 211-213, 215-217, 220, 342, 343

힉스장(Higgs Field) 195

힉스처럼 보이는 입자(Higgs-like particle) 194, 212

인명 색인

〈ㄱ〉

가모브(George Gamow) 130-135, 352

갈릴레오(Galileo Galilei) 50-57, 221, 245, 246, 329

게즈(Andrea Mia Ghez) 88

겔만(Murray Gell-Mann) 195

골드(Thomas Gold) 255, 282

구랄닉(Gerald Guralnik) 194

구스(Alan H. Guth) 151, 155-157, 161, 173, 233, 234, 241, 340, 350

〈ㄴ〉

날리카(Jayant V. Narlikar) 255

노비코프(Igor Novikov) 135

뉴턴(Isaac Newton) 48, 49, 51, 56, 57, 64, 86, 93, 188, 297

〈ㄷ〉

다윈(Charles Robert Darwin) 58, 59, 62

단테(Dante Alighieri) 47

데모크리토스(Democritus) 38

데버호(Endeavour) 83

데이비스(Raymond Davis, Jr.) 294

도로쉬케비치(A.G. Doroshkevich) 135

도킨스(Richard Dawkins) 214, 322

도플러(Christian A. Doppler) 331, 332, 95-97, 256, 258

드 시터(Wilhelm de Sitter) 161

드 브로이(Louis de Broglie) 132

디케(Robert H. Dicke) 134-136

〈ㄹ〉

라일(Jason Lisle) 110, 145, 181-190

라플라스(Pierre-Simon Laplace) 56-58, 92

러너(Eric J. Lerner) 209

러더퍼드(Ernest Rutherford) 130

러쉬(David E. Rush) 284

레더만(Leon Lederman) 200, 201

로스(Hugh Ross) 145, 192, 338

로이드(Seth Lloyd) 176

로젠(Meghan Rosen) 282

루키푸스(Leucippus) 38

르매트르(Abbé Georges Lemaître) 93, 108, 127-129, 131, 208, 209, 332, 335

리비트(Henrietta Swan Leavitt) 306, 356

리스(Adam G. Riess) 168, 178

리틀톤(Raymond A. Lyttleton) 281

린데(Andrei Linde) 234, 340

〈ㅁ〉

매더(John C. Mather) 137, 138, 338
매튜(Thomas A. Matthews) 257
맥스웰(James Clerk Maxwell) 224
맨슨(N.A. Manson) 210
모리스(Henry M. Morris) 292-294
몰톤손(Michael Mortonson) 241, 247
미첼(John Michell) 86
밀른(Edward A. Milne) 177

〈ㅂ〉

바빙크(Herman Bavinck) 323
바움가드너(John Baumgardner) 181, 182
바이츠쳌커(Carl Friedrich von Weizsäcker) 129
바칼(John N. Bahcall) 294
반즈(Thomas Barnes) 293
반틸(Howard J. Van Till) 294, 295
배로우(John D. Barrow) 180
버터필드(Herbert Butterfield) 48
베테(Hans Bethe) 132, 336
벨라르민 추기경(Cardinal Robert Bellarmine) 53, 54
보슬로(John Boslough) 144
보어(Niels Bohr) 130
복(Jamie Bock) 238, 351
본디(Herman Bondi) 255
부르난지안(A.A. Boornazian) 293, 294

브라우트(Robert Brout) 194
브라운(Walter Brown) 293, 294
비오 12세(Pope Pius XII) 208

〈ㅅ〉

사우스우드(David Southwood) 243
샌디지(Allan Rex Sandage) 110, 111, 257, 307, 308, 356, 357
섀플리(Harlow Shapley) 306, 356
선예프(R.A. Sunyaev) 139
셸작(Uroš Seljak) 239, 241, 247
쉐델((Hartmann Schedel) 47
슈미트(Brian P. Schmidt) 168, 178
스넬링(Andrew A. Snelling) 283
스무트(George F. Smoot III) 137, 138
스타인하트(Paul J. Steinhardt) 234, 240, 340
스토너(E.C. Stoner) 312
스트랄러(Authur N. Strahler) 293
스퍼겔(David Spergel) 240, 247
슬라이퍼(Vesto M. Slipher) 94, 97-101, 127, 332

〈ㅇ〉

아리스타르쿠스(Aristarchus of Samos) 29
아리스토텔레스(Aristoteles) 38, 39, 41, 42, 44, 45, 47-50, 67, 329

아인슈타인(Albert Einstein) 94, 70, 77, 86, 93, 107, 127-129, 131, 132, 151, 189, 223, 245, 246, 296, 331, 335

아퀴나스(Aquinas) 93

아크리지(Russell Akridge) 293, 294

아피아누스(Petrus Apianus) 280

암스트롱(Neil A. Armstrong) 283

앤더슨(Carl David Anderson) 195

앤더슨(Wilhelm Anderson) 312

앨브렉트(Andreas J. Albrecht) 234, 340

앨퍼(Ralph A. Alpher) 130, 132, -134, 136

어거스틴(Augustine of Hippo) 346

에드가 알렌 포(Edgar Allan Poe) 62

에디(J.A. Eddy) 293, 294

에딩턴(Arthur S. Eddington) 129

엥글러트(François Englert) 194

오르트(Jan H. Oort) 281

올드린(Edwin E. Aldrin) 283

올버스(Heinrich Wilhelm Matthias Olbers) 62, 63, 296-298

와이어트(Jerry Wairt) 284

왈톤(John H. Walton) 322, 323, 359

윌슨(Robert Woodrow Wilson) 135, 136, 149, 203, 206

이스라엘(Werner Israel) 232

이휘소(Ben Lee) 194, 343

〈ㅈ〉

젤돌비치(Ya. B. Zel'dovich) 139

좀머펠트(Arnold Johannes Wilhelm Sommerfeld) 132

줄(James Joule) 59, 60

즈위키(Fritz Zwicky) 100, 311, 351, 358

〈ㅊ〉

찬드라세카르(Subrahmanyan Chandrasekhar) 311, 312, 358

〈ㅋ〉

카미온코프스키(Marc Kamionkowski) 237, 246

카피차(Pyotr Leonidovich Kapitsa) 136

칸트(Immanuel Kant) 57, 58, 92

칼드웰(Robert R. Caldwell) 167

칼빈(John Calvin) 323

케플러(Johannes Kepler) 51, 57, 67, 297

켈빈(Lord Kelvin) 59, 61

쿠오(Chao-Lin Kuo) 235, 351

쿠퍼(Heather Cooper) 142

쿤(Thomas Kuhn) 245

크라그(H. Kragh) 210

클라우시우스(Rudolph Clausius) 59-61

키블(Tom Kibble) 194

⟨ㅌ⟩

탈레스(Thales) 37

탈콧(Richard Talcott) 335

테일러(Joseph H. Taylor Jr.) 228, 229, 232

텔러(Edward Teller) 130

톤(Kip S. Thorne) 232

티코(Tycho Brahe) 50, 52

⟨ㅍ⟩

파울러(William A. Fowler) 288, 358

펄(Martin Lewis Perl) 195

펄머터(Saul Perlmutter) 168, 178

페르미(Enrico Fermi) 130

펜지아스(Arno Allan Penzias) 135, 136, 149, 203, 206

포인팅(John H. Poynting) 291

포크너(Danny Faulkner) 110, 145, 181, 182, 186

포퍼(Karl Popper) 212, 213, 267

폴린(James W. Follin) 130

푸코(Jean Bernard Léon Foucault) 55

프리드만(Alexander A. Friedmann) 93, 131, 332

프리드만(Wendy L. Freedman) 309, 357

프톨레마이오스(Claudius Ptolemaios) 43-45, 49, 50 , 67, 329

플라우거(Raphael Flauger) 240, 241, 247

플라톤(Platon) 38, 42, 46, 51, 160, 328

플랑크(Max Planck) 131, 242

⟨ㅎ⟩

해리스(James F. Harris) 209

해리슨(Peter Harrison) 210

핸슨(James Hanson) 293

허먼(Robert C. Herman) 130, 133, 134, 136

허블(Edwin Powell Hubble) 75, 76, 83, 94, 100-102, 331, 332, 356

헐스(Russell Allan Hulse) 228, 229, 232

험프리스(David Russell Humphreys) 181, 182, 270, 271

헤르츠(Heinrich Hertz) 224

헤이건(C.R. Hagen) 194

헨베스트(Nigel Henbest) 142

헬름홀츠(Hermann Ludwig Ferdinand von Helmholtz) 60, 61, 292, 293, 295, 296

호빈드(Kent Hovind) 294

호일(Fred Hoyle) 129, 132, 255, 257, 287, 296, 345

호킹(Stephen W. Hawking) 232, 269

휴머슨(Milton L. Humason) 103

힌더리터(Hilton Hinderliter) 293

힐(Colin Hill) 240, 247

힐프만(Paul Hilpman) 294

후원 감사

본 연구의 일부는 창조회의 이름으로 모인 다음 기관 및 교회들(괄호 속은 본 연구를 후원하던 당시의 담임 목회자)의 후원으로 이루어진 것이다.

대전 영음교회(권재천 목사)
여주 월송교회(김경배 목사)
안양 반석감리교회(김상종 목사)
천안 반석장로교회(민경진 목사)
대천 제일감리교회(박인호 목사)
춘천 남부제일감리교회(백낙영 목사)
대전 대신고등학교(서정식 목사)
서초 감리교회(송상면 목사)
유성 감리교회(유광조 목사)-회장
대전 갑동교회(윤승호 목사)-총무
안산 부곡중앙교회(이명근 목사)
홍성 홍주제일교회(임종만 목사)
부천 중동제일감리교회(조영성 목사)
대전 예수로침례교회(조영진 목사)
김해 장로교회(조의환 목사)
용인 한마음감리교회(최호권 목사)
수원 에바다선교교회(한규석 목사)
이천 양정감리교회(황동수 목사)
함안 중앙감리교회(황병원 목사)

저자 소개

양승훈(梁承勳, Paul S. Yang)

저자 양승훈은 육이오 전쟁 직후, 낙동강의 커다란 지류인 영강이 마을 뒤를 휘감고 흐르며 강 건너 소백산맥의 일부인 오정산이 휴전선처럼 버티고 서 있는 경상북도 문경의 창리 윗마을에서 태어났다. 일찍부터 미국 선교사들을 통해 예수를 믿은 양명철 장로와 임의정 권사의 5남 2녀 중 여섯째 자녀로 태어났기 때문에 본인은 세례가 뭔지도 모르던 나이에 유아세례를 받았다.

어릴 때는 몸이 약해서 인근 문경 시멘트 공장의 발파 소리에 놀라 경기(驚氣)를 하는 등 부모님의 마음을 조마조마하게 했고, 그래서 왕복 10km에 이르는 호서남초등학교 대신 누님이 교편을 잡고 계셨던 점촌북초등학교에 입학했다. 하지만 초등학교 4학년 때부터는 호서남초등학교로 전학하여 10여 년 간 왕복 10km가 넘는 학교를 도보로, 자전거로 통학하면서 많이 건강해졌다. 그리고 당시 대부분의 시골 아이들이 그랬듯이 양승훈도 '지게 대학'을 갈 수밖에 없었지만, 하나님의 은혜로 고등학교를 졸업한 후에 계속 대학 공부를 할 수 있게 되었다.

성장하면서 주변에 사표(師表)가 될 만한 분이 몇 분 있었다. 그 중에서도 대학원을 다니던 1978년, 63세에 암으로 별세하신 아버지는, 비록 완전한 분은 아니었지만, 양승훈의 신앙과 삶에 지울 수 없는 모델이었다. 아버지는 때로는 과도할 정도로 '영적'이었고, 때로는 과도할 정도로 '현실적'인 분이었다. 지금 돌아보니 아버지는 경건과 경영에 균형을 맞춘 분이었다는 생각이 든다. 그리고 1990년, 50세를 일기로 역시 암으로 세상을 떠나신 큰 누님 양희숙 권사는 상당한 나이 차이가 있음에도 불구하고 마음의 가장 깊은 것들까지 털어놓을 수 있는 믿음의 선배였다.

시골에서 붉은 저녁놀을 바라보면서 황금빛 들녘을 가로질러 학교를 오갈 땐 온갖 황당무계 하고 철딱서니 없는 생각들을 하기도 했지만, 대학을 가서부터는 생각이 좀 더 깊어지게 되었고, 특히 몇몇 분들은 양승훈의 삶에 큰 영향을 끼쳤다.

아버지를 제외하고 양승훈의 삶에 가장 큰 영향을 끼친 분으로는 우선 미국인 평신도 선교사 원이삼(Wesley Wentworth, 1935-) 박사님을 들 수 있다. 1980년, 한국창조과학회 창립을 위한 모임에서 만난 원 선교사님은 좋은 책과 사람들을 만나게 해줌으로써 양승훈에게 기독교 세계관, 기독교적 지성의 중요성을 일깨워주었다. 양승훈이 근래에 들어 창조과학의 여러 문제점들을 깨닫게 된 데도 원 선교사님의 공로가 컸다. 양승훈의 기독교적 지성의 자양분의 대부분은 원 선교사님과 직, 간접적 교제를 통해 얻었다고 할 수 있을 정도로 그의 영향은 지대하였다.

또한 예수원 설립자이자 성공회 사제였던 대천덕(Reuben Archer Torrey, 1918-2002) 신부님도 양승훈에게 큰 영향을 끼쳤다. 1979년, "기독교와 과학"이라는 강연을 위해 한국과학기술원(KAIST)을 방문했던 대천덕 신부님으로부터 양승훈은 진정한 신앙, 진정한 경건이 무엇인지를 배웠다. 아직도 그렇게 살지는 못하지만 대 신부님은 양승훈에게 진정한 경건에 더하여 진정한 보수와 진보가 무엇인지, 신앙과 학문의 관계가 어떠해야 하는지를 몸으로 보여주었다.

양승훈은 어릴 때는 멋도 모르고 자동차 정비공이 되려는 마음을 먹기도 하고, 음악가가 되었으면 하는 황당한 꿈을 가진 적도 있었다. 그러다가 1973년 경북대 사대 물리교육과에 진학하면서 그 후 24년 간 물리학도로서 훈련을 받았다. 경북대를 졸업한 후에는 KAIST에 진학하여 반도체 물성 연구로 이학석사(M.S.) 및 박사(Ph.D.) 학위를 받았고, KAIST 학생 시절에는 이탈리아 국제이론물리학센터(1982)에서 한 학기동안 공부할 수 있는 기회가 있어서 약간이지만 유럽의 정취를 맛볼 수도 있었다. 졸업 후에는 곧바로 모교에서 근무하게 되었는데, 대학에 근무하는 동안 한국과학재단 포스터닥으로 미국 시카고대학(1986)에서, 후에는 대학원 학생으로 미국 위스콘신대학에서 과학사(M.A.)를, 위튼대학에서 신학(M.A.)을 공부할 수 있는 축복을 누렸다.

이 중 위튼에서 신학을 공부한 것은 양승훈의 후반기 삶의 방향을 결정하는데 가장 중요한 계기가 되었다. 사실 신학공부는 양승훈이 원해서 했다기보다 시카고대학에서 연구하는 동안 출석하던 시카고 한인서부교회 최일식 목사님(현 KIMNET 대표)의 권유 때문이었다. 양승훈이 두 번째 미국에 가서 위스콘신대학에서 과학사를 공부하고 있을 때, 최 목사님은 (전화로) 다짜고짜 '쓸데없는 공부' 하지 말고 신학공부를 하라고 강력하게 권했다. 그러면서 최 목사님은 위튼대학에서 가장 금액이 많은 빌리그래함센터 장학금을 받을 수 있도록 주선해주었다. 물론 양승훈은 처음에는 신학을 '성도의 교양' 정도로 생각하고 시작했다. 그런데 결국 이로 인해 양승훈은 경북대와 물리학을 떠나 캐나다로 와서 현재의 세계관 및 창조론 사역을 하게(혹은 할 수 있게) 되었으니 사람의 미래는 하나님 밖에 모른다.

미국에서 신학을 공부하고 돌아온 후에 양승훈은 주 전공이었던 반도체 물리학에 더하여 창조론, 기독교 세계관, 기독교와 과학 등에 점점 더 많은 관심을 갖게 되었다. 하지만 수 년이 지난 후 양승훈은 이 모든 것들을 공부하기에는 인생이 너무 짧고 자신의 능력이 부족하다고 생각하여 결국 1997년 10월 31일, 14년간 정들었던 경북대 정교수직을 사임했다. 그 후 기독학자들의 모임인 DEW(기독학술교육동역회)의 파송을 받아 밴쿠버에 VIEW(밴쿠버기독교세계관대학원)를 설립, 운영하면서 지금은 창조론과 세계관 분야의 강의와 글을 쓰는 데 주력하고 있다.

현재 VIEW는 밴쿠버 인근 트리니티웨스턴대학(TWU)에 속한 캐나다연합신학대학원(ACTS)을 통해 기독교세계관 대학원 과정(기독교세계관 문학석사 과정 및 디플로마 과정)을 개설하고 있다. 또한 2005년부터는 TWU 인근에 VIEW 국제센터를 설립해서(그 안에 양승훈의 집도 있지만) 틈나는 대로 청소년 캠프나 교사 연수 같은 단기 세계관 훈련 및 창조론 탐사여행도 인도하고 있다.

그 동안 양승훈은 반도체 물리학, 기독교세계관, 과학교육 등에 관한 어설픈 논문들과 책들을 여러 권 썼지만, 본인이 생각하기에 수작(秀作)이라고 할 말한 것은 별로 없다. 구태여 몇 가지를 든다면 비정질 반도체의 구조와 전기적 특성의 관계를 밝힌 것과 비정질 반도체에 급냉에 의해 만들어지는 새로운 준안정 전자상태가 있다는 것을 발견한 것은 반도체 물리학 발전에 작은 기여를 한 것이 아닌가 생각한다. 또한 중등학교에서 물리 개념을 가르치는데 과학사적 혹은 전기적 학습이 효과적임을 밝힌 것도 나름대로 과학교육의 발전과 과학을 '인간화'(humanize) 하는데 작은 기여를 한 것이 아닌가 생각한다.

물리학이나 과학교육과는 달리 창조론 연구는 큰 심리적 부담을 수반하지만, 양승훈이 지속적인 보람을 느끼는 분야이다. 창조론 연구와 관련하여 양승훈이 가장 큰 보람을 느끼는 것이라면, 2004년에 제안한 '다중격변모델'(Multiple Catastrophism)이다. 이 이론은 비록 300여 년 전, 프랑스 파리 과학원의 창조론자 퀴비에(G. Cuvier)가 처음 제창한 아이디어이기는 하지만, 지난 수 년 동안 양승훈이 최근 지질학적, 천문학적 증거들을 사용하여 다듬었다. 이것은 지구역사에는 여러 차례의 전 지구적 격변이 있었고, 그것의 마지막 격변이 노아의 홍수였다고 하는 이론이다.

　양승훈이 다중격변모델을 제안하게 된 배경에는 근래 지구 곳곳에 흩어져 있는 운석공들에 대한 연구가 있다. 1994년, 20여 개 이상으로 부서진 채 목성 표면에 부딪힌 슈메이커-레비 9 혜성으로 인해 학자들은 혜성 혹은 소행성이 지구와 충돌한 가능성에 대한 본격적인 연구를 시작했다. 그리고 이로 인해 현재 전 지구적으로 180여 개의 운석공들이 확인되고 있다. 이 중 28개는 한 대륙의 멸종을 가져올 수 있는 직경 30km 이상 되는 운석공들이며, 그 중 5개는 중생대 말기나 고생대 페름기 말기에 일어난 전 지구적 멸종을 일으킬 수 있는 직경 100km 이상 되는 운석공들이다. 물론 바다에 떨어진 운석공들까지 포함한다면, 이보다 3배가량 더 많은 숫자의 운석들이 지구와 충돌했으리라고 본다. 거대한 운석들이 음속의 100여 배에 이르는 무시무시한 속도로 지구와 충돌할 때 어떤 격변이 일어나는지에 대한 여러 모의실험을 결과를 근거로 양승훈은 다중격변모델을 제안하게 되었다.

　처음 이 모델을 구상하게 되었을 때, 양승훈은 드디어 이 모델로 창조과학의 6천 년/노아홍수설과 진화론자들의 동일과정설로 설명할 수 없는 많은 것들을 창조론적 관점에서 설명할 수 있게 되었다고 기뻐했다. 특히 양승훈은 이 이론이 전문가들 앞에서 단칼에 나가떨어지는 창조과학을 구해낼 것으로 기대하면서 제안했지만, 아쉽게도 지금은 창조과학자들로부터 비난을 받고 있고, 2008년 8월에는 결국 이 이론 때문에 창립준비부터 30여 년 간 몸담았던 창조과학회를 떠났다. 창조과학회에서 탈퇴하지 않으면 제명하겠다고 해서 탈퇴한 것이니 쫓겨났다고 표현하는 것이 정확하다.

양승훈의 학문적 여정의 또 하나 중요한 영역은 에세이를 쓰는 것이다. 양승훈은 1980년 이후로는 기독교세계관적 삶을 나누는 에세이들을 부정기적으로 쓰고 있다. 처음에는 따로 일기를 쓰지 않기 때문에 그때그때 지나가는 생각의 편린들을 앨범에 모아둔다는 마음으로 글을 쓰기 시작했다. 에세이들은 주로 기독교적으로 산다는 것과 사고하는 것, 그리고 기독교세계관적으로 학문을 한다는 것이 무엇인지 반성하는 내용이다. 다행히 사람들이 꾸준히 읽어주는 통에 이 글들을 모아 몇 권의 책을 낼 수 있었고, 지금도 틈틈이 글을 쓰고 있다. 근래에 들어 양승훈은 어쩌면 다른 '심오하고 난해한' 학문적인 글보다 이 평이한 에세이가 보통 사람들에게 더 많은 도움이 되는 것은 아닐까 생각하기도 한다.

목 맨 송아지 같았던 10대가 엊그제 같은데, 공부하느라 바빴던 20-30대, 글 쓰고 일 한다고 분주했던 40-50대도 지나고 어느 새 양승훈도 예순을 지났다. 이제는 새치라고 둘러댈 수 없을 만큼 많은 흰머리도 생기고, 몸 구석구석에서 노화의 조짐들이 나타나는 것을 보니 나이를 이길 장사는 없음을 다시 한 번 확인한다. 나이가 들어가고 아이들이 자라는 것을 보면서, 그리고 가까운 분들이 하나씩, 둘씩 세상을 떠나는 것을 보면서 양승훈은 늘 "인생이 무엇이며, 하나님 앞에서 산다는 것이 무엇인가?"라는 원초적인 질문을 던지면서 살아가고 있다. 암으로 일찍 세상을 떠난 아버지나 누님을 생각하면서 이제는 자신도 언제든지 대한민국 남자들의 평균 수명을 채우지 못한 채 죽을지 모른다는 생각을 하기도 한다.

하지만 하나님의 이른 부름이 없다면, 양승훈은 지금처럼 VIEW에서 세계관과 창조론에 관한 글을 쓰면서, 후배들을 가르치면서, 그리고 늦게 캐나다 대학교 내 신학대학원 건물을 빌려서 시작한 쥬빌리 채플에서 설교도 하며 남은 인생을 살 것이다. 근래에는 더 많은 일을 하려고 애쓰기보다 하나님 앞에 서게 될 자신을 돌아보는 것이 점점 더 중요하게 생각되는 것을 보니 이제 조금씩 철이 드는 모양이다.